Walter Wimmer

Denn ich vertraue auf Dein Wort

Walter Wimmer

Denn ich vertraue auf Dein Wort

Sonn- und Feiertagspredigten im Lesejahr C

Fromm Verlag

Impressum/Imprint (nur für Deutschland/ only for Germany)
Bibliografische Information der Deutschen Nationalbibliothek: Die Deutsche Nationalbibliothek verzeichnet diese Publikation in der Deutschen Nationalbibliografie; detaillierte bibliografische Daten sind im Internet über http://dnb.d-nb.de abrufbar.

Coverbild: www.ingimage.com

Contact:
International Book Market Service Ltd., 17 Rue Meldrum, Beau Bassin, 1713-01 Mauritius
Website: www.bookmarketservice.com
Email: info@bookmarketservice.com

Gedruckt in: USA, UK, Deutschland. Dieses Buch wurde nicht in Mauritius produziert.

Imprint (only for USA, GB)
Bibliographic information published by the Deutsche Nationalbibliothek: The Deutsche Nationalbibliothek lists this publication in the Deutsche Nationalbibliografie; detailed bibliographic data are available in the Internet at http://dnb.d-nb.de.

Cover image: www.ingimage.com

Contact:
International Book Market Service Ltd., 17 Rue Meldrum, Beau Bassin, 1713-01 Mauritius
Website: www.bookmarketservice.com
Email: info@bookmarketservice.com

Printed in: U.S.A., U.K., Germany. This book was not produced in Mauritius.

ISBN: 978-3-8416-0222-0

Inhaltsverzeichnis

1. Adventsonntag

Jer 33,14-16; Lk 21,25ff (29.12.09)

In diesen Tagen wird auf einer Linzer Bühne wieder einmal das vielen bekannte Stück von Samuel Beckett „Warten auf Godot" gespielt. Dieses gut 50 Jahre alte Theaterstück hat nichts an Aktualität verloren und trifft besonders auch unsere Situation zu Beginn dieses Advents, der ja mit Warten und Erwartung zu tun hat.

Die beiden Hauptfiguren des Stücks, die beiden Landstreicher Estragon und Wladimir, verbringen an einem undefinierbaren Ort ihre Zeit damit, auf eine Person namens Godot zu warten, die sie nicht kennen, von der sie nichts Genaues wissen, nicht einmal, ob es sie überhaupt gibt. Godot selbst erscheint in der Tat bis zuletzt nicht und das Warten auf ihn ist offensichtlich vergeblich, zumindest verzögert sich seine Ankunft immer wieder. Es ist kein Wunder, dass bei den Wartenden Zweifel aufkommen! Der Name des Erwarteten ist sicherlich nicht zufällig „Godot", denn da steckt das englische Wort „God", also Gott drinnen. Warum auf ihn warten? Ist nicht der Wunsch, dass er kommt, der Vater des Gedanken? Hängt der Mensch nicht bloß unerfüllten Hoffnungen auf einen Erlöser nach? - Die Handlung verläuft ins Leere, die Figuren drehen sich im Kreis; das Leben scheint als ganzes eher hoffnungslos und deshalb auch sinnlos.

Viele Menschen, früher und auch noch heute, erwarten auf diese Sehnsucht eine Antwort aus dem Siegeszug der Wissenschaft und Technik: Die einen sagen z.B.: aus dem Urknall oder aus dem Verfallsdatum verschiedener Mineralien oder aus noch ungelösten Fragen der Naturwissenschaft lasse sich folgern, dass es Gott geben müsse. Die anderen wiederum schließen aus ihren naturwissenschaftlichen Kenntnissen, dass es Gott nicht geben könne und vertreten einen aggressiven Laizismus und Atheismus. Beide Male muss der Mensch aber letztlich anerkennen, dass er als bloßer Naturwissenschaftler weder Gottes Existenz noch das Gegenteil beweisen kann. Vor zwei Wochen kam dies an einem Studientag anlässlich des Keppler-Jahres an der Katholisch-theologischen Privatuniversität deutlich zur Sprache. Das heißt: Schuster, bleib bei deinem Leisten! Geht es dem Menschen also letztlich doch wie den beiden im Theaterstück „Warten auf Godot"? Alles ist fraglich – ohne Antwort, ohne Sinn?! Wie oft ist schon eine Welt untergegangen und trägt plötzlich nicht mehr – eine Wahrheit, die dem Menschen kaum zumutbar ist, weil sie so sinnlos scheint, und vor der wir leicht die Flucht in Wunschgebilde ergreifen!

Es gibt nicht nur eine Kompetenzüberschreitung der Naturwissenschaft in Richtung der von ihr nicht beantwortbaren Sinnfrage, sondern auch die Übergriffe religiöser Menschen, die die Bibel wie ein naturwissenschaftliches Buch lesen und daraus etwa das Siebentagewerk der Schöpfung als bare Münze nehmen. Eine ähnliche Grenzüberschreitung ist es, wenn immer wieder aus heiligen

Büchern dass Weltuntergangsdatum errechnet wird, wie zum Beispiel in diesen Tagen aus dem Kalender der Mayas der 21. Dezember 2012.

Wenn das heutige Evangelium in apokalyptischen Bildern vom Weltuntergang spricht, so sagt dies nichts aus über das Wie und Wann des Weltendes; es ist vielmehr in orientalischer Bildersprache Ausdruck der grundsätzlichen Endlichkeit alles Geschaffenen.

„Die Hoffnung stirbt als letzte" wird oft gesagt – verständlich, weil man sich an jeden Strohhalm der Hoffnung hängt. Aber stirbt sie überhaupt? Was sagen dazu die biblischen Lesungen von heute.

Es ist eine trostlose Zeit, in der der Prophet Jeremia zu Beginn des 6. vorchristlichen Jahrhunderts seine Landsleute im babylonischen Exil zu trösten versucht. In diese Zeit totaler Hoffnungslosigkeit sagt er: „Seht, es werden Tage kommen, da erfüllt Gott sein Heilswort". Das Exil wird zu Ende gehen und Gerechtigkeit wird aufgerichtet, nicht als Folge menschlicher Tüchtigkeit und politischer Klugheit, sondern als Geschenk Gottes. Die Welt für sich allein gibt nicht letzten Halt und unsterbliche Hoffnung. Gott selbst wendet sich der Welt zu und richtet sie auf.

Oder wie es bei dem erwähnten Studientag hieß: Nicht die von Keppler oder wem immer verursachte Revolution **am** Himmel, also die neuesten wissenschaftlichen Ergebnisse werden uns retten oder geben Antwort auf unsere Fragen nach dem Warum und dem Sinn des Ganzen, sondern vielmehr die Revolution **im** Himmel, d.h. in Gott selbst, der sich selbst an diese Welt in einer Heilsgeschichte mitteilt. Er schreibt dabei auf menschlich krummen Zeilen selbst der Auserwählten immer wieder gerade, bis er dieser Welt im Menschen Jesus deren endgültigen Sinn eingraviert. Seine Zuwendung blieb nicht eine platonische Idee, sondern hat Hand und Fuß, Fleisch und Blut angenommen und ist Mensch geworden in Jesus Christus. Diese Liebe kann weder das best entwickelte Gen-Labor noch das größte Fernrohr herausdestillieren.

Gottes Antwort auf unsere Neugier liegt nicht auf der Ebene der kalten Fakten und der wissenschaftlichen nüchternen Daten, sondern auf der Ebene der letzten Geborgenheit und Eingebundenheit in einen von Gott selbst verbürgten Sinn.

Der Advent will uns einladen, diesen von Gott ausgehenden biblischen Hoffnungsstrom in uns aufzunehmen, der letztlich ein Strom der Liebe ist. Es ist ein Strom, der uns angesichts der Brüchigkeit und Haltlosigkeit der Welt dem Trott des „nur so weiter" entreißt und aufrichtet. Dieser Strom, in dem Gott uns im Menschen Jesus aufrichtet und gerecht macht, will uns wandeln und befähigen, andere aufzurichten und ihnen zu Gerechtigkeit zu verhelfen.

Die Revolution der Liebe in Gott möchte auch in uns eine Revolution der Liebe auslösen. Oder wie Jesus einmal sagt: „Ich bin gekommen, um Feuer auf die Erde zu werfen. Wie froh wäre ich, es würde schon brennen." (Lk 12,49)

Advent ist kein Warten auf Godot. Advent heißt für uns Glaubende ein Zweifaches:

Zunächst einmal den nüchternen Blick einüben in die Vorläufigkeit all dessen, worauf wir setzen, ob es nun Vermögen oder Wissen, Macht oder Technik ist. Die Welt ist endlich und hat ein Ablaufdatum. Im Evangelium wird uns das in drastischen Bildern vor Augen geführt und wir werden gewarnt, nicht durch wirklichkeitsverstellende Drogen (Rausch und Trunkenheit) und die Sorgen des Alltags diesen nüchternen Blick zu verlieren.

Sodann heißt Advent: zugleich darauf hoffen, dass hinter allem, was brüchig ist, der Gott steht, der nicht fern über den Sternen Regie führt, sondern eine Revolution im Himmel auslöste, indem er einer von uns wurde. Durch diese Solidarität und Liebe zu uns hat er glaubwürdig bezeugt, dass die Hoffnung auf ihn nicht ein vergebliches Warten auf Godot ist, sondern Gott den von ihm gesetzten radikalen Neuanfang nie mehr zurücknimmt und er selbst unsere Zukunft ist: „Der Menschensohn wird mit großer Macht und Herrlichkeit kommen“ (Evg.). In ihm naht unsere Erlösung und wird sie offenkundig. So gesehen werden die Schreckensvisionen des Evangeliums vor allem ein Trost: Seit Gott zur Welt gekommen ist, hat seine Geschichte mit uns einen nie endenden Anfang, durch allen Untergang und Tod hindurch. Sich dessen bewusst bleiben, wird und kann wohl nur der, der wacht und betet, also den Blick zu Gott öffnet und pflegt.
Mit einem Stück aus der Literatur habe ich begonnen. Mit einem Verweis auf das Werk „Atemschaukel“ von Herta Müller, das ich gerade lese, möchte ich schließen. Die deutschstämmigen Rumänen wurden am Ende des Krieges für die Verbrechen Hitlers haftbar gemacht und alle zwischen 17 und 45 Jahren wurden zur Zwangsarbeit nach Russland verschleppt, so auch der 17-jährige Leopold Auberg.
“Ich weiß du kommst wieder.“ (S 14) Dieses Wort seiner Großmutter begleitet ihn auf dem Weg in das Lager der Zwangsarbeit und es ist dieses Wort, das ihm trotz aller Unmenschlichkeiten und vor allem trotz des ständigen Hungers in all diesen Jahren letztlich aufrecht und am Leben hält. Dieses Wort war gleichsam seine Lebensversicherung, wann immer die Nacht der Verzweiflung auf ihn in diesen schrecklichen Jahren hereinbrach. Es ist dieses Wort, das ihn in dieser Hölle „zu allerhand, aber nicht zu allem fähig“ (S 122) machte, weil dieses Wort als Spur der Liebe eine unerschütterliche Hoffnung in sein Herz eingegraben hat. Nicht wissend, ob die Großmutter oder die Mutter daheim noch lebt, ist in ihm die Sehnsucht wach geblieben: „Hast du mich gern, ich leb ja noch.“ (S 144)
Wir dürfen wissen und glauben, dass Jesus Christus, der uns seine Liebe bis in seinen Tod bezeugt hat, mit großer Macht und Herrlichkeit wiederkommt und dass dann unsere Erlösung naht. Unsere hier oft zweifelnd gestellte Frage „Hast du mich gern?“ wird nach so mancher Drangsal die Antwort seliger Vollendung und ewigen Glücks erhalten. Sagen also auch wir glaubend ihm, unserem Bruder und Herrn: „Ich weiß Du kommst wieder.“ Amen.

Maria Empfängnis

Gen 3,9-15.20; Lk 1,26-38 (8.12.2009)

Das heutige Fest heißt offiziell „Hochfest der ohne Erbsünde empfangenen Gottesmutter Maria". Es wurde 1854 von Pius IX. als verbindlicher Glaubenssatz verkündet. Unser Neuer Dom, der Mariendom, ist diesem Festgeheimnis geweiht. Ich möchte drei Anmerkungen dazu machen, zunächst über das, was mit Erbsünde nicht gemeint ist und was gemeint ist, sodann was mit dem heutigen Festgeheimnis nicht gemeint ist und was gemeint ist, schließlich was dieses Fest für uns heute nicht bedeutet und was es bedeuten kann.

Die Älteren unter uns werden sich vom Religionsunterricht noch an den Begriff der Erbsünde erinnern, die Jüngeren wissen davon kaum noch Beschied, denn der Begriff ist sehr missverständlich und leicht irreführend. Soll etwa ein kleines unschuldiges Kind damit schon zu tun haben? Oder ist gar eine menschenfeindliche Sexualmoral dahinter verborgen, die die Geschlechtlichkeit überhaupt als verderblich ansieht?! Verständlicherweise wird der Begriff deshalb heute eher vermieden.

Erbsünde ist keine personale Schuld. Es ist auch nicht sozusagen die Suppe, die uns – gemäß der bekannten Geschichte aus dem Paradiese, wie wir sie in der Lesung hörten - Adam und Eva eingebrockt haben und die wir nun auslöffeln müssen – wobei dann manche Männer nochmals ihre Frauen anschauen und ihnen ob vorwurfsvoll oder lächelnd die größere Schuld an der Misere geben wollen! Es wäre dies ein völlig falsches Verständnis der ersten elf Kapitel im Buch Genesis am Anfang der Bibel. Da geht es in orientalischen Bildern um die Befindlichkeit des Menschen schlechthin und die Antwort auf die uralte Frage, warum im Menschen und in der Welt nicht alles von Grund auf gut ist, wo wir doch an einen guten Schöpfergott glauben.

Es ist einfach eine Tatsache, dass Beziehungen zwischen Mensch und Gott, zwischen Mann und Frau (Adam und Eva), zwischen Geschwistern (Kain und Abel), zwischen dem Menschen und der Natur (Sintflut - ökologische Krise) gestört sind. Im Bild des Turmbaues zu Babel wird dieses Aus- und Gegeneinander statt Mit- und Füreinander nochmals zusammengefasst. Man nennt diese Schuldgeschichte, in die wir hineingeboren werden, ohne selbst gesündigt zu haben, heute eher „Strukturen der Sünde". Im eigenen Fehlverhalten ratifizieren wir gleichsam die Adams-Sünde, deren letzte Konsequenz ein Ende (der Tod) statt Vollendung ist.

Wer diese große Wunde unseres Daseins nicht zugibt, der möge nur die täglichen Nachrichten anschauen. Man spricht heute eher von den „Strukturen der Sünde". Schlagwörter wie Tschernobyl, Temelin, „Eleven-Nine", Ökokrise, Nord-Südgefälle oder Atomwaffen mögen für diese Wirklichkeit genügen.

Der berühmte Soziologe Peter L. Berger sagte vor zwei Wochen in einem Interview der Zeitung „Presse“ (27.11.10): „Ich liebe Gilbert K. Chesterton, der gesagt hat: ‚Die Erbsünde ist das einzige christliche Dogma, für das man keinen Glauben braucht –man muss sich nur umsehen.’“
Auf diesem Hintergrund frage ich nach dem Sinn des heutigen Festgeheimnisses der „Unbefleckten Empfängnis Mariens“. Vorweg: es geht nicht um die Empfängnis des Jesuskindes im Schoße Mariens, auch wenn das Evangelium dies nahe zu legen scheint, sondern es ist die Empfängnis Mariens im Schoße ihrer Mutter Anna gemeint.
Es geht auch nicht im Sinne von Vitamin B um irgendeine himmlische „Freunderlwirtschaft“, ein Privileg oder einen unerlaubten Insiderhandel, in dem Maria um ihretwillen etwas zuteil wird, was mit uns nichts zu tun hat. Auch wenn die Volksfrömmigkeit in der besonderen Verehrung Mariens vielleicht etwas vom Fraulichen im allzu männlichen und patriarchalischen Gottesbild zu retten versucht, so kann es auch darum nicht gehen, denn das haben weder Gott noch Maria nötig. Worum geht es dann?
Schon eher hilft uns zum Verständnis der Engelsgruß an Maria: „Sei gegrüßt, du Begnadete, der Herr ist mit dir.“ Nach der Schuldgeschichte und der Last der Vergangenheit, die die Spuren bis in unsere Zeit ziehen, möchte Gott in großer Konsequenz einen neuen Anfang setzen, einen radikalen Anfang, d.h. ohne Wenn und Aber, also von der Wurzel her. Über diesem Neustart soll nicht der Schatten des vergangenen Gegeneinanders liegen, sondern das Licht eines neuen Miteinanders zwischen Gott und dem Menschen. Gott will diese Neuschöpfung in der Menschwerdung Jesu außerhalb dieses Schuldzusammenhangs stellen. Unser Fest besagt: Auch die Person, nämlich Maria, die irdische Mutter Jesu, soll außerhalb dieses Schuldkreises stehen. Der Sieg Gottes in Jesus Christus nimmt darin seinen Anfang und wird endgültig in dessen Auferstehung besiegelt!
Im Wort Gottes an die Schlange im Paradies wird bereits vorhergesagt, dass sie verflucht ist und die Frau ihr den Kopf zertreten wird. Was im Gott-sein-wollen des Menschen im Paradiese zum Gegeneinander von Gott und Mensch führte, ist in der Totalannahme Mariens wieder ein neues Miteinander von Gott und Mensch. Was in diesem so genannten Proto-Evangelium (= erste Frohbotschaft) in Hinblick auf Eva vorausgesagt wird, findet seine Erfüllung in Maria, der wahren Mutter aller Lebendigen. Die Erzählung von der Verkündigung der Menschwerdung Gottes durch den Engel Gabriel ist also gleichsam die Gegengeschichte von der Erzählung vom Sündenfall im Paradies.
Die dritte Frage, die uns bewegt: Was hat das mit mir, mit uns, mit unserer Welt zu tun? Dieses Fest ist kein Festtag der Anerkennung der Arbeit („Der Arbeiter ist seines Lohnes wert!“), so wichtig sie ist. Es ist auch kein freier Tag für die besonders Tüchtigen und Anständigen, schon gar nicht ein Zwickeltag für die Heimatverbundenen, also all jene ohne Migrationshintergrund. Es ist vor allem

kein Tag der Leistung und in Folge kein Tag, an dem wir das verdiente Geld in den Shoppingtempeln im vorweihnachtlichen Kaufrausch ausgeben.

Dieser Tag ist genau das Gegenteil: es ist ein Tag, der uns alle darauf hinweist, dass bei Gott nicht die Leistung und Tüchtigkeit zählen, sondern allein die Gnade. Es ist ein Tag, an dem uns neu bewusst werden soll, was Saint-Exupery so ausdrückt: „Freunde kann man nicht im Geschäft kaufen." Gott ist ein Freund und Liebhaber des Lebens. Er schenkt das Heil frei und ungeschuldet allen, die dafür offen sind. Es geht nicht um das Prinzip Leistung, so sehr es im Wirtschaftsleben seine Berechtigung hat, sondern es geht um Gnade, nicht als Prinzip, sondern als Gottes Geschenk in Jesus.

All unsere Weihnachtsgeschenke sind verkehrt, wenn sie uns als Tauschgeschäft und Ausdruck der Leistung verbinden. Sie sollen und dürfen vielmehr Zeichen des größten Geschenkes, der Menschwerdung Gottes in Jesus sein!

Wohin uns die Gier nach immer mehr geführt hat, erleben wir global in der Finanz- und Wirtschaftskrise. Der Theologe Hans Küng spricht von der, wie er sagt, „institutionalisierten Gier" als „struktureller Sünde", denn es kann sich nicht nur der Einzelne verfehlen, sondern auch ganze Gesellschafts- und Wirtschaftssysteme können sündhaft sein, wenn sie sich von der Realwirtschaft abgekoppelt haben (Hans Küng, Anständig wirtschaften, Piper 2010). Diese Gier hat den Zusammenbruch des Finanzsystems heraufbeschworen.

Der heutige Festtag ist eine Theologie gegen die Gier. Weder Geiz noch Gier ist geil, sondern sie führen in einen Abgrund der Zer-Störung. Maria Empfängnis stellt die vorbehaltlose Gnade und damit die absolute Personwürde jedes Menschen, unabhängig von Leistung, Bankkonto und Besitz, in den Mittelpunkt, denn der Mensch ist mehr als er hat, besitzt und konsumiert.

Vielleicht sagen Sie: Was kann ich damit anfangen? Nun, eines kann jede und jeder von uns tun, so bescheiden es sein mag: diesen Tag als Zeichen der Würde jedes Menschen unabhängig von und vor aller Leistung wie viele andere zum „Kauf nix-Tag" machen, also wirklich einen Feiertag halten, statt die Geschäfte zu stürmen. „Shoppen am 8.Dezember ist out" haben bereits 15.000 einander auf Facebook kommuniziert. Schön, dass die Billa- und bauMax - Geschäfte nicht mittun!

„Wir geben damit ein Zeugnis, dass Konsum und wirtschaftlicher Erfolg nicht der höchste Wert sind und dass wir Solidarität mit den ohnedies in dieser Zeit überstrapazierten Familien der im Handel Beschäftigten kennen" (unsere Bischöfe Ludwig und Maximilian).

Damit nehmen wir den Gutschein für einen Feiertag an und tragen zur so wichtigen Entschleunigung im vorweihnachtlichen Kaufrausch bei. Ich bin überzeugt: Das ist durchaus im Sinne des heutigen scheinbar so schwer zugänglichen Festgeheimnisses. Amen.

3. Adventsonntag

Zef 3,13-17; Lk 3,10-18 (17.12.2006)

„Bessere Lieder müssten sie mir singen, dass ich an ihren Erlöser glauben lerne; erlöster müssten mir seine Jünger aussehen." Wer kennt nicht diesen Vorwurf Nietzsches in seinem Werk „Also sprach Zarathustra" an uns, die Christinnen und Christen? und wie recht scheint Nietzsche zu haben! - Hätte nicht ein Außerirdischer auch diesen Eindruck, wenn er uns hastig durch die weihnachtlich geschmückten Strassen eilen und unsere Besorgungen erledigen sieht? Nach Erlösung schaut es fürwahr nicht aus, wenn wir keine Zeit mehr füreinander haben; alles schnell gehen muss und uns trotz aller Spaßgesellschaft der tierische Ernst ins Gesicht geschrieben steht. So manchem kommt der Seufzer aus: „Gut, wenn die Feiertage wieder vorüber sind!" Mit Freude, Vorfreude und Erlöstsein hat das wenig bis nichts zu tun! Irgendetwas stimmt da nicht!

Wozu feiern wir dann heute den Sonntag „Gaudete", d.h. Freuet Euch? Ist es um den Schein zu wahren und eine Fassade vor die Realität zu stellen?

Oder ist es nicht vielmehr 5 Minuten vor 12 eine Einladung, uns auf den echten Kern zu besinnen und uns so offen zu halten für die wahre Freude und deren Quelle frei zu legen?

Denn sonst geht es uns so wie in jener bekannten traurigen Geschichte: Menschen sind gekommen, um zur Geburt eines Kindes zu gratulieren. Sie legten ihre Garderobe achtlos ab und unterhielten sich lange untereinander, bis jemand plötzlich fragte: „Und wo ist eigentlich das Kind?" – Da merkte man - zu spät! -, dass man die ganze Garderobe auf den Kindswagen gelegt und das Kind erstickt hatte.

Damit das Kind Jesus nicht erstickt, damit wir es nicht mit all unserem Zeug rund um Weihnachten total außer Acht lassen und sich schließlich statt Freude Trauer, Enttäuschung und Ernst einstellen, möchte uns dieser Sonntag „Gaudete" den Blick für das Wesentliche öffnen.

In der Lesung aus dem Buch Zefanja heißt es: „Der Herr, dein Gott, ist in deiner Mitte ein Held, der Rettung bringt. Er freut sich und jubelt über dich, er erneuert seine Liebe zu dir." In der Alternativlesung aus dem Philipperbrief heißt es: "Freut euch im Herrn zu jeder Zeit! Noch einmal sage ich: Freut euch!" denn, so steht es im selben Brief: „Er, der Gottes Gestalt hatte, hat daran nicht festgehalten, sondern hat sich entäußert", hat also seine Göttlichkeit losgelassen und ist Mensch geworden.

Hier ist das Geheimnis angedeutet, dass uns erlöster sein lässt: Lösen und Erlösen hat mit Loslassen zu tun. Die drei Wörter Lösen, Erlösen und Loslassen hängen zusammen.

Offenbar müssen wir etwas loslassen, um erlöster zu sein. Wir halten etwas fest, was wir loslassen sollten, um dem Wesentlichen Platz zu machen. Es besteht die Gefahr, dass etwas an die Stelle des Eigentlichen tritt, das uns gefangen nimmt und keine wahre Freude auftreten lässt!

In den Evangelien gibt es drei Ratschläge, die so genannten evangelischen Räte, die auf gewisse Weise allen gelten, um erlöster zu werden. Die Ordensleute, die ausdrücklich Armut, Gehorsam und Ehelosigkeit versprechen, tun damit etwas, was in gewisser Weise für alle gilt. Es geht um ein dreifaches Loslassen.

Da ist zunächst die Besitzlosigkeit (anders gesagt die Armut oder Anspruchslosigkeit) gegen den Zwang des Habens und Konsums. Kinder, Liebende und Betende brauchen nicht im Zugriff des Besitzes des anderen habhaft zu werden. Sie brauchen nicht das Haben, um selig zu sein, denn sie ahnen, dass die einzige Habseligkeit ein Du ist, dem ich vertrauen darf und das mich liebt. Paulus fordert auf zu haben, als hätte man nichts. Jesus weist nicht von ungefähr immer wieder auf die Gefahr des Reichtums hin.

Ich möchte nicht sagen, dass wir nichts haben sollen oder dürfen, aber das haben darf nicht den Ton angeben. Das Haben allein macht nicht glücklich; es ist vielmehr die Gefahr, dass die Dinge uns besitzen und wir von ihnen besessen sind. Wollen wir erlöster sein, müssen wir davon mehr loslassen – etwa wie ein Kollege sagte: „Wenn ich durch die Landstrasse gehe, freue ich mich an all den schönen Dingen, die ich nicht kaufen muss."

Die zweite" Losigkeit" ist die Machtlosigkeit – gegen den Zwang, mehr zu sein und zu gelten als der andere. Gegenseitiger Machtkampf treibt uns in Rivalität und Konkurrenz, in Gegeneinander und Auseinander. Wo das Mehr des Einen vom Weniger des Anderen lebt, beginnt die Hackordnung. Machtdenken und Machtblöcke machen uns unerlöst.

Wollen wir erlöster sein, müssen wir also davon mehr loslasssen und wieder den Blick des Kindes annehmen, den Blick nach oben im Vertrauen, dass wir reich beschenkt werden, dass wir horchend und gehorchend schon immer beim mütterlich-väterlichen Gott Heimat und Zugehörigkeit haben. Wollen wir erlöster sein, müssen wir also mehr nach Jesu Wort handeln: „Wer der Größte sein will, sei der Diener aller."

Die dritte „Losigkeit" nenne ich die Idollosigkeit – im Idol will ich des anderen habhaft werden, ihn für mein Leben und meine Zwecke verwenden.

Viele Freundschaften und Ehen scheitern, weil man im anderen ein Idol sieht und den anderen gebrauchen will, um etwa ein Loch im eigenen Sinngefüge aufzufüllen. Der andere soll womöglich alles sein – und damit überfordere ich ihn. Ich liebe ihn abgöttisch oder er soll für mich Gott sein. Ich vergesse dabei, dass auch der liebste Mensch ein Versprechen ist, das er selbst nicht einzulösen vermag.

Bei Jesus heißt der Schlüssel für das Geheimnis gelungenen Lebens:

„Wer sein Leben für so kostbar hält, dass er es für andere nicht hingeben will, verliert es. Wer es aber hingibt, gewinnt immer noch dazu.“

Die Folge davon ist: Auch in jeder gelungenen Beziehung, gerade auch in Freundschaft und Ehe heißt es: den anderen loslassen, denn ich kann den anderen immer nur so lieben, dass ich ihn in sein eigenes Leben und in seine Freiheit loslasse. Hierin ist das Stück Wahrheit der „Ehelosigkeit“ auch für Verheiratete! Das gilt nämlich auch für Mann und Frau in der Ehe. Es gilt analog auch für die Eltern den Kindern gegenüber und umgekehrt, für jede Freundschaft und jede Beziehung, die gelingen soll. Wenn wir des anderen habhaft werden wollen und nicht loslassen in seine eigene Freiheit und Verantwortung, dann werden wir ihn tatsächlich los, weil er sich losmacht aus unserem Zugriff, der ihn vereinnahmen will. Leben und Liebe gelingen nur in Freiheit!

Besitzlos, machtlos, idol-los ist Jesus als Kind in die Welt gekommen und er ist es zeitlebens geblieben, wie es die Versuchungsszene als Ouvertüre für sein öffentliches Leben andeutet.

Er möchte uns in diesen drei „Losigkeiten“ den Weg zu echter Erlösung aus der Gefangenschaft des Besitzes, der Macht und des Idols zeigen. So gesehen haben die drei evangelischen Räte der Ordenschristen für alle Christen eine analoge Bedeutung als Weg zu mehr Freiheit und Leben.

Wir brauchen nicht bettelarm zu werden, aber Johannes der Täufer weist im Evangelium genau in dieselbe Richtung und richtet sich ganz auf Jesus aus; er lässt los und nimmt ab, damit Jesus zunehme.

Johannes gibt den Zuhörern, den Zöllnern und den Soldaten ganz konkrete Beispiele aus seiner Mitwelt, wo es heißt loszulassen und es anderen zu geben. Auch die Einladung, heute für ärmste Menschen in Uganda zu spenden, die uns jetzt noch kurz vorgestellt wird, ist eine solche konkrete Einladung hier und heute.

Wenn die Aktion unter dem Leitwort steht „Sei so frei für ein Stück vom Glück“, so heißt das für mich: Durch diese konkrete Übung des Loslassens gewinne ich selbst mehr Freiheit von den Zwängen des Besitzes, der Macht und des Idols und ich übe mich ein , mit dem hier auf Erden möglichen Fragment des Glückes, also mit einem Stück Glück zu leben und so mich und andere nicht zu überfordern.

Ich schenke zugleich dem Armen, der aus irgendwelchen Gründen immer, nicht selten durch die Sünden der Ersten Welt, mittellos ist, auch ein Stück Glück. Ich bin überzeugt, dass solches Tun des Loslassens uns hilft, erlöster und glücklicher zu werden.

Erlöstein und Glück lässt sich nicht erzwingen. Steht man vor der Tür, hinter der sich die Wohnung des Glücks verbirgt, dann kann man das nicht tun, was naheliegend wäre, nämlich die Türe aufzustoßen, denn wie der Religionsphilosoph Sören Kierkegaard zurecht sagt „... sie geht nicht nach innen auf, so dass man, indem man auf sie losstürmt, sie aufdrücken kann; sondern sie geht nach außen auf, und es bleibt einem daher nichts zu tun" – ich füge an . als was vor der Tür ist selbst wegzuräumen, damit die Tür des Glücks aufgehen kann. Amen.

4. Adventsonntag

Micha 5,1-4a; Lk 1,39-45 (24.12.2000)

Gott-sei-Dank haben die Geschäfte geschlossen und es bleiben noch - 5 Minuten vor 12 - ein paar Stunden zu überlegen, was wir eigentlich im Advent feiern. Ich möchte anhand eines Begriffspaares und von den heutigen biblischen Lesungen her versuchen, den Advent besser zu verstehen. Wir kennen alle die beiden lateinischen Worte Futurum und Advent; beide deuten auf das Künftige und doch in ganz verschiedener Weise; Futurum heißt Zukunft, Advent heißt Ankunft.

Futurum, die Zukunft, ist die von uns gemachte, gestaltete, jetzt schon mögliche oder aufgrund von späteren wissenschaftlichen Erkenntnissen ermöglichte Zukunft. Darunter fällt unser eigenes Bemühen, die Gesellschaft durch Politik, Wissenschaft und Wirtschaft zu gestalten. Das ist wichtig und notwendig, denn es bringt nichts, die Hände in den Schoss zu legen. So ist das Bemühen aller in diesen Gebieten anzuerkennen und zu fördern. Viel Segen kann uns aufgrund kluger Politik, verantwortlicher Wirtschaft und neuer wissenschaftlicher Erkenntnisse zuteil werden.

Gefährlich wird es für mich jedoch dann, wenn die von uns gestaltete Zukunft zum alleinigen Prinzip dieser Welt wird; wenn also nur das gilt, was der Mensch machen kann. Wo das geschieht, fürchte ich, dass wir weiterbauen am Turmbau von Babel und ein schlimmes Ende und böses Erwachen sich abzeichnen. Der mögliche Segen unseres Tuns wird dann zum Fluch.

In manchen Entwicklungen zeichnet sich bereits ab, dass z.B. ein von sozialer Verantwortung ungebremster Turbokapitalismus, eine völlige Liberalisierung der Wirtschaft oder eine nicht mehr an ethische Grundsätze rückgebundene Wissenschaft nicht selten unheilvolle, manchmal unumkehrbare Prozesse einleiten. Wer denkt nicht an die schrittweise Abschaffung des Sonntags, an die Erwärmung der Erde, an die Endlagerung von Atommüll, an Seuchen wie BSE - alles Krisen, die letztlich ihren Grund wohl darin haben, dass wir unser eigene Natur und die der Umwelt manipuliert haben und anders leben, als wir gemacht sind, z.B. aus Pflanzenfressern Fleischfresser machen wollten.

Noch ein Beispiel: Für mich ist auch der Beschluss des britischen Unterhauses, das Gesetz zum therapeutischen Klonen auszuweiten, ein Bannbruch, bei dem der Mensch die Evolution in die eigene Hand nehmen will. Anders als bei den Verheißungen der Raumfahrt oder Atomkraft verheißt die Genforschung Gesundheit und trifft dadurch eine ganz große verständliche Sehnsucht des Menschen. Die Genforschung verheißt die Sättigung der Armen und die Ausrottung der

Krankheiten, am Ende den durch Medizin und Biologie verbesserten Menschen. Der Traum der Machbarkeit des ewigen Lebens bewegt die Fitnessindustrie bis hin zum Klonen.

Nicht zufällig war das erfolgreichste Sachbuch des letzten Jahres das ganz ernst gemeinte Versprechen, der Mensch könne 120 Jahre alt werden. Nicht zufällig galt als erfolgreichste wissenschaftliche Tat die Entschlüsselung des menschlichen Genoms, weil es dieser Verheißung entgegenkommt. - Ich wäre missverstanden, wenn Sie aus diesen Sätzen Wissenschaftsfeindlichkeit heraushören. Ich glaube allerdings, wo der Mensch ausschließlich auf das 'Futurum', die selbst gemachte Zukunft baut, verfällt er dem Machbarkeitswahn, der nicht dem Sinn des Ganzen, sondern dem Wahnsinn uns näher bringt.

Advent hingegen als zweites Prinzip unseres Menschseins heißt, dass wir das uns Mögliche tun, aber zugleich in manchmal schmerzlicher Anerkenntnis unserer Grenzen offen bleiben für den, der unsere Grenzen sprengt - für Gott. Wer Advent feiert, lässt die Evolution, den Sinn, das Ziel und die Vollendung des Ganzen letztlich in Gottes Hand.

Wer Advent feiert, ist nicht nur ein Macher und Manipulierer (in Politik, Wirtschaft und Wissenschaft), sondern zutiefst einer, der auch empfangen kann und um die Bedeutung des Geschenkes weiß. Advent lässt uns Erwartende für das uns Unverfügbare sein, nicht nur unseres eigenen Glückes Schmied. Der adventliche Mensch bekennt zugleich, dass es kein Warten auf Godot ist, sondern ein In-der-Hoffnung-Leben, weil Gott selbst sich an die Menschheit einfürallemal gebunden hat.

Der Advent hat eine andere Logik als die Zukunft: Die Zukunft spielt sich in Washington, Peking und Moskau ab, vielleicht zunehmend mehr auch in Paris und Berlin. Der Advent erfüllt sich in Bethlehem, dem kleinen, unbedeutenden Gau Judas.

Schlagzeilen der Zukunft in Österreich machen Wien und vielleicht auch gelegentlich Linz, aber nicht Afiesl, irgendeine kleine christliche Gemeinde oder ein wirklich 'kleiner Mann', es sei denn jemand ist auf der Sprossenleiter der Partei oder der Bekanntheit auf der Leiter bis dorthin emporgestiegen. Trotzdem glaube ich, dass sich im Kleinen und Stillen für die Welt Tieferes ereignen kann als im Rampenlicht der Öffentlichkeit. Die Zukunft wird bewegt von Präsidenten und anderen Herrschern; die Lesung aus dem Propheten Micha verheißt hingegen den Advent, also die Ankunft eines Sohnes, der in der Kraft des Herrn Hirte sein wird für alle Völker.

Im Evangelium wird uns Maria als Erwartende, als adventlicher Mensch, vor Augen geführt. Diese Erwartung und Sehnsucht sind wohl notwendig, dass Gottes Sohn in ihr Mensch werden kann. Nur dann kann der Mensch beschenkt werden. Das ist sicherlich der tiefste Kern der 'Jungfräulichkeit' Marias. Maria begegnet einer anderen Frau, die auch voll Erwartung ist: Elisabeth. Beide haben ein Kind nicht gemacht, sondern empfangen; beide sind in guter Hoffnung, denn die Kraft des Höchsten hat sie überschattet.

Maria und Elisabeth - beide sind für mich Menschen, die das ihnen Mögliche sehr wohl tun, aber zugleich nicht beim Futurum, den eigenen Möglichkeiten, stehen bleiben, sondern adventlich für den offen geblieben sind, der in diese Welt hereinbricht, um aus Liebe zu uns Mensch zu werden.
Weihnachten ist nicht nur ein emotionsgeladenes Zurückschauen auf die damalige Erwartung Israels oder auf die empfangende Haltung Elisabeth und Marias: Es ist auch heute an uns die Frage, ob wir nur noch Macher unserer Zukunft sein wollen, die eines Tages auch Kinder und ewiges Leben zu produzieren und die Evolution im Griff zu haben meinen, oder ob wir darüber hinaus auch empfangende Menschen geblieben sind.
Was nützt der bloße Rückblick? Denken Sie an den bekannten Spruch von Angelus Silesius: 'Und wäre Jesus tausendmal in Bethlehem geboren und nicht in dir..., es nützte dir nichts!' Weihnachten und sein Geheimnis sind nicht machbar, sondern es kann nur einem offenen Herzen geschenkt werden.
Mögen die Gaben unter dem Christbaum heute abends nicht Ausdruck unseres Wirtschaftsbooms und unseres Lebensstandards sein, sondern Hinweis darauf, dass das Letzte und Tiefste unseres Lebens nicht selbst produziert und gemacht, sondern nur geschenkt werden kann! Mögen unsere Geschenke Hinweis auf Gottes Geschenk in Jesus Christus sein und Ausdruck dafür, dass wir dem Machbarkeitswahn absagen, um uns dem uns von Gott in Jesus Christus geschenkten Sinn unseres Lebens zu öffnen. Dann ist ganz gewiss auch heute noch Ankunft des Herrn. Amen.

Christmette

Jes 9,1-6: Lk 2,1-14 (24.12.2009)

„Was ist Weihnachten?" So lautet die plakative Umfrage einer Wiener Agentur über die Vorstellungen der Menschen zum Inhalt des Weihnachtsfestes.
Ist es nur eine Zeit gegen Ende des Jahres, die mit Erledigungsdruck, Einkaufsstress und der Hoffnung auf ein paar freie Tage verbunden ist? Punschstände, Firmenfeiern und Vorfeiertagshektik – war das wirklich alles?! Es sollte dann nicht wundern, wenn Weihnachten vor allem eine Belastung bedeutet und jeder froh ist, wenn die Bescherung vorbei ist!
Es spiegelt sich darin wider, was Kardinal König schon vor 20 Jahren die dünn gewordene Decke des christlichen Abendlandes nannte, die leicht einzubrechen droht. Der Journalist Paul Schulmeister spricht vor zwei Wochen von einem religiös ausgedorrten Europa und sagt:
„Europa leidet an geistigem Sauerstoffmangel. In der stillsten Zeit des Jahres, die die stressigste ist, ist das besonders bemerkbar. Europa wagt es oft nicht mehr, von seinen christlichen Wurzeln zu sprechen" (Presse 14.12.09). Ja, es gibt eine europaspezifische Aversion gegen das Christentum,

wie der bekannte Soziologe Peter L. Berger feststellt. Manche sprechen sogar von einer Christophobie.

Unsere geistige Situation in Europa scheint denkbar widersprüchlich: da gibt es neuerdings große Buchreichen über die Weltreligionen und den angeblichen Spiritualitäts-Boom, andererseits plakatieren aggressive Atheisten auf Autobussen: „There ist probably no God. Now stop worrying and enjoy life“.

Bereitet die so propagierte Nichtexistenz Gottes dem Menschen tatsächlich mehr Freude und Frieden oder ist es eher eine Spaßgesellschaft, die sich zu Tode amüsiert? Sind die Sorgen unter der Oberfläche nicht größer denn je? Denken wir etwa bloß an die gescheiterte Klimakonferenz! Muss wirklich Gott tot erklärt werden, damit der Mensch menschlicher wird?

„Was ist Weihnachten für uns“, die wir uns zur nächtlichen Stunde hier in der Kirche versammelt haben? Ich bin überzeugt, dass zumindest in jedem und jeder von uns eine starke Sehnsucht nach dem wahren Kern dieses Festes vorhanden ist. Als Gottes Bild und Gleichnis erschaffen grenzen wir an sein unauslotbares Geheimnis, das durch kein Hab und Gut aufgewogen werden kann.

Eines freilich müssen wir sagen: Gott ist anders als wir ihn je geahnt und uns vorgestellt haben, auch wenn er der tiefsten Sehnsucht unseres Herzens entspricht und wir auf tausend Wegen bewusst oder unbewusst auf der Suche sind und in der Hoffnung auf das, was die Botschaft von Weihnachten verkündet: Gott selbst kommt in unser schwaches und unerfülltes Menschsein, um es auszufüllen mit seiner Fülle, seinem Licht und seinem Leben.

Gott selbst wird Mensch, damit wir Menschen miteinander menschlicher umgehen!

Wir brauchen einen Gott, der über den Sternen thront und den unser Schicksal nicht berührt, nicht für tot erklären, denn diesen Gott gibt es nicht. Gott selbst ist – im Doppelsinn des Wortes – ein zu uns herabgekommener Gott. So heißt es in einem der ältesten Hymnen des Neuen Testaments: „Er war Gott gleich, hielt aber daran nicht fest, wie Gott zu sein, sondern entäußerte sich und wurde wie ein Sklave und den Menschen gleich.“ (Phil 2, 6f)

Dass unsere Sehnsucht nach einem Gott, der zutiefst mit uns solidarisch ist, nicht ins Leere geht, sondern erfüllt wird, bezeugen auch die biblischen Texte der Mette:

„Uns ist ein Kind geboren, ein Sohn ist uns geschenkt“, sagt Jesaja. Ein Kind vertreibt die Dunkelheit, die uns als Angst und Hoffnungslosigkeit bedrückt. Ein Kind zerbricht das drückende Joch und führt Frieden und Gerechtigkeit herauf. In diesem Kind wird die Mitte der Nacht zum Anfang eines neuen ewigen Tages. Seit dieses Kind geboren ist, zählen wir die Jahre nach seiner Geburt, weil in ihm eine neue Welt angefangen hat: nach Christi Geburt. Es ist die Welt der Liebe, die in diesem Kinde ein für allemal beginnt und unaufhaltbar im Kommen ist – allen negativen Schlagzeilen zum Trotz!

Zwei Welten, wie sie gegensätzlicher nicht sein könnten, prallen im Evangelium aufeinander: auf der einen Seite das römische machtvolle Imperium unter dem als Gott angebeteten Kaiser Augustus, der durch die Volkszählung den Menschen neue Steuern aufzwingen will und auf der anderen Seite der unscheinbare Flecken Bethlehem, ein Kaff auf der damaligen Landkarte mit dem Kind in einer Krippe, dem die Hirten die dem Kaiser reservierten Titel „Retter“ und „Herr“ geben. Nicht irgendeine liebliche Idylle wird uns hier erzählt, sondern ein Geschehen von höchster politischer Brisanz. Auch wenn das Reich, das mit diesem Kinde beginnt, in der Welt der Mächtigen nichts zählt, kommt uns in diesem armen und obdachlosen neugeborenen Kinde Gott ganz nahe.

Er, der das Licht ist, geht ein in die Finsternis der Welt, ja später sogar in die Nacht des Todes, damit die Welt durch ihn heller werde.

Er, der reich war, wird arm, um uns neu als Gottes Kinder reich zu machen.

Er geht unsere Wege, die hellen und die dunklen, die Spaziergänge und die Kreuzwege, er durchlebt unseren Geburtsschrei und unseren Todesschrei, um all unseren Wegen ein gutes Ziel zu geben, die Gemeinschaft mit Gott.

In diesem Kinde Jesus hat Gott alles angenommen, um alles zu erlösen – oder wie es der große Theologe Karl Rahner sagte: “Gott hat sein letztes, sein tiefstes, sein schönstes Wort ... in die Welt hineingesagt, ein Wort, das nicht mehr rückgängig gemacht werden kann, weil es Gottes endgültige Tat, weil es Gott selber in der Welt ist. Und dieses Wort heißt: Ich liebe dich, du Welt und du Mensch.“

Lassen wir uns berühren von dieser Botschaft der Liebe. Geben wir diesem Licht von Bethlehem Raum in uns, damit es leuchten kann in unserer dunklen und zerrissenen Welt. Gott hat sein Licht in dieser Welt angezündet und es wird nie mehr ausgehen. Wir stehen vor der Wahl, dieses Licht zu verschatten und zu verdunkeln oder uns von ihm anzünden zu lassen.

Wenn Gott selbst in Jesus Mensch wird und er uns in diesem Menschen alles geschenkt hat, so will uns dies doch sagen: Nicht Macht und Besitz, nicht Herrschaft und Kontrolle, nicht Hab und Gut sind das, was uns Menschen glücklich macht, sondern wir selbst sind als Menschen füreinander das größte Geschenk. Alle anderen Gaben zu Weihnachten sollen nur Ausdruck dafür sein, aber nie Ersatz.

Das Fest also, in dem wir feiern, dass Gott Mensch wird, ist das Fest der Liebe Gottes zu uns Menschen und die Aufforderung, auch zueinander und füreinander liebende Menschen zu sein und immer mehr zu werden. Es geht um unser aller Menschwerdung durch die Hilfe und das Beispiel dessen, in dem Gott selbst aufzeigt, wie Menschsein gelingen kann.

Mögen wir diese selige Verwiesenheit als Mensch zu Mensch beglückend erfahren, denn Gott selbst hat sich in Jesus verbürgt, dass sein Projekt Mensch gut ausgeht. Gottes Sohn ist Mensch geworden und bleibt es in alle Ewigkeit. Gottes Geschöpf, der Mensch, war sein Lieblingsprojekt und bleibt es in alle Ewigkeit - trotz aller Untergangsprophetien und Kassandrarufe. Das - nicht weniger (ein Mehr gibt es nicht!) – feiern wir dankbar in dieser hochheiligen Weihnachtsnacht! Amen.

Weihnachten

Jes 52,7-10;Joh 1,1-18 (25.Dez.2006)

Auch wenn selbst in Österreich 10 Prozent nicht mehr sagen können, was wir zu Weihnachten eigentlich feiern, so wissen die restlichen 90 Prozent offenbar doch noch, dass es sich um die Geburt des Kindes Jesus handelt.

Ich frage mich allerdings zu Recht, ob es nach 2000 Jahren christlicher Zeitrechnung nicht falsch ist, dieses Fest der Geburt eines Kindes ehrlich und aufrichtig zu feiern. Der Grund meiner Skepsis liegt in der zeitgenössischen Einstellung zum Kinde. Nicht Abraham a Santa Klara oder ein Pater Leppich, nicht ein erzkonservativer Pfarrer oder sonst ein Moralprediger, sondern der stellvertretende Chefredakteur der OÖN schrieb in einem Leitartikel in dieser Woche: „Also, ich würde mir das als Ungeborener gut überlegen, ob ich tatsächlich in das 21. Jahrhundert krabbeln möchte. Was bin ich denn, kaum habe ich das von Pulverdampf, Gier und Leiden geschwängerte Licht der Welt erblickt? Nichts als ein Kostenfaktor, ein wirtschaftliches Risiko für meine Erzeuger, ein Job-Hemmnis für die Mutter und dereinst, mit viel Glück ein Uralter unter Uralten. Nein danke für dieses Angebot." So weit Meinhard Buzas.

Er meint weiters, dass selbst bei der Diskussion über sinkende Geburtenzahlen Kinder nur in wirtschaftlicher Hinsicht, aber nicht als Lebewesen gesehen würden. Es mag kulturpessimistisch klingen, wenn er meint, dass es nur „eine hoffnungslos antiquierte Minderheit" sei, die sich weigert, Familie für ein Schimpfwort zu halten und die in Kindern noch eine emotionelle Bereicherung der Eltern, eine Schule für deren soziale Verantwortung und eine Quelle geistiger Wachheit sehen.

Bevor wir also allzu selbstverständlich die Geburt des Kindes Jesus feiern, müssen wir uns fragen, was wir wirklich feiern: Ist es der Höhepunkt und Ende des Geschäftsjahres, die Maximierung des Profits in diesen Wochen, ein paar verdiente Ruhetage nach all dem Stress, ein Fest der Gefühle und der Flucht in eine bessere Welt? Oder ist es mehr? Feiern wir wirklich die Geburt eines Kindes – auch im 21. Jahrhundert?

Anbetracht der zitierten Schlussfolgerung eines Ungeborenen „Nein, danke für dieses Angebot" fasse ich mein Verständnis von Weihnachten als der Geburt des Kindes Jesus einmal in die Worte:„Ja, danke für dieses Angebot!"

Die Menschwerdung Gottes in Jesus ist nämlich Gottes eindeutiges und unwiderrufliches Ja zum Menschen schlechthin, zu Dir und zu mir als einmaliger Person, die nicht verzweckt werden darf, sondern absolute Würde hat. Es ist das Ja Gottes zu jedem Menschen,

aber zumal zu denen, die unter die Räder der Gesetze der Wirtschaft kommen und wenig oder nichts zählen. Dieses Kind ist das Ja Gottes zu denen, die als Schwache und Untüchtige, als Unterbemittelte und Modernitätsverlierer zwischen das Raster der Leistung und Tüchtigkeit fallen. Dieses Kind Jesus ist der zu den Kleinen und Hilfsbedürftigen herabgekommene Gott, damit sie den Boden unter den Füßen nicht ganz verlieren und jede Hoffnung schwindet.
In diesen Monaten wurde viel über Grundsicherung, wie immer man es nennen mag, diskutiert. Was wir in der Menschwerdung Gottes im Kinde von Bethlehem feiern, ist die von Gott selbst garantierte Grundsicherung für jeden Menschen, zumal für die Kleinen und Schwachen. Diese Grundsicherung ist nicht ein Blankoscheck, bei dem sich viele noch streiten müssen, wer sie letztlich zahlt; sie ist auch nicht eine Prämie der Superreichen, die einen Solidarbeitrag leisten, nicht ein paar Brosamen vom Tisch der Fünfstern-Hotels, sondern diese Grundsicherung ist gedeckt von einer anderen Währung:
Gott selbst verbürgt sich dafür, indem er Mensch wird, solidarisch mit uns – von der Krippe bis zum Kreuz. Diese Grundsicherung besagt, dass wir sicher sein dürfen, dass uns nichts mehr von Gottes Liebe zu trennen vermag. Weihnachten ist nämlich nicht zu verstehen, ohne jetzt schon Ostern mitzubedenken: den Sieg des Menschen Jesus über alles, was den Menschen entwürdigt und verzweckt, wie er in der österlichen Vollendung der Menschwerdung zum Ausdruck kommt.
Gottes selbst wirft sich in diesem Angebot in die Schale der Menschheit, damit der Mensch nicht mehr bloß zum Kostenfaktor der Wirtschaft wird, sondern die Mitte alles irdischen Seins und Tuns bleibt. Dafür gibt Gott sein Herzblut.
Ja, danke für dieses Angebot! Denn der Wunsch nach einem solchen Angebot und die tiefste Sehnsucht darnach ist - Gott sei Dank – nicht mehr bloß der Vater des Gedanken, sondern bereits Wirklichkeit und Zusage an uns alle – aber zugleich Einladung, den Menschen immer wieder in die Mitte zustellen und alles andere ihm unterzuordnen.
Ich bin zutiefst überzeugt, dass durch dieses Angebot Gottes unser Menschsein und unsere Welt **heller** geworden sind. Wahrscheinlich müssen wir zuerst die blendenden Kommerzlichter ausschalten, um zu erfahren, dass der Stern von Bethlehem und das Licht dieses Kindes unser Herz erhellen und erfreuen. Es gibt keine Dunkelheit mehr, die nicht von der Nacht zu Bethlehem erleuchtet werden könnte – bis hin zu den Menschen, die dieses leben nur noch als schwarzes Loch sehen und in einem Schrei nach mehr Leben aus ihrer subjektiven Ausweglosigkeit dieses irdische Leben verlassen.
Ich danke Gott für dieses Angebot, weil dadurch unsere Welt und unser Menschsein **wärmer** geworden sind. Rassische Barrieren, soziale Abwertungen und sexistische Vorurteile sind durch diese göttliche Grundsicherung ein für allemal aufgehoben, denn es gibt nicht mehr Juden und Griechen, Sklave und Freie, Mann und Frau, sondern wir sind alle eins in Christus Jesus (Galt

3,28). Gottes Gabe in Jesus, in dem seine Güte und Menschenfreundlichkeit erschienen ist, ist freilich zugleich Aufgabe, soziale Kälte aus der Welt zu schaffen; unser Christsein steht und fällt mit der Caritas, also dem Auftrag, einander näher zu kommen und zu teilen.

Ich danke schließlich für dieses Angebot, da dadurch mehr Kommunikation, also mehr Gemeinschaft in dieser Welt entstanden ist. Gott ist unser Bruder geworden, hat sich mit uns solidarisiert, damit auch wir Jesus eine Gemeinschaft des Volkes Gottes, Brüder und Schwestern einer Menschheitsfamilie, Kinder eines mütterlich-väterlichen Gottes sind.

Es ist mir und wohl vielen in unserer Pfarre heuer eine besondere Freude, dass wir dieses Weihnachtsfest in unserem erneuerten Kirchenraum feiern können, denn dieses unser Gotteshaus ist jetzt heller, wärmer und kommunikativer geworden – und genau in diesen Eigenschaften spiegelt es auch räumlich das wieder, was wir zu Weihnachten feiern:

Durch die Geburt Jesu ist diese Welt heller, wärmer und kommunikativer geworden. Gott ist im Kinde Jesus ein Gott zum Anfassen geworden. Ich danke herzlich den Müttern und Vätern, die in der Krippe in der Kapelle nicht nur für die Kinder, sondern für uns alle anschaulich gemacht haben. Amen.

Fest der Hl. Familie

Kol 3,12-17; Lk 2,41-52 (28.12.2003)

Am Weihnachtstag habe ich davon gesprochen, dass in den letzten beiden Jahrhunderten unsere eigene Welt mit ihren Gegensätzlichkeiten und dunklen Stellen oft zu wenig in unsere Krippenwelt miteinbezogen wurde und deshalb auch Bethlehem verniedlicht und verharmlost wird.

Das gilt erst recht von einer erweiterten Krippendarstellung, wie man sie dort und da antrifft: Da gibt es nämlich neben der Hirten- und Dreikönigs-Szene noch eine dritte Begebenheit, die dargestellt ist: das Haus von Nazareth: Es zeigt die Hl. Familie. Jesus ist schon zum Knaben herangereift, und der Hl. Josef führt ihn in seiner Werkstatt in das Handwerk des Zimmermanns ein. Maria ist ebenfalls beschäftigt; sie sitzt am Spinnrad und pausbäckige Engel schauen vom Himmel wohlgefällig auf diese Atmosphäre der Eintracht hernieder. Die Älteren werden sich noch an die entsprechenden Bilder im Katechismus erinnern: eine wundersame Harmonie scheint in dieser Familie zu herrschen. Und je greifbarer dieser Friede ist, um so mehr spürt sich eine wirkliche Familie fern von diesem Ideal – ein frommer Wunschtraum ohne Wirklichkeitsbezug zu unserer konkreten familiären Welt mit ihren Tränen, Scherben und Bruchstücken, eine Vertröstung, die die Realität um so düsterer erscheinen lässt!

Ist das jedoch die Wirklichkeit der so genannten „Heiligen Familie“?

Die Heilige Schrift zeichnet selbst von ihr ein etwas anderes Bild. Da ist nicht so sehr von Harmonie und Eintracht die Rede, sondern eher von harten Spannungen, die wir durchaus auch Krisen nennen können. Ein Beispiel dafür ist das heutige Evangelium!

Der zwölfjährige Jesus trennt sich bei der Wallfahrt nach Jerusalem von den Eltern und auch vom Kreis der Verwandten und bleibt ohne jemanden zu informieren, in der Stadt zurück, um sich im Tempel mit den Schriftgelehrten zu unterhalten. Jesus scheint gar nicht zu bedenken, welche Sorge sich seine Eltern machen und wie mühsam und beschwerlich es für sie war, ihn ausfindig zu machen. Auch das Gespräch zwischen ihm und seinen Eltern ist nicht unbedingt angetan, die Wellen zu glätten, denn als Maria von ihrer Sorge spricht, zeigt er Unverständnis und meint, sie hätten doch wissen müssen, dass er „im Hause seines Vaters“ zu sein habe. Vorher waren Maria und Josef schon „außer sich“ geraten; auch jetzt verstanden sie Jesus nicht.

Auch die Heilige Familie ist also keine ungetrübte Idylle, wie es sich die bürgerliche Welt des 19. Jahrhunderts vorstellt. Kein Wunder, dass ein Künstler zu Beginn des 20. Jahrhunderts ein höchst anstößiges Bild malt, auf dem Maria dargestellt ist, wie sie den kleinen Jesus-Knaben züchtigt.

Für mich ist die Begebenheit mit dem 12-jährigen Jesus ein Beispiel für den zeitlosen Generationenkonflikt, der allen Eltern leidlich vertraut ist: Kinder tun etwas, was der Vorstellungswelt der Eltern diametral entgegengesetzt ist, und sie finden es nicht der Mühe wert, ihr Verhalten zu erklären oder zu begründen. Krisen sind also vorprogrammiert.

Spannungen gab es sehr wohl auch zwischen Josef und Maria, oder ist es etwa nicht eine regelrechte Ehekrise, wie sie Matthäus schildert? Josef war über die ohne sein Zutun eingetretene Schwangerschaft Marias so bestürzt, dass er daran dachte, seine Frau aus der Ehe zu entlassen, d.h. sich nach jüdischem Recht von ihr zu scheiden, denn solange ihn der Engel nicht aufklärte, konnte er diese Schwangerschaft nur als Folge eines Ehebruchs auf Seiten Marias deuten. Ich vermute, daß dies nicht die einzige Zeit quälender Ungewissheit in der Beziehung zwischen Maria und Josef gewesen sein wird.

Wir haben in der Adventzeit die vier Stamm-Mütter Jesu aus dem Matthäusevangelium betrachtet – biblische Geschichten, die für manche fromme Ohren etwas anstößig waren und sind, denn - einmal abgesehen davon was die patriarchalischen Vorfahren Jesu alles getan haben - wer vermutet schon unter den Ur- ,Ur- , Urgroßmüttern Jesu Frauen, die oberflächlich betrachtet Schwiegerväter verführen, Landesverräterinnen werden, in Dreiecksgeschichten verwickelt sind und ähnliches?

Aber gerade so sind diese biblischen Geschichten unseren eigenen Familiengeschichten näher als in den sterilen Wunschträumen einer bürgerlichen Oberschicht. Gerade so dürfen wir erfahren, dass Gott auch um die dunklen Stellen in unseren Familien weiß und auch auf deren krummen Zeilen nochmals gerade schreibt. Selbst die Heilige Familie ist gegen falsche Idealisierung eine Familie

mit Spannungen zwischen Eltern und Kindern und zwischen den Gatten; sie ist uns also näher als die Ehre der Altäre vermuten lässt.
Und das ist gut so! Denn so dürfen wir darauf vertrauen, dass nicht nur unser Bemühen, sondern auch unser Scheitern von Gott in Jesus angenommen sind, dass also auch die Tränen, Scherben und Bruchstücke unserer Familien von Gottes Liebe und Erbarmen nochmals umfangen sind und Gottes Herz größer ist als unser Denken, auch als das rechtliche Denken mancher kirchlicher Paragraphen.
Nicht nur die „vollständigen" Familien dürfen heute feiern, sondern auch die alleinerziehenden, vom Partner verlassenen, ungewollt kinderlosen oder verwitweten Menschen. Gerade die nicht intakten Familien haben diesen Zuspruch heute besonders nötig, denn die Sehnsucht nach intakten Orten der Zugehörigkeit ist in jedem Menschen tief verwurzelt, auch wenn sie umständehalber nicht immer gestillt werden kann.
Wie es in der Heiligen Familie Spannungen und Krisen, Brüche, Sorgen und Nöten gab, so sind familiäre Bande und engste mitmenschliche Beziehungen nirgends schmerz-, stress- und reibungsfrei zu haben. Wir sind alle verschieden – und daraus folgen nicht nur Ergänzung und Bereicherung, sondern auch mögliche Distanz, Unverständnis und Auseinandersetzungen, die zu Trennungen führen können.

Wenn Weihnachten besagt, dass gerade die Dunkelheiten auch unserer Familien von Gottes erhellender Liebe angenommen und erleuchtet sind, soll dieses Fest uns freilich auch Kraft geben, nicht zu schnell bei Konflikten aufzugeben und in bleibende Scheidung einzuwilligen. Liebe ist immer auch Schmerzen ausgesetzt. Wo Menschen wirklich einander lieben, bis es weh tut, und dieser Schmerz auch ausgehalten wird, wird es immer wieder auch gelingen, eine neue Einheit über Trennendes zu setzen. Wir bitten also heute auch um den langen Atem der Treue in Beziehungen, um die Langmut der Liebe im Alltag.

Die Heilige Familie sagt uns freilich schon, woher sie die Kraft zur Liebe und Treue im Alltag bekommt. Am Ende des heutigen Evangeliums heißt es – wie an manch anderen Stellen – von Maria: „Seine Mutter bewahrte alles, was geschehen war, in ihrem Herzen." Maria und Josef sind nicht Vorbild in einer unbeschwerten, aber in einer unbeirrten Gläubigkeit. Auch für sie waren Gottes Wege oft verschlungen. Belastungen waren ihnen nicht erspart und wegweisendes Licht schien manchmal in weite Ferne gerückt.
Was von Maria gesagt wird, gilt wohl auch für Josef: Sie waren meditative Menschen. Sie dachten im Herzen über das Geschehen immer wieder nach. Nachdenken, dem Wort Gottes nachsinnen, es im Herzen hin und her bewegen und den Weg des gläubigen Vertrauens gehen, das ist die Weise, in der die Familie von Nazareth gelebt hat und in der sie ein bleibendes Vorbild ist.

Ich bin überzeugt, daß auch die Stunde der sonntäglichen Eucharistie eine Zeit ist, in der wir mit Maria und Josef über das oft schwer verständliche Geschehen des Alltags und über das Wort Gottes im Herzen nachdenken und Kraft für die Bewältigung vieler Krisen und Spannungen schöpfen. Der Sonntagsgottesdienst ist fürwahr keine Konkurrenz für das Familienleben oder für das sonntägliche Ausschlafen, das Kräfte bringen soll. Der allgemein und auch in unserer Pfarre spürbare Rückgang der Mitfeier der Sonntagsmesse ist eher der Verlust einer Kraftquelle für unser familiäres Zusammenleben.
So danke ich allen, die Sonntag für Sonntag am Gabentisch Gottes, am Tisch seines Wortes und seines Brotes sich für den familiären und beruflichen Alltag stärken und lade alle, die diese Quellen des Lebens allzu leicht vernachlässigen, wieder herzlich ein, im neuen Jahr den Sonntag als Tag der Zuversicht und Hoffnung in der eucharistischen Gemeinschaft der Pfarre St. Konrad zu feiern. Amen.

Erscheinung des Herrn

Jes 60,1-6; Mt 2,1-12 (6.1.2010)

Ich hätte zwei biblische Fragen für ein Millionen-Quiz: Die erste: Bei welchem Evangelisten kommen in der Kindheitsgeschichte Ochs und Esel vor? Richtige Antwort: Bei keinem der vier! - Und zum heutigen Tag: In welchem Evangelium kommen die Drei Könige vor? Ebenso bei keinem! Matthäus ist der einzige, der das heutige Evangelium erzählt, aber da ist nicht von Königen die Rede. Im griechischen Text sind es „magoi“; in der Einheitsübersetzung heißen sie Sterndeuter, andere wiederum sprechen von Weisen, Magiern oder Sternkundigen. Wahrscheinlich hat Matthäus an Sternkundige aus Babylonien gedacht, also Astronomen, die zugleich aus bestimmten Sternkonstellationen Schlüsse für das menschliche Leben gezogen haben – gemäß der damaligen Überzeugung, dass sich wichtige Ereignisse im Gang der Gestirne ankündigen. Matthäus schildert nicht einfach eine Begebenheit aus den Kindheitstagen Jesu, sondern er zeigt auf seine Weise - vom österlichen Licht her -, welche Bedeutung dieses Kind später in seinem Leben und über seinen Tod hinaus haben wird.
Dazu ist es gut zu wissen, dass es zur Zeit Jesu in Israel eine volkstümliche Erzählung über die Geburt des Mose gab. Sterndeuter hätten dem Pharao in Ägypten die Geburt eines Hebräerkindes angekündigt und ihn vor diesem Kind gewarnt. Wir wissen aus der biblischen Geschichte, dass daraufhin der Pharao die hebräischen Knaben töten ließ und Mose durch die Tochter des Pharao gerettet wurde. Matthäus will in Hinblick auf diese Geschichte sagen, dass Jesus der „zweite Mose“ ist, der das Volk Gottes sammelt, aus Sünde und Tod herausführt und der ihm die neue Lebensweisung, die Tora des Neuen Bundes gibt.

Matthäus verbindet damit zugleich ein anderes wichtiges Anliegen seines Evangeliums: die Menschen kommen zu Jesus aus allen Völkern. Die Botschaft soll also auch allen Menschen gebraucht werden und alle sollen die Chance haben, Jünger Jesu zu werden. Die offiziellen Vertreter des Volkes Israel lehnen Jesus ab, die „Heiden" hingegen machen sich auf den Weg zu Jesus. Das bloße Wissen über den Ort der Geburt Jesu motiviert sie nicht, ihm zu huldigen. Und dass Herodes ihm huldigen will, ist nur ein Vorwand, um den möglichen Konkurrenten durch die Sterndeuter auszukundschaften und ihn dann aus der Welt zu schaffen, wie der folgende bethlehemitische Kindermord zeigt.

Der Evangelist Matthäus erzählt diese Begebenheit wohl noch aus einem anderen Grund. Er schreibt sein Evangelium im Raum von Syrien und Phönizien für judenchristlichen Gemeinden etwa um 80-90 nach Christus. Das Problem der zweiten Generation von Christen um diese Zeit war die Mischung aus Juden und Heiden. Nun hatte man zwar auf dem Konzil von Jerusalem vor allem auch durch den Einsatz von Paulus beschlossen, dass die Heiden nicht das mosaische Gesetz übernehmen und sich nicht beschneiden lassen müssen (Apg 15), aber wie in der Apostelgeschichte nachzulesen, war das Problem damit noch nicht aus der Welt geschafft. Die christlich gewordenen Heiden erfuhren in den judenchristlichen Synagogenkreisen oft noch starke Ablehnung, als ob sie ein Judentum „zu Billigpreisen" bekämen. Einige lehnten ein Christentum ohne Beschneidung weiterhin ab und fühlten sich als Erstberufene besser, zumal die Heiden mit leeren Händen kommen.

In der Kenntnis dieser Probleme hatte Matthäus schon in seinem Stammbaum Jesu vier heidnische Frauen eingefügt, um zu zeigen, dass selbst Jesus nicht ganz „koschere" Wurzeln habe, dass also auch Heiden in seinem Stammbaum sind. Gerade das befähigt ihn, der Messias Israels und der Völker zu sein.

Außerdem traten für Matthäus die Sternkundigen keineswegs mit leeren Händen zu Jesus. In der Erzählung („Midrasch") von den drei Weisen aus dem Osten will Matthäus seine Leser dazu führen, einander auf Augenhöhe und in Respekt vor den Offenbarungen der anderen zu begegnen. Die Gaben der östlichen Sucher machen deutlich, dass die Völker uraltes Wissen um die Tiefen des Kosmos, die Sterne haben, und sie tragen das Wissen um die Reichtümer der Erde in Händen und bringen sie mit. Übrigens, eine Einsicht, die die frühen Kirchenväter wussten, wenn sie von den Samenkörnern der Offenbarung bei den Heiden gesprochen haben und die das letzte Konzil in einem eigenen Dekret über die Offenbarungsinhalte in den anderen großen Weltreligionen, zumal im Judentum und im Islam zum Ausdruck bringt.

Die Sterndeuter kommen nicht mit leeren Händen, aber ihnen fehlt Wesentliches: Das Wissen um die Tora, um die Schriften der Propheten, um die Gebete Israels und um die Verheißungen des Gottes Jahwe. Um das zu erfahren, musste ihr Weg über Jerusalem führen. Als sie nun zusätzlich

und notwendig mit dem Offenbarungswissen Israels ausgestattet waren, finden sie den Weg nach Bethlehem und erkennen dort in dem jüdischen Kind zugleich den Retter der ganzen Welt. Der Evangelist Matthäus ist selbst ein gläubiger Jude, zugleich aber anerkennt er die Weite und das Erbe der Völker. Seine Spiritualität ist tief verankert im Glauben Israels, zugleich aber lebt er in großer ökumenischer Weite im Respekt vor dem Wissen um Himmel und Erde anderer Völker. Ist das nicht ein Beispiel für die heute so notwendige große Ökumene der Religionen?
In diesem Zusammenhang habe ich einen Beitrag mit dem Titel Der Dreikönigsweg" in der Süddeutschen Zeitung (24.12.09) in den letzten Tagen mit viel Interesse gelesen. Da ist davon die Rede, dass die drei Könige in der Legende die drei Lebensalter und die drei in der alten Zeit bekannten Kontinente verkörpern: „der als Greis dargestellte älteste König, Caspar benannt, steht für Europa; er bringt Gold als Geschenk. Melchior, ein König im besten Mannesalter, vertritt Asien; er überreicht Weihrauch. Der jüngste und schönste, der Mohrenkönig Balthasar, steht für Afrika und bringt die Myrrhe."
Nicht selten wurde die Erzählung auch als Überlegenheit der christlichen Religion über die anderen gedeutet –und der Autor meint, ob nicht heute eine andere Symbolik angebrachter wäre. Auch wenn sie meines Erachtens nicht authentisch Matthäus ist, sie hat mich zum Nachdenken angeregt!
„Da machen sich drei Könige auf den Weg, auf die Suche nach Gott. Weil sie miteinander an der Krippe eintreffen, müssen sie sich irgendwo getroffen, verabredet und auch darüber gesprochen haben, wer was wie sucht und warum und wie man sich dem Gesuchten nähert. – Das ist der Dialog, der „Trialog" der Religionen – und dann sind Caspar, Melchior und Balthasar nicht wie in der Legende Vertreter der Erdteile, sondern heute Repräsentanten der drei abrahamitischen Weltreligionen Christentum, Judentum und Islam."
Aus der Dreikönigsgeschichte können wir dann lernen: Man findet Gott nicht im religiösen Wettkampf gegeneinander, sondern man findet ihn miteinander. Gott findet der, der sich auf den Weg macht, sich ins Unbekannte führen lässt. Er findet ihn im Reden mit den Anderen und in der gemeinsamen Suche. Jeder der drei Könige weiß im Rückblick auf seine leidvolle Geschichte und auch auf die explosive Gegenwart, dass er seine Wahrheit oft auch fanatisch, militant und fundamentalistisch gepachtet und verteidigt hat und jeder weiß, wie aus Monotheismus heiliger Nationalismus wird, der schlimmer war und ist als der politische.
Ich möchte die letzten Zeilen wörtlich zitieren, weil sie mich sehr betroffen gemacht haben: "Die Christen und die, die es einmal gewesen sind, tun sich schwer mit dem Islam-Dialog, oft auch deswegen, weil sie dem muslimischen Glaubensstolz und der Inbrunst vieler Muslime nicht viel entgegenzusetzen haben. Sie fürchten, dass die Zukunft der christlichen Vergangenheit verloren geht. Die Auseinandersetzung mit den glaubensbewussten Muslimen macht vielen Westlern, ob gläubig oder nicht, ihre eigene Unkenntnis über die Grundlagen des Christentums klar.

Die Angst vor dem Verlust der „christlichen Werte“ ist ja hierzulande paradoxerweise gerade in jenen Milieus ausgeprägt, die von eben diesen Werten sonst wenig wissen wollen – während viele praktizierende Christen den interreligiösen Dialog suchen und pflegen. .. Gott ist der Gott, den auch der andere verehrt, aber jeder nennt ihn anders und jeder erkennt ihn anders, jeder preist ihn anders.“

Eines steht auf jeden Fall fest – und dazu kann auch der Fest der Dreikönige anregen und einladen: Wir dürfen nicht zu einem falschen wehrhaften Christentum aufrufen, wie auch jede andere kämpferische Form der Religion zu verurteilen ist. Wir müssen miteinander suchen und auch Gemeinsamkeiten finden. Der interreligiöse Dialog ist ein Gebot der Stunde. Der angesprochene Dreikönigsweg des Christentums, des Judentums und des Islams ist das uns aufgetragene Jahrtausendprojekt. Möge es mit Gottes Hilfe gelingen! Amen.

Fest der Taufe Jesu

Jes 42,5a.1-4.6-7; Lk 3, 15-16.21-22 (7.1.2001)

Die Taufe gehört immer noch zu den gefragten und begehrten Sakramenten. wir erahnen aber kaum noch die radikale Bedeutung, die dieses Sakrament in den ersten christlichen Jahrhunderten für die Erwachsenen hatte. Sie verweigerten damit dem Kaiser und den Götzen der damaligen Welt, etwa dem militärischen Erfolg und der Gunst des Volkes, die Herrschaft und stellten sich unter den Herren Jesus Christus. dieser rief sie in die Freiheit und gab ihnen eine neue Daseinsberechtigung: sie galten nicht erst etwas durch ihre soziale Stellung, durch die Gunst der Mächtigen oder durch Triumphe über andere, sondern sie wussten sich als Gottes absolut geliebte Kinder angenommen, unabhängig von ihrer Begabung, von Wissen und Einfluss.

Gottes Liebe grenzte niemand aus. In Jesus Christus ist er ihnen als Freund und Liebhaber des Lebens offenbar worden. Der offene Himmel und die Worte daraus 'Du bist mein geliebtes Kind, an dem ich Wohlgefallen habe' galten jedem Menschen. Das Leben schlechthin war von Gott selbst absolut bejaht - ohne Wenn und Aber!

Durch die Kindertaufe hat das Gespür für die radikale Bedeutung der Taufe stark nachgelassen Vielleicht ergeht es der Taufe heute ähnlich wie dem weihnachtsfest: nur noch 11% halten angeblich das Weihnachtsfest für ein religiös besinnliches Fest.

Ich bin freilich überzeugt, dass Eltern auch heute in der Taufe Gottes Segen und Halt für das Kind und sich selbst suchen. Beholfen oder unbeholfen suchen wir doch alle nach einer größeren Geborgenheit, in der unser aller Leben in aller Gefährdung und Zufälligkeit des Daseins nochmals gut aufgehoben ist. Mehr wie im Alltag verspüren wir am Anfang oder Ende des Lebens und an den Intensivstationen unserer Entwicklung, dass wir das Leben nicht im Griff haben.

Ich bin überzeugt, dass die Taufe nicht nur in der persönlichen Biografie des Einzelnen, sondern heute auch gesellschaftlich neu eine große Bedeutung hat, die noch hoch genug einzuschätzen ist. Mag sein, dass viele die Traufe den Kindern überlassen und den Prozess des Reifens, des Erwachsen- und Mündigwerdens nicht mit vollzogen haben, also in gewissem Sinn ‚Taufschienchristen' geworden sind. Die Taufe ist jedoch Gottes großes Ja zum Leben schlechthin, das positive Vorzeichen für alles Leben. Im Buch der Weisheit heißt es: Gott liebt alles, was er geschaffen Der Glaube an dieses Ja zum Leben ist heute notwendiger und aktueller denn je.
Wir kommen uns zwar unwahrscheinlich aufgeklärt und human vor, aber leben und pflegen wir wirklich eine Kultur des Lebens? Ist es nicht vielfach eine Kultur des Todes, wie sie vom gegenwärtigen Papst immer wieder kritisch ins Blickfeld gerückt wird? Erliegen wir nicht einer großen Selbsttäuschung, wenn wir uns als die Humanisten vorkommen? Die erste Hälfte des 20. Jahrhunderts mit den Millionen Opfern der totalitären Systeme holt uns immer wieder mangels der Vergangenheitsbewältigung immer wieder ein. Aber auch in der zweiten Hälfte des vergangenen Jahrhunderts, zumal in den letzten Jahren, ist eine zunehmende Entwertung des Lebens zu beobachten, des fremden Lebens, aber auch des eigenen Lebens. Ich darf einige Beispiele nennen.
Auch wenn die Zahl der Verkehrstoten im letzten Jahr zurückgegangen ist, sind uns die Toten und Verletzen im Straßenverkehr schon eine gewohnte statistische Größe geworden. Suchtabhängigkeiten, die Leben zerstören, nehmen zu. Manche gefährden aus lauter 'risk and fun' das eigene Leben und auch das anderer, wenn sie z.B. sinnlos um des Kicks willen ohne Rücksicht auf Verluste Straßenkreuzungen überqueren.
Wegen der Möglichkeit, behinderte Kinder bis zum Zeitpunkt der Geburt abzutreiben, ist die Diskussion um die weithin akzeptierte Abtreibungspraxis in Österreich wieder einmal entflammt. Kirche wird sich damit nie einfach abfinden können und zumindest den Unterschied zwischen legaler Erlaubtheit und moralischer Rechtfertigung aufzeigen. Es kann dabei nicht darum gehen, sich zum Richter über Menschen aufzuspielen und Frauen in sehr bedrängenden Situationen zu verurteilen. Beiden, den Frauen und den ungeborenen, schutzlosen Kindern muss von Kirche und Gesellschaft geholfen werden, damit an sich richtige Prinzipien nicht menschenfeindlich werden.
Weitere Zeichen der Kultur des Todes ist, dass die Möglichkeit der Euthanasie nicht nur diskutiert, sondern teils auch schon praktiziert wird. Die Erweiterung der Sterbehilfe in Holland liegt in einer Linie mit der Entscheidung des britischen Parlaments, das therapeutische Klonen von menschlichen Embryonen zu gestatten. Der Mensch macht sich zum Herrn zumindest über die Lebensränder!
Das Menschenbild unserer Reklame macht deutlich: Lebensqualität wird gemessen an den Konsum- und Genussmöglichkeiten. Menschliches Leben auf der Schattenseite gerät so zunehmend unter Rechtfertigungsdruck: 'Warum bist du nicht stark und gesund, nicht schön und tüchtig? Vielleicht bist du selbst daran schuldig?'

Für manche Mitmenschen, alte, sterbenskranke, aber auch behinderte und nicht mehr leistungsfähige, wird diese Angst sehr konkret, nicht mehr erwünscht, nicht mehr daseinsberechtigt zu sein. Auf der anderen Seite wird im Labor menschliches Leben erzeugt, um 'gebraucht' zu werden, damit die Tüchtigen länger gesund bleiben und womöglich eines Tages unsterblich werden. In der Taufe feiern wir Gottes uneingeschränktes Ja zu jedem menschlichen Leben. Für uns Glaubende ist das Leben eine grundsätzlich gute Gabe des Schöpfers, unabhängig von Leistungsvermögen oder mehr oder der weniger gelungenen Selbstverwirklichung. Wir können auch vieles nicht verstehen, aber schließlich doch dem Leben zustimmen, weil es aus Gottes Hand kommt und in der Auferstehung Jesu Christi uns der Sieg des Lebens und der Liebe verbürgt ist. Wir können das Leben annehmen, auch mit seinen Schattenseiten und letztendlich mit seiner Todesgrenze. Wir können dem Leben trauen, weil Gott es mit uns lebt

Gott selbst hat den Schutz des Lebens zu seinem Herzensanliegen gemacht. In der Taufe feiern wir, dass uns nichts, weder Leben noch Tod, weder Engel noch Mächte, weder Gegenwärtiges noch Zukünftiges, weder Gewalten der Höhe oder Tiefe noch irgendeine Kreatur scheiden können von der Liebe Gottes in Jesus Christus.

Diese Gewissheit erlöst uns vom Götzen der Selbsterlösung und vom Allmachtswahn, die Zukunft und deren Mächte in den Griff bekommen und uns selbst vom Tod befreien zu können und zu müssen.

Diese Gewissheit befreit und ermuntert uns aber zugleich, das uns Mögliche zu tun für den Schutz des Lebens. Das wird überall dort in unseren Kirchen getan, wo Getaufte das Leben konkret stützen, besonders das behinderte, kranke, alte und ungeborene Leben.

Das Leben wird gestützt, wo es gefeiert wird, etwa jetzt im Gottesdienst, in den Sakramenten, aber genau so in der alltäglichen Tat der Zuwendung, die Menschen aus Verzweiflung hilft und angesichts der Bedrängnisse ihnen neuen Lebenssinn schenkt.

Leben ist mehr als das Verfügbare und Sichtbare. Leben ist auch Verheißung. Allen 'bad news' zum Trotz, die uns tagtäglich überschütten, hören wir nicht auf, uns einander die 'good news' zu sagen, dass wir von Gott mit Licht- und Schattenseiten angenommen und geliebt sind. Übersetzen wir diese Frohbotschaft unseres Glaubens auch ins tägliche Miteinander, indem wir als Glieder dieser Pfarrgemeinde, aber auch als Einzelpersonen in unseren Beziehungsnetzen auch in diesem neuen Jahr einander sagen und es verspüren lassen: 'Ich glaube an Gott als Freund und Liebhaber des Lebens. Ich glaube auch an dich, meinen Nächsten! Ich gehe mit dir und Gott geht mit uns allen!' So kommt unser Getauftsein zum tragen als Gottes vorbehaltloses Ja zum Leben - jetzt und einmal in der Fülle des Lebens bei ihm. Amen.

2. Sonntag

Jes 62,1-5; Joh 2,1-11 (17.1.2010)

Der Bericht von der Hochzeit von Kana ist das offizielle Evangelium bei Trauungen in der orthodoxen Kirche. In unseren Breitengraden war der Sonntag mit diesem Evangelium früher der Tag, an dem die kirchlichen Ehe-Vorschriften statt der Predigt öffentlich verkündet wurden. Das will ich nicht tun, denn das Raunen, das vielleicht durch die Reihen geht, bedürfte wohl eines längeren Nachgespräches. Kirchenrechtliche Vorstellungen von Ehe und Familie werden nämlich der heutigen Lebensrealität vieler Menschen in manchen Bereichen nicht gerecht.

Die Stelle aus dem Johannesevangelium vom ersten öffentlichen Auftritt Jesu ist freilich allemal einiger Überlegungen wert. Es handelt sich nämlich nicht um irgendeine beiläufige Episode, bei der Jesus einem Bräutigam aus einer Verlegenheit hilft. Es ist fürwahr nicht nur ein biblischer Text für Weinliebhaber oder Hochzeitsfeiern, es ist vielmehr eine höchst programmatische Erzählung am Beginn der Frohbotschaft bei Johannes, ja gleichsam der hermeneutische Schlüssel zum Verständnis all dessen, was folgt.

Die ganze biblische Botschaft ist vom Motiv der Beziehung, des Bundes, ja der Hochzeit zwischen Gott und seinem Volk geprägt und sie findet ihr gewaltiges und großartiges Finale im Hochzeitsmahl des Lammes, im ewigen Bund zwischen Christus und der Menschheit, so dass uns nichts mehr trennen kann von der Liebe Gottes in Christus Jesus.

Auch wenn es pathetisch klingen mag, diese Liebe Gottes zur Menschheit ist das Urbild aller Liebe und Treue in zwischenmenschlichen Beziehungen, zumal in der menschlich intensivsten Form der Liebe zwischen Mann und Frau. Es ist im Sakrament der Trauung die wirksame Zusage Gottes zu allen Menschen, die auch anbetracht menschlichern Schwäche und Unvollkommenheit – im Doppelsinn des Wortes – „sich trauen“, für immer einander Liebe und Treue versprechen.

Jesu Gegenwart bei der Hochzeit zu Kana bedeutet zunächst ein volles Ja zur Ebenbürtigkeit von Mann und Frau und zu deren geschlechtlicher Liebe. Das Symbol für die Liebe ist in der Heiligen Schrift der Wein. Der Wein gibt dem Mahl die festliche Note, erfreut das Herz des Menschen und bringt die Gäste in Stimmung. Immer wieder dürfen wir freudig erleben, wie bei einer „Hochzeit“ die Krüge voll von Liebe und Zuneigung sind. Nicht von ungefähr heißt die Feier der vollen Krüge „Hoch-Zeit“.

Was aber ist, wenn der Wein der Liebe immer weniger wird und gar zu versiegen droht und die Krüge schließlich leer sind, wenn also der Hoch-Zeit eine Tief-Zeit folgt?!

Jeder noch so schöne Krug ist zerbrechlich, zumal der Krug der Liebe. Kein Lebensentwurf ist vor Krisen gefeit, so auch nicht die Ehe. Es scheint sogar, dass in unserer Zeit nicht nur Krisen kommen, sondern viele Ehen auch tatsächlich scheitern.

Was können Ehepaare tun, wenn der zärtliche Wein der Liebe, das kostbare Getränk des Vertrauens ausgeht, die Beziehung gestört und die Batterie der Liebe leer ist? Im Evangelium heißt es, dass Jesus sagt: „Füllt die Krüge mit Wasser!" Was kann das bedeuten?

Auf dem Hintergrunde der österreichischen Pastoraltagung zum Thema „Beziehung leben zwischen Ideal und Wirklichkeit" vor gut einer Woche in Salzburg mache ich einige Anmerkungen. Ich selbst bin zwar ehelos, aber beziehungsfähig muss gerade auch ein Eheloser sein, soll seine Lebensform gelingen! In der Symbolsprache des Evangeliums könnte man auch sagen, es ging bei der Tagung um das Thema „Ehe leben zwischen vollen Krügen von Wein und leeren Krügen" und „Was ist zu tun, wenn die Krüge leer sind?"

Zunächst muss gesagt werden, dass sich Menschen nach wie vor nach gelungener und dauerhafter Beziehung: 95 Prozent der Österreicher/innen sehn in einer stabilen Zweierbeziehung die ideale Lebensform, 83 Prozent haben eine lebenslange Bindung als Ziel, 80 Prozent der 30-Jährigen wollen Kinder.

Die große Mehrheit hält die Ehe keineswegs für überholt, auch wenn das Zusammenleben vor und ohne Trauung mittlerweile breit akzeptiert ist. Viele Menschen treffen erst mit ca. 30 Jahren verbindliche Entscheidungen wie eine Eheschließung. Die Kirche ist den 15 bis 30-Jährigen gegenüber vielfach sprach- und hilflos. Soll sie aber auch diesem Erfahrungsraum in Hinblick auf Beziehungen vor dem 30. Lebensjahr nicht nur Geringschätzung, sondern auch Wertschätzung entgegenbringen - im Sinne des „drum prüfe, wer sich ewig bindet"? Und es sind Welten dazwischen, ob jemand andere bloß zur eigenen Befriedigung gebraucht und weglegt oder mit dem Partner ernsthaft in Liebe und Treue zusammenleben will.

Manche Katastrophenmeldungen müssen auch zurechtgerückt werden. Gegen die Schlagzeile „Die Hälfte aller Ehen in Österreich wird geschieden" muss gesagt werden, dass tatsächlich nur acht Prozent der österreichischen Bevölkerung über 15 Jahren geschieden ist. Zur Meldung über rasant sinkende Geburtenzahl und steigende Single-Haushalte ist zu sagen, dass nur 17 Prozent der Österreicher als Einzelkinder aufwachsen, und bei den Einzelhaushalten bilden verwitwete alte Menschen die bei weitem größte Gruppe.

Auch ist zu bedenken, dass die durchschnittliche Ehedauer von durch Tod beendete Ehen heute 45 Jahre beträgt – so lange wie noch nie in der Menschheitsgeschichte. Das ist mit ein Grund, warum Lebensentscheidungen nach eingehender Prüfung zunehmend mehr widerrufen werden – und manchmal ist es wirklich notwendig, um nicht durch eine Lebenskrise in eine „Lebenssackgasse" zu geraten.

Auch wenn die Ehe in ihrem Ideal, wie ich sagte, Zeichen der Verbundenheit Gottes mit seinem Volke ist und deshalb deren Unauflöslichkeit zugunsten des Faktischen und als Zugeständnis an den Zeitgeist nicht aufgegeben werden kann, so sind seelsorgliche Wege zu eröffnen, die zugleich Gottes rettende Barmherzigkeit gegenüber geschiedenen Wiederverheirateten im Tun der Kirche zum Ausdruck bringen und auf dem Hintergrund einer versöhnten Vergangenheit auch einer neuen Zukunft Gottes segnendes Ja zuteil werden lässt, etwa in der Form einer Segensfeier.

Wir versuchen in der Diözese Linz seit 25 Jahren, dass die Kirche immer mehr ein **nicht** wertender Raum wird, in dem sich Menschen über das Gelingen und auch Misslingen ihrer Beziehungen austauschen können und in der auch Gottes Barmherzigkeit erfahrbar wird. Der dreieinige Gott ist ja selbst Gemeinschaft und Beziehung. Ich bin überzeugt, dass Gott auch zerstörte Beziehungen in seinem Scheitern am Kreuz liebend umfängt und ehrliche neue Versuche wohlwollend begleiten will.

Ich nenne auch ein paar Ursachen, warum der der Wein in den Krügen ausgeht.

Als „Beziehungskiller Nummer eins“, also als Hauptgrund für die Unzufriedenheit in Paarbeziehungen, wurde in Salzburg des Öfteren die unausgewogene Aufgabenverteilung zwischen Mann und Frau bei Haushalt, Kindererziehung und Kinderbetreuung genannt. Ein allzu traditionelles Mutterbild, aber auch die in der Arbeitswelt vielfach vorgegebenen Strukturen lassen leicht den Wein in den Krügen versickern. „Halbe – halbe“ ist in Österreich noch eine „extrem seltene“ Lebensform.

Daraus folgen Stressfaktoren, die an der Beziehung zehren: an vorderster Stelle die hohen Anforderungen an die Vereinbarkeit von Beruf und Familie, die Verunsicherungen bei der Kindererziehung und die auch das Familienleben erfassende „Rush hour of life“, also das Problem angesichts dichter Zeitvorgaben noch „Gemeinsamzeiten“ zu finden.

Daraus folgen oft übergroße Erwartungen an den Partner, der „alles“ sein soll, aber nie sein kann, ebenso der Druck, dass die Kleinfamilie den ganzen emotionalen Haushalt versorgen soll, weil man ja im Berufsleben funktionieren muss.

Es ist also kein Wunder, dass in diesem schwierigen Balanceakt zwischen Anforderung und Überforderung viele Ehepaare und Familien an die Grenzen ihrer Belastbarkeit kommen, biblisch gesagt: der wein auszugehen droht.

Was heißt „Füllt die Krüge mit Wasser - randvoll?“ Wasser ist das Symbol des Alltäglichen und Gewöhnlichen, also dessen, was der Mensch täglich aus sich zu tun vermag, auch wenn es nicht mehr den Glanz des Festes und den Charme der ersten Liebe hat.

Die Krüge füllen jene Paare mit Wasser, die sich zusammensetzen und das, was früher althergebrachte Geschlechtermodelle bereits vorgegeben haben, bereden und miteinander

„aushandeln", was für sie beide gilt. Wie man weiß, sind Männer beim diesem Abschiednehmen von alten Mustern langsamer als Frauen.
Alle Versuche, mehr „Halbe-Halbe" im Alltag umzusetzen, sind so ein wichtiges krugfüllendes Wasser. Fachleute meinen sogar, dass für das Gelingen von Partnerschaften Kompetenz bei Konfliktlösungen und Stressbewältigung wichtiger seien als Status, Sexappeal und sogar Liebe.
Kostbares Wasser ist z.B., sich gemeinsam verbrachte Zeiten auszuhandeln, sich persönlich für den arbeitsfreien Sonntag und gegen den immer stärkeren Zugriff der Wirtschaft auf das Familienleben einzusetzen. Zum Wasser in den Krügen gehören ein Mindestmaß an materieller Sicherheit, also auch der Kampf gegen die Armut, eine familienfreundliche Infrastruktur, ausreichende Kinderbetreuungseinrichtungen und ein gesellschaftlich familienfreundliches Umfeld.
Gläubige Paare sind entlastet, weil sie das letzte Heil nicht vom jeweiligen Partner erwarten und dieser für alles Glück verantwortlich gemacht wird. Ihnen ist bewusst, dass Gott selbst letzter Bezugspunkt eines geglückten Lebens ist.
Die Frohbotschaft des heutigen Evangeliums will uns schließlich sagen: Allen Menschen, die sich bemühen, das ihnen Mögliche im Alltag zu tun, schenkt Gott das Vertrauen, dass er sie nicht verlässt und dass er das Wasser durch Krisen und Gärungsprozesse hindurch wieder in sehr guten Wein der emotionalen Liebe zu verwandeln wird. Das Wort Mariens darf uns zeitlebens Wegweiser sein: „Was er euch sagt, das tut!"
Tun wir das uns Mögliche, füllen wir unsere Beziehungskrüge mit dem Wasser des uns Möglichen und vertrauen wir Christus, dass er selbst sich dann schenkt – wie auch jetzt in der Eucharistie als nährendes Brot und herzerfreuenden Wein – dass er unserem Leben Sinn und Freude gibt. Amen.

4. Sonntag

Jer 1,4-5.17-19; 1 Kor 12,31-13,13; Lk4, 21-30 (1.2.2004)

Wann haben Sie zum letzten Mal diese Lesung aus dem ersten Korintherbrief gehört? Ich vermute, bei einer Hochzeit. Es ist verständlicherweise bei diesem Fest der Liebe eine gern gewählte Schriftlesung, ist doch hier von der alles überragenden Bedeutung der Liebe die Rede.
Paulus gibt freilich keine Definition der Liebe („Es ist, was es ist", sagt der zeitgenössische Dichter Erich Fried) und sein Reden von ihr ist eher ein Stammeln. Immer wieder neu setzt er an und umkreist er das Geheimnis, ohne es in den Begriff oder gar in den Griff bekommen zu wollen. Es ist eher ein Beleuchten der Liebe von verschiedenen Seiten, ohne das Geheimnis auszuloten. Es ist ein Ahnen und Sich - Öffnen für das, was zutiefst Geschenk ist, nicht Leistung und Anspruch, jedenfalls Gabe vor aller Aufgabe. Mit ihr kommen wir an kein Ende, „weil wir und solange wir einander lieben" (Max Frisch).

Ganz abgesehen davon, dass es als ein idyllischer und romantischer Text für den Hochzeitstag missverstanden werden könnte, meine ich, dass es noch mehr als für den Hochzeitstag ein Text für die der Trauung folgende Zeit ist, denn die Liebe besteht ja nicht in der Begeisterung des Hochzeitstages, sondern in der Treue des Alltages. Sie bewährt sich in den Tagen, wo das Einander-auf-Händen-Tragen des Hochzeitstages zum Einander-Ertragen im Alltag wird, wo es gilt, das große Ja vor dem Standesamt und dem Altar umzuwandeln in das Kleingeld des Alltags, damit der Lebenspartner nicht zum Lebensabschnittspartner wird.

Dass es ein höchst radikaler, also ein an die Wurzel gehender Text ist, zeigt wohl auch die Tatsache, daß die Vortragsreihe „Beziehungsfallen", die in diesen Wochen hier in Linz im Großen Saal des Neuen Rathauses wieder stattfindet, mit über 1000 Besuchern ausverkauft ist. Es zeigt die tiefe Sehnsucht nach gelingenden Beziehungen, aber auch die Not und Schwierigkeiten des Gelingens.

Paulus spricht jedoch nicht primär zu Brautleuten, sondern zur christlichen Gemeinde in Korinth, zu uns hier und heute. All denen, die heute nach Wundern, nach weinenden Madonnen, nach Privatoffenbarungen und anderen außergewöhnlichen Phänomenen suchen, sagt Paulus ganz klar, zu mal den Religiösen, worauf es allein ankommt: auf den Zuwachs an Glaube, Hoffnung und Liebe. Alles andere ist oft gefährliches und ablenkendes Rankenwerk, vor dem die Meister der Mystiker eher warnen, etwa Teresa von Avila, wenn sie ihre Mitschwestern mahnt: Barmherzigkeit und Liebe will der Herr, darauf allein kommt es an.

Diese Botschaft hat nichts an Aktualität verloren angesichts der Suche nach esoterischen Erfahrungen, nach Bewusstseinserweiterung und Ganzheitsgefühlen.

Der Apostel zeigt im Hohen Lied der Liebe auch den Zeitgenossen einen anderen Weg, der den Mainstream heute übersteigt, ja widerspricht. Das Leben wird ja auch in der Welt vielfach im Erleben von etwas Außergewöhnlichem gesucht, im Gehen an die Grenzen des Möglichen, im Auspressen und Auskosten des „Lebens als letzte Gelegenheit" (Marianne Gronnemeyer), im Kick des Events, in Risk und Fun. Auch die Medien treiben davon immer seltsamere Blüten, etwa in der vor kurzem im RTL ausgestrahlten Sendung „Ich bin ein Star. Holt mich heraus!"

Ich möchte fast sagen: Lassen wir sie drin, damit sie merken, dass das wahre Leben nicht im Star-Sein besteht, sondern dort sich abspielt, wo der Alltag gelebt und bewältigt wird, dort, wo Menschen in Treue zueinander stehen, aufeinander zugehen, solidarisch miteinander umgehen und so die Welt verändern!

Es geht auch im Hohen Lied der Liebe fürwahr nicht nur um unsere Privatsphäre und um unseren persönlichen Bereich, sondern der hier geforderte Umgang muss für Christen, ja für alle Menschen guten Willens (die ja oft als „Gutmenschen" belächelt werden) auch im öffentlichen Bereich bis hinein in die Politik zum Tragen kommen.

Liebe heißt dann vielleicht anders: Soziales Verhalten, Rücksichtnahme auf den Anderen, zumal die Schwachen, Option für die Armen, Abbau der Kluft zwischen Arm und Reich, Widerstand gegen ein rein wirtschaftliches Bollwerk Europa, das in Gefahr ist, seine Seele an den Gott des eigenen Wohlstands zu verkaufen, Protest gegen die immer größer werdende Schere zwischen Arm und Reich, Erinnerung an vergessene Kontinente wie etwa Afrika.

Wie das Hohe Lied der Liebe aussieht, wenn es in den Alltag der Öffentlichkeit ausbuchstabiert wird, ist etwa nachzulesen im vor einigen Wochen erschienen Sozialwort der 14 christlichen Kirchen Österreichs.

Wer sich selbst dieser Herausforderung privat und öffentlich glaubwürdig stellt, wird bald merken, daß Paulus nicht einen bloß poetischen Text zur Verschönerung unserer Feste beigestellt hat, sondern die Wurzel seiner Überzeugung Gott selbst ist, dessen Liebe radikal uns in Jesus Christus geschenkt ist. Es ist vielmehr eine höchst radikale und revolutionäre Rede, die durch das Tun Jesu kein ungedeckter Scheck mehr ist.

Gottes Zusage und Beistand allein ist es, die damals und heute uns die Kraft geben können, am Wachstum dieses Reiches der Liebe, des Friedens und der Gerechtigkeit das uns Mögliche beizutragen, auch wenn es immer bruchstückhaft bleibt und wir zeitlebens nachhinken.

In diesem Sinne verstehe ich auch den Theologen Paul Michael Zulehner, wenn er in diesen Tagen eine Korrektur des Gottesbildes forderte – wörtlich: An Stelle der jahrhundertelangen ‚Verdrohlichung' Gottes ist während der Verbürgerlichung der letzen 30 Jahre eine Verlieblichung Gottes betrieben worden. Ein ‚billiger, bequemer Vanillepudding-Gott' der nicht fordert und nicht fördert, ist jedoch letztlich völlig uninteressant.

Was das bedeuten kann, wird uns heute in den Lesungen drastisch am Beispiel des Propheten Jeremia und Jesu selbst vor Augen geführt.

Vom Mutterleib an ist Jeremia von Gott berufen, gegen den Einfluss der fremden Götter zu protestieren, den Bürgern und beamteten Priestern die Wahrheit zuzumuten und die himmelschreienden sozialen Ungerechtigkeiten beim Namen zu nennen. Die Worte für Jeremia „eiserne Säule, befestigte Stadt, eherne Mauer" sind Bilder des Widerspruchs und des Widerstands, den Jeremia bietet und erfährt. Sein einziger Halt war Gottes Zusage. „Ich bin mit dir!" Vom König, seinen Verwandten und Landsleuten des Verrats verdächtigt, verhaftet und gefangen genommen wurde er schließlich nach Ägypten verschleppt, wo er starb.

Wie sollte es Jesus anders ergehen, da er sich kein Blatt vor den Mund nahm und ein Gnadenjahr für die Kleinen, Armen und Bedrängten ausrief?! Nicht mehr Blut, Boden und Rasse, nicht

Biologie, Reichtum oder Erwählungsgewissheit sind nunmehr entscheidend, sondern allein unser Vertrauen auf Gottes Liebe und der Versuch einer liebenden Antwort.
Es soll uns nicht wundern, dass man Jesus aus seiner Heimatstadt hinaus drängte und von einem Berg stürzen wollte, wo er doch seinen Landsleuten zwei Heiden aus dem Ausland als Vorbild hinstellte. Da Jesus selbst in Gott verankert ist und an dieser Frohbotschaft trotz aller Bedrängnisse festhält, lässt sich bereits ahnen, dass der Konflikt tödlich wird und sich so an ihm das Prophetenschicksal erfüllt.
Die Texte des heutigen Sonntags haben nichts von ihrer provozierenden Kraft und Herausforderung, aber auch von ihrer letztlich frohmachenden Botschaft verloren.
Lassen wir uns neu von ihnen inspirieren, aber feiern wir vor allem den Sieg des Lebens und der Liebe, wie er uns im Christusereignis geschenkt ist!
Schöpfen wir daraus Kraft und Zuversicht, den Dreiklang der Liebe - zum Nächsten, zu Gott und zu uns selbst - im persönlichen und öffentlichen Alltag, so weit es uns möglich ist, umzusetzen. Amen.

6. Sonntag

1 Kor 15,12.16-20; Lk 6.17.20-26 (14.2.2010)

Sie erinnern sich, dass unser Kircheninnenraum unter drei Leitworten erneuert wurde: Heller, wärmer, kommunikativer. Die Künstlerin Maria Moser erzählte, dass sie nach Erteilung des Auftrages des Öfteren lang in der Kirche gesessen sei. Durch das wenige Licht und den durchgehenden schwarzen Boden habe alles sehr schwer und bedrückend auf sie gewirkt. Um das Ganze leichter und fröhlicher zu machen kam sie auf die Lösung, neben den helleren Fragen im Altarraum und dem Lichteinfall durch das große Fenster hinten Altar, Ambo und Taufbecken aus Glas zu gestalten.
Ich meine, man könnte deshalb als viertes Leitwort hinzufügen: leichter – oder sagen wir es theologisch: erlöster. Hoffentlich hat sie dadurch auch erreicht, dass der Vorwurf von Nietzsche entkräftet wurde: „Erlöster müssten sie mir aussehen – die Christen!“ Oder anders gesagt: Es sollte nicht mehr heißen: „Aus der Kirche kommen die Menschen todernst heraus, aus dem Wirtshaus froh und heiter!“
Schließlich treffen wir uns hier in der Kirche, um keine Droh-, sondern eine Frohbotschaft zu hören. Hier darf uns mancher Stein vom Herzen fallen und soll manches in der Schwere des Alltags wieder leichter zu ertragen sein. Hier wird uns „Brotzeit“ mit Gott geschenkt, der Friedensgruß gereicht und Versöhnung mit Gott, miteinander und mit mir selbst zugesprochen.
Ja, ich möchte sogar vom „Leicht-Sinn“ Gottes reden, wie er in der Bergpredigt zum Ausdruck kommt, wenn Jesus sagt: „Sorgt euch nicht um euer Leben… Seht euch die Vögel des Himmels an:

sie säen nicht, sie ernten nicht und sammeln keine Vorräte in Scheunen; euer himmlischer Vater ernährt sie. Seid ihr nicht viel mehr wert als sie?“ (Mt 6, 25f) „Sorgt euch also nicht um morgen!“ (v.34)

Wir werden freilich nicht so leicht abheben wie die Vögel, dazu sind die meisten zu schwergewichtig und „Es bringt nichts, den Bauch einzuziehen, wenn man auf der Waage steht“. Es ist im Übrigen gut, geerdet zu bleiben, auch im Glauben und in der Frömmigkeit. Aber leicht soll uns nicht bloß der Vorsatz zu fasten machen, sondern vor allem innerlich leichter unser Glaube, dass das Reich Gottes unaufhaltsam im Kommen ist.

Eine Schwester des Glaubens ist der Humor – ein Wort, das übrigens vom lateinischen „Humus“, also dem fruchtbaren feuchten Erdeich kommt, in dem die Saat von selbst wächst, wie Jesus sagt.

Die heutige Lesung aus dem 1. Korintherbrief nennt den tiefsten Grund unserer Gelassenheit und der christlich begründeten Freude, nämlich den Sieg des Lebens und der Liebe in der Auferstehung des Herrn. Das ist und bleibt die zentrale Botschaft des Christentums. Ohne diese Frohbotschaft wäre unser Glaube, wie Paulus meint, nutzlos und erbärmlich. Aufgrund dieses Glaubens und der damit begründeten Hoffnung allerdings dürfen wir den Tod auslachen – was sich übrigens über viele Jahrhunderte im so genannten „Risus paschalis“, dem Osterlachen, zeigte: Die Priester haben am Schluss der Predigt einen Witz erzählt. Dietrich Bonhoeffer hat anbetracht seines bevorstehenden Todes durch die Nazi-Schergen gemeint: „Wer Ostern kennt, kann nicht verzweifeln.“

Bei allem Ernstnehmen von Leid und Not und bei aller berechtigten Warnung vor vorschneller religiöser Vertröstung, um die eigenen Verlegenheit und Unbeholfenheit zuzudecken (Nietzsche nennt das zurecht „pfäffisches Geschwätz“), darf man auch nach Auschwitz noch beten und Lieder singen – weil man es auch dort im Glauben an Gott getan hat und weil in der Auferstehung Jesu das neue Lied des ewigen Halleluja bereits angestimmt ist.

Das Evangelium des heutigen Tages ist – analog zur Bergpredigt bei Matthäus – aus der Feldrede des Lukas. Es sind die Seligpreisungen, also Glückwünsche an alle Glaubenden.

Es ist damit freilich nicht die Spaßgesellschaft gemeint, die sich zu Tode amüsiert. Negativ-Beispiele dafür könnte man viele nennen: etwa jene Haltung, die Marianne Gronemeyer in ihrem Buch “Das Leben als letzte Gelegenheit“ beschreibt, d. h. das Bestreben, diese Welt und ihre Ressourcen wie eine Zitrone für sich selbst auszupressen – natürlich aufkosten der Mit-, Um- und Nachwelt, nach dem Motto „Nach mir die Sintflut“.

Es sind die Banker gemeint, die den Rahm in Form der ‚Boni’ in einer für mich bereits kriminellen Weise abgeschöpft haben und die saure Milch, also die Verluste, von allen zahlen lassen, nachdem die Seifenblasen geplatzt sind!

Es sind alle, die sich am sinkenden Schiff Titanic, was immer man dafür einsetzen mag, noch amüsieren und die Augen vor den Folgen etwa der Umweltverschmutzung zumachen. Ihnen gelten die den Seligpreisungen folgenden Wehe-Rufe Jesu, mit denen er wie einst die Propheten alle wachrütteln möchte, die nur auf Besitz und Anerkennung aus sind und damit ihr Glück absichern wollen. Diese Rechnung geht nicht auf; davon ist der Evangelist Lukas überzeugt.

Selig sind dagegen alle, die sich selbst nicht genügen, sondern sich selig verwiesen wissen auf ein Du, die - wie Johannes XXIII – sich selbst nicht so ernst nehmen und deshalb wieder lachen können.

Selig sind die, die nicht sind, was sie haben, sondern mit dem, was sie haben, andere unterstützen und sich der sozialen Verantwortung allen Eigentums bewusst bleiben.

Selig sind, die sympathisch sind, d.h. wörtlich, die mit anderen Mitgefühl haben und nicht nur Freude und Hoffnung, sondern auch Trauer und Angst teilen.

Selig sind alle, die sich in ihrem Glauben nicht irritieren lassen, wenn manche sie als von gestern belächeln, lächerlich machen oder als besonders Aufgeklärte uns überholt einstufen. Ohne unchristliche Schadenfreude aufkommen zu lassen, bin ich überzeugt: Wer zuletzt lacht, lacht am besten! Oder anders gesagt: Nur wer gegen den Strom schwimmt, kommt zur Quelle. Nur wer sich gegen die Umklammerung durch eine selbstgenügsame Welt entzieht, hat Anteil am Reiche Gottes! Amen.

7. Sonntag

1 Sam 26,2.7-9.12-13.22-23; Lk 6,27-38) (Faschingssonntag)

Nach den Seligpreisungen und Weherufen aus der Feldpredigt des Lukas, die wir letzten Sonntag gehört haben, folgen heute wiederum sehr bekannte Worte Jesu. Wer kennt sie nicht? „Liebt eure Feinde! Tut denen Gutes, die euch hassen. Segnet die, die euch verfluchen. Dem, der dich auf die eine Wange schlägt, halte auch die andere hin, und dem, der die den Mantel wegnimmt, lass auch das Hemd.“

Aber Hand aufs Herz, wie geht es Ihnen dabei? Ist das Ganze nicht ein Witz, etwa die christliche Variante des heutigen Faschingssonntags? Das ist doch ganz schön naiv! Man wird als dumm und lebensuntüchtig verkauft, weil man sich nicht zu wehren weiß! Das ist doch lächerlich, vielleicht etwas für Sozialromantiker, aber doch nicht für Menschen, die diese Welt im Kleinen oder im Großen gestalten wollen!

Ich gestehe, ich tue mich damit auch nicht leicht, doch hier möchte ich einhaken und die Frage stellen: Wer gestaltet die Welt: Sind es jene, die nach dem Gesetz der Welt handeln. „So wie du mir, so ich dir!“ Das ist zunächst ein Gesetz des Geschäfte-Machens, bei dem die Rechnung

aufgehen muss; es ist aber vor allem ein Gesetz des Eigeninteresses, ja noch mehr, der Gewalt und Gegengewalt, der gegenseitigen Aufrechnung und Abrechnung!
Wie der bedeutende Wissenschaftler René Girard bewiesen hat, hält diese Spirale der Gewalt den Kreislauf der Welt seit Menschengedenken in unheilvollem Gange und hinterlässt blutige Spuren, denn jeder wirft seinen Schatten auf einen anderen und schickt einen Sündenbock in die Wüste, um selbst mit weißer Weste dazustehen. Wird dadurch die Welt wirklich anders oder gar besser?
Wer von Ihnen glaubt etwa, dass der Krieg im Irak oder die neue Mauer um Jerusalem, die Unterdrückung der Menschen in Zimbabwe oder Haiti etwas Neues oder gar Besseres in die Welt bringen? Wer hat erlebt, dass die Verletzungen in der gegenseitigen Beziehung, die Partner oder Freunde einander vorwerfen, die Verständigung untereinander fördern, wenn nicht einer das gegenseitige Aufrechnen durch Vergebung und Versöhnung unterbricht?
Jesus hat die Alternative, die er aufzeigt, nicht nur verkündet, sondern auch radikal gelebt. Alle haben, um selbst schuldlos dazustehen, ihren Schatten und Fehler auf ihn geworfen und ihn zum Sündenbock gemacht. Weil er nicht zurückgeschlagen hat, hat er den Teufelskreis des Bösen unterbrochen. Nur so kam wirklich radikal Neues in diese Welt: der Anfang des Reiches Gottes, eine Welt, in der es nicht Gewalt und Gegengewalt, -Sieger und Unterlegene, Gewinner und Verlierer gibt, , in der nicht die Vergeltung zählt, sondern die Barmherzigkeit und die Kraft der Liebe über das eigene Interesse hinausgehen, das Wohl des anderen im Auge haben und so einer neuen Welt eine Chance geben.
In Jesus hat diese neue Welt, das Reich Gottes, bereits begonnen und in ihm ist es mitten unter uns. Wenn er einlädt, ihm in dieser Logik der Liebe zu folgen, so steht hinter dieser Einladung kein harter Gesetzgeber, der einmal Gericht darüber hält, ob wir sie auch erfüllt haben. Dahinter steht der barmherzige Gott, der Sünden vergibt, der nicht gegen, sondern für uns ist, - ein Gott, der um unsere Schwächen weiß und uns dennoch zutraut, über uns hinauszuwachsen, mehr Liebe zu wagen, weil wir Geliebte sind.
Aus dem Glauben an einen solchen Gott hat David seinem Gegner Saul, der ihm nach dem Leben trachtete, in dessen Wehrlosigkeit nicht getötet, wie wir in der Lesung hörten, sondern die Spirale der Gewalt unterbrochen und Gott das Urteil überlassen.
Ich bin überzeugt, dass der 1948 verstorbene Mahatma Gandhi aus dieser Logik der Gewaltlosigkeit im Sinne Jesu die Welt mehr verändert hat als etwa eine Politik, die heute die Welt in die Achse des Guten und des Bösen aufteilt. Und sicherlich hat der 1968 ermordete Martin Luther King, der heuer am 15. Jänner 75 Jahre alt geworden wäre, als Vorkämpfer der Gewaltfreiheit in der Konsequenz der Bergpredigt mehr zur positiven Veränderung der Welt beigetragen als der derzeitige Präsident der USA. Er rief: „Ich habe einen Traum“ – und war alles andere als ein Träumer.

Gewaltfreier Widerstand ist weder eine harmlose noch eine einfache Strategie. Es bedarf eines langen Atems und einer tiefen Überzeugung der Beteiligten, vor allem aber der Glaubensgewissheit, von Gott selbst geliebt und getragen zu sein, um selbst dort aufrechten Gang zu behalten, wo man als Sündenbock Opfer der Gewalt wird. Die Betroffenen sind überzeugt, nicht tiefer zu fallen als in die Hände eines väterlich-mütterlich liebenden Gottes, der auch Jesus in die Fülle des Lebens auferstehen ließ.

Menschen, die wie Jesus, Gandhi, Martin Luther King lebten und den Tod fanden, sind keine religiösen Selbstmordattentäter, denn die Logik der Bergpredigt ist nicht die des Hasses, sondern der grenzenlosen Liebe – im Wissen um die neue Welt, die durch die Auferstehung Jesu bereits endgültig angefangen hat und unaufhörlich im Kommen ist.

Trotz alles Leides und auch angesichts des schmerzlichen gewaltsamen oder auch natürlichen Todes singen wir Christen als Grundmelodie unseres Lebens das österliche Halleluja, denn letztlich siegt diese scheinbar naive, aber einzig alternative Logik der Liebe.

Trotz des finsteren Karfreitags dieser Welt sind wir überzeugt vom Licht des Ostermorgens.

Deshalb gab es zu Ostern immer schon auch den „risus paschalis“, das Osterlachen, in dem sich die Gewissheit unseres Erlöstseins in Heiterkeit und Lachen Luft machte, denn schließlich ist Jesus gekommen, damit die Freude in uns ist und die Freude vollkommen werde.

Nicht die Angst und Einschüchterung darf das Christentum prägen, wie es im Film „Der Name der Rose“ durch das Verbot des Lachens zum Ausdruck kommt. Es ist ein radikaler Irrtum, „dass die christliche Religion um so wahrer sei, je radikaler und unfroher sie von ihren Anhängern verkündet und vertreten werde“ (Ursula Homann). Viel authentischer wird unser Glaube von den Spielmännern und Spaßvögeln Gottes wie einem Philipp Neri oder dem humorvollen unvergesslichen Papst Johannes XXIII verkörpert.

Liebe kennt nämlich keine Angst und Humor ist die Schwester des Glaubens! Es ist schön, wenn auch durch uns die Frohbotschaft ein fröhliches Gesicht bekommt. Wenn Gott einmal alle Tränen trocknen wird, dann darf auch jetzt schon etwas anklingen von dem Lachen, in das schließlich die oft so traurige Menschengeschichte münden wird. Dabei geht es nicht um postmodernen Fun einer Gesellschaft, die mitunter über Leichen geht.

Statt mit Witzen möchte ich heute meine Predigt mit einer Weisheitsgeschichte von Anthony Mello schließen:

Ein Mann kam zu einem Arzt und sagte: „Doktor, ich habe wahnsinnige Kopfschmerzen, die ich nie loswerde. Könnten Sie mir nicht etwas dagegen geben?“ „Durchaus“, sagte der Arzt, „Aber

zunächst möchte ich einige Dinge abklären. Sagen Sie, trinken Sie viel Alkohol?" „Alkohol?" erwiderte der Mann empört. „Dieses widerliche Zeug rühre ich nicht an."
„Wie steht's mit Rauchen?" – „Ich finde Rauchen ekelhaft. Nie in meinem Leben habe ich Tabak nur angefasst."
„Es ist mir etwas peinlich, diese Frage zu stellen. Aber Sie kennen ja die Männer... Treiben Sie sich nachts herum?" – „Natürlich nicht. Für wen halten Sie mich? Ich bin jeden Abend spätestens um 10 Uhr im Bett."
„Sagen Sie", fragte der Arzt, „ist dieses Kopfweh, von dem Sie sprechen, ein scharfer, stechender Schmerz?" – „Ja", sagte der Mann. „Das ist es – ein scharfer, stechender Schmerz."
„Ganz einfach, mein Lieber! Ihr Problem liegt darin, dass Ihr Heiligenschein zu stramm sitzt. Wir brauchen ihn nur etwas zu lockern." - Amen.

8. Sonntag

1 Kor 15,54-58; Lk 6,39-45 (25.2.2010) Faschingssonntag

Die Lesung des heutigen Sonntags nehme ich nicht selten bei Begräbnissen. Sie scheint also - außer mit einem gewissen Galgenhumor - nicht unbedingt für den heutigen Faschingssonntag geeignet. Ich habe jedoch sehr bewusst diese neutestamentliche Stelle genommen, weil sie auch für den Faschingssonntag bestens passt.
Will unsere Freude nicht oberflächlich bleiben und nur durch Verdrängung der Tatsachen sehr fragwürdig sein, muss der Feind schlechthin, der Tod, besiegt sein. Der Tod nämlich steht hinter jedem Verlust, hinter Trauer Enttäuschung, Frust und Abschied; er allein hinterfragt letztlich jede Freude und Fröhlichkeit, jeden Lebenssinn. Ist der Tod besiegt, so kann uns eigentlich nichts mehr erschüttern. Auch wenn der Boden unter den Füßen immer wieder einmal wackelt, er kann uns nie mehr ganz entzogen werden, weil uns nichts mehr von Gottes Liebe, die stärker ist als der Tod, trennen kann.
Das entlastet auch davon, sich ständig entschuldigen zu müssen und die Schuld auf andere zu schieben, also den Splitter im Auge des anderen zu sehen und den eigenen Balken zu verleugnen, wie es im Evangelium heißt. Wer diese 'Heiden'-Arbeit nicht zu leisten hat, geht nicht mehr mit einer finsterernsten Mine durch die Welt. Ihm ist nichts Menschliches mehr fremd. Er weiß alles geborgen im heilenden und wärmenden Licht göttlicher Liebe, auch die eigene Schwäche und all die Irrwege des Menschen. Da so alles Dunkle aufgeheitert ist und das Licht Gottes in alle Abgründe der Seele eindringen kann, strahlt der glaubende Mensch Heiterkeit aus. In ihm ist nichts Dunkles, das er verstecken müsste, nichts Abgründiges, vor dem er Angst haben müsste.

Das ist kein naiver Optimismus, sondern das tiefe Vertrauen, dass dieses Licht, das in seinem Herzen gesiegt hat, sich auch in der Welt durchsetzen wird. Trotz aller Schwere dieser Welt kann sie der Glaubende mit einer inneren Heiterkeit und Leichtigkeit anschauen.

Vielleicht ist der Verlust dieses Glaubens auch mit Schuld, dass unsere Zeit so hektisch, anfordernd und auch witzlos geworden ist. Was sollte den Ernst des Augenblicks relativieren, was sollte uns ermöglichen, uns selbst nicht so wichtig zu nehmen - außer dem Sieg des Lebens und der Liebe über den Tod?! Paulus fasst es in die Worte: 'Gott aber sei Dank, der uns den Sieg geschenkt hat durch Jesus Christus, unseren Herrn." (1 Kor15,57)

Dieser Sieg ist und bleibt der Kern der christlichen Frohbotschaft, nicht irgendeine Moral oder ein Anzahl von Geboten! Darum ist mir auch nicht bange um die Zukunft des christlichen Glaubens, denn darnach sehnt sich jedes Menschen Herz. Der Glaubende sieht keine andere Wirklichkeit, aber er sieht sein Leben und seine Welt mit anderen Augen.

Ein unverdächtiger Zeuge dafür ist Kardinal König, der heuer 96 Jahre alt wird. Er meint:

'Für die einen ist das Altwerden ein Weg in eine Dunkelheit. Für viele andere aber bedeutet es, dem Licht entgegenzugehen... Alte Menschen sollten daher ihren Weg mit Hoffnung, aber auch mit Humor gehen. Hoffnung und Humor können zu einer neuen Sicht der Dinge führen.' (Wiener Kirchenzeitung vom 21.3.1999)

Dieser Humor hat sich auch über Jahrhunderte in der Osternacht dadurch Ausdruck verschafft, dass der Leiter des Gottesdienstes eine humorvolle Anekdote oder einen mehr oder weniger deftigen Witz erzählte. er provozierte dadurch die Gläubigen zum 'risus paschalis', dem Osterlachen. So möchte auch ich heute im zweiten Teil ein paar humorvolle Begebenheiten zum Besten geben.

Vielleicht geht es Ihnen dabei so wie jenem, der mich vor kurzem fragte: 'Sagen Sie mal, kannten Sie eigentlich meinen Urgroßvater?' 'Natürlich nicht!', sagte ich darauf. Worauf jener meinte: 'Warum bringen Sie dann immer seine Witze?' - Sie dürfen also gegen die sonstige liturgische Ordnung bei dieser Predigt auch aufstehen - aus Ehrfurcht vor dem Alter mancher Witze!

Mit der Predigt ist es gar nicht so leicht. So hörte ich vor kurzem, wie jemand am Kirchenplatz nach der Messe sagte: 'Der Pfarrer müsste einfach mehr Feuer in seine Predigten legen.' Prompt kam die Antwort von einem Umstehenden: 'Oder umgekehrt: Mehr Predigten ins Feuer.'

Kein Wunder, dass so manche Burschen und Männer von der Predigt eines neuen strengen Kaplans - ganz gegen seine Absicht - angetan waren, als er gegen die leichtfertigen Liebschaften der jungen Burschen wettete: 'Ihr schaut immer nur auf das Äußere, auf das hübsche Gesicht und das schöne Kleidchen. Ich aber sage euch: Ihr solltet mehr das sehen, was darunter ist!' - Kosmetik definierte jener Kaplan übrigens als 'die Kunst, aus der Not eine Tugend zu machen'.

Einmal fragte der Pfarrer den Kaplan, worüber er zu predigen gedenke. Der Kaplan sagte: 'Ich dachte an die Tugend der Sparsamkeit.' Worauf der Pfarrer meinte: 'In Ordnung, aber wir werden die Körbchensammlung wohl besser vorher halten.'

Ein Pfarrer predigtet: 'Liebe Gemeinde! Wenn ich mir die Autos vor der Kirche betrachte, dann freue ich mich: Es gibt kaum Arme in unserer Gemeinde. Und wenn ich in die Körbchen schaue, dann freue ich mich auch: Es gibt kaum Reiche in unserer Gemeinde.' - Einen Wunsch habe ich freilich schon: Dass auch nach der Euro-Umstellung der monats-erste Sonntag ein Scheinwerfersonntag bleibt!

Ich erinnere mich noch, dass Autos in meiner Kindheit noch Aufsehen erregten und manche mit dem Traktor in die Kirche gefahren sind. Der legendäre Pfarrer Just aus Gramastetten war ein begeisterter Traktorfahrer. Alle Besorgungen in Linz erledigte er mit dem Traktor. Als er wieder einmal bei Rot über die Kreuzung fuhr und der Wachmann ihn anredete: 'Herr Pfarrer, warum halten Sie sich nicht an die Verkehrsvorschriften?' stellte er prompt die Gegenfrage: 'Halten Sie immer die Zehn Gebote?' - Als Wiederholungstäter wieder zur Rede gestellt 'Herr Pfarrer, warum bleiben Sie bei Rot nicht stehen?' antwortete Pater Just: 'Da müsste ich in Linz immer stehen bleiben, denn Linz ist ja Rot.'

Nun, das sind vergangene Zeiten. Aber wissen Sie, warum Bischof Krenn jetzt mit dem Traktor durch St. Pölten fährt? - Weil er Anhänger sucht. - Heuer kommt übrigens unser Bischof Maximilian in unsere Pfarre zur Visitation und Firmung. Vor kurzem fragte ich einen Firmkandidaten, wer das Sakrament der Firmung gültig spenden kann. Seine Antwort lautete: 'Jeder Bischof, der zum Gebrauch der Vernunft gekommen ist.'

Vor kurzem hatte übrigens Bill Gates Audienz beim Bischof von Rom, also beim Papst. Er machte ihm ein Angebot: 'Ich biete Ihnen 1000 Millionen Dollar, wenn Sie das 'Vater-Unser' ändern.' - 'Was haben Sie sich denn vorgestellt? will der Papst wissen. 'Es soll heißen: Unser tägliches Windows gib uns heute', antwortete Bill Gates. Der Papst überlegt kurz und greift zum Telefon: 'Sofort den Vertag mit den Bäckern kündigen.' - Er hatte überhört, wie ein Kardinal flüsterte: 'Bill Gates ist im Vater-Unser schon vertreten im: Erlöse uns von dem Bösen.

Eines Tages sprach der Pfarrer vor dem Essen nicht wie üblich das Vater unser; er setzte sich und begann zu essen. Als ihn seine Haushälterin darauf aufmerksam machte, meinte er nur: 'Über allem, was sich auf diesem Tisch befindet, wurde schon mindestens dreimal der Segen gesprochen!' - Ein andermal freilich schmeckte es ihm so gut, dass er betete: 'Gib uns das heutige Brot täglich.' - Etwas erstaunt war der Pfarrer freilich, als im Exerzitienhaus die Schwester vor dem Essen durch die Handreiche in die Küche rief: 'Noch eine Portion Priesterfleisch!'

Eines Tages kam ein Vater mit dem kleinen Maxi in die Kirche und erklärte ihm alles: die Statue der Mutter Gottes mit dem Kind, das Bild des Bruders Konrad mit dem Kreuz, das Ewige Licht, das

Taufbecken,... Als sie gingen, verabschiedete sich noch der kleine Maxi und sagte: Pfiatdi Gott, Himmelsmutter Maria, pfiatdi Gott, lieber Bruder Konrad. Da schob der Pfarrer den Vorhang bei seinem Beichtstuhl zur Seite, um den frommen Buben zu sehen, und prompt hallte es durch die Kirche: 'Pfiati Gott, Kasperl.'
Der Pfarrer hatte auch oft vom Sieg über den Tod gepredigt. Nun war er selbst über 85 Jahre und schon lange sterbenskrank. Da sagte seine Haushälterin: 'Jetzt hat der Herr Pfarrer immer so gepredigt, wie schön und gut es im Himmel ist. Aber meinst, er moag eini?!'
Humor ist der Schwimmgürtel des Lebens, zumal des christlichen Lebens. Ich wünsche, Sie haben mich in diesem Sinne recht verstanden. Ich hoffe, die Technik hat auch dazu geholfen, dass es also nicht so war, wie bei jenem Pfarrer, der die Messe begonnen hat 'Im Namen des Vaters usw.' Er merkte, dass mit der Technik etwas nicht stimmte und sagte vor sich hin. 'Ich glaube, heute stimmt wieder irgendetwas nicht mit der Technik'. Im vollen Brustton der Überzeugung kam die Antwort vom Volke: 'Und mit Deinem Geiste.'

1. Fastensonntag

Dtn 26,4-10;Lk 4,1-13 (21.2.2010)

In einem der ältesten Glaubensbekenntnisse Israels hören wir heute in der Lesung, dass Gott sein Volk „mit starker Hand und mit erhobenem Arm“ aus dem Sklavenhaus Ägypten in das Gelobte Land führt, das von Milch und Honig fließt. Aus Dankbarkeit sollen sie die Erstlingsfrüchte Gott darbringen und so auch sensibel bleiben für die Not anderer Menschen, die wie damals sie jetzt heimatlos und chancenlos, ausgebeutet und in Not sind. Nicht erwähnt ist hier freilich, was zwischen dem Sklavenhaus Ägypten und dem Ziel des Gelobten Landes liegt: Es ist der 40-jährige Weg durch die Wüste.
Das Evangelium führt uns direkt in die Wüste: Jesus wird unmittelbar nach der Taufe und der darin geschenkten Erfahrung, dass Gott ihn ganz und gar liebt, vom Geist Gottes vierzig Tage in die Wüste geführt.
Die Zahl „vierzig“ deutet uns auf die Wichtigkeit des Geschehens hin, eine Krise und wichtige neue Wegorientierung, die sich auch bei jedem und jeder von uns in der Lebensmitte abspielt.
Die Wüste hat zwei Gesichter: So wie das Volk Israel steht auch Jesus in der Spannung zwischen Versuchung und Getriebensein durch Gottes Geist, in der Spannung zwischen Satan und den Engeln. - Wüste steht einerseits für den Ort der Gefährdung, für die Auseinandersetzung mit dem Bösen. Es sind die Versuchungen, denen auch Israel ausgesetzt war, wenn es sich etwa wieder zu den Fleischtöpfen Ägyptens zurücksehnt und gegen Gott und Mose rebelliert –Versuchungen, denen nur widerstanden wird dank dem „Segen von oben“ und der Bereitschaft, sich unter die Arme

greifen zu lassen. - Wüste ist andererseits der Ort des Heranreifens und Vorankommens in Abgeschiedenheit, also eine Schule des Lebens. Wüste kann mit seinen Oasen immer wieder Ort der besonderen Nähe und Führung Gottes, ja sogar der „geistlichen Highlights“ werden, wie es auch Israel etwa am Sinai erfahren hat.

Auch Jesus erlebt die Wüste als Ort der Gefährdung und der Gottesnähe.
Da ist die erste Versuchung Jesu, Brot in Steine verwandeln zu lassen, denn wenn Gott ihn liebt, wird er doch für ihn sorgen. Jesu Antwort: Hier wird Gottes Liebe mit Versorgtwerden gleichgestellt, jedoch: „Der Mensch lebt nicht nur vom Brot.“
Die zweite Versuchung ist das (unmoralische) Angebot des Versuchers, ihn anzubeten und dafür die Macht über alle Reiche der Welt zu erhalten. Hier wird Gottes Liebe verwechselt mit der Macht, über alles verfügen zu können. Dagegen gilt: „Vor dem Herrn, deinem Gott, sollst du dich niederwerfen und ihm allein dienen.“
Die dritte Versuchung ist sogar in Worte der Schrift gekleidet, denn Engel sollen verhindern, dass Jesu Fuß beim Sturz vom Tempel auf einen Stein stößt. Hier wird Gottes Liebe mit einer Sicherheitsprämie verwechselt. Jesu Antwort: „Du sollst den Herrn, deinen Gott, nicht auf die Probe stellen.“
Wenn wir in die vierzigtägige Fastenzeit aufbrechen, so müssen wir nicht geographisch in die Wüste gehen, aber es soll eine Zeit sein, in der wir durch einen gewissen Rückzug nicht vor dem Leben fliehen, sondern ganz im Gegenteil, uns ihm mehr als sonst stellen, damit es eine Zeit der Gnade wird. Die Wüste verschärft Gegensätze, ihr Licht überzeichnet Kontraste, ihre tote Landschaft weckt den letzten Lebenswillen und fragt nach dem Sinn des Ganzen.
Auch die Erfahrungen der frühen Wüstenväter, aber auch die Erkenntnisse der Psychologen in unserer Zeit bestätigen: Wüstenstrecken des Lebens sind unbarmherzig, weil sie keine Ausflucht zulassen, sondern mich mit mir selbst konfrontieren, mit meinen un- und unterbewussten Süchten und Sehnsüchten, mit geheimen Reservaten und Verdrängungsmechanismen. Bewusste Abgeschiedenheit zeigt Wahrheiten auf, zunächst auch unangenehme. Sie ist allerdings kein Selbstzweck, sondern das Ziel ist das größere Leben, zu dem allein die eingestandene Wahrheit frei macht.
Von Jesus können wir lernen, dass Gottes Liebe nicht Versorgtwerden, Macht und Sicherheit bedeutet. Gottes Liebe gibt vielmehr die Kraft, die Welt realistisch zu sehen und das uns Mögliche für eine bessere Welt zu tun. Dazu gehört ganz wesentlich, dass wir uns als Glaubende auch den Schattenseiten und den Versuchungen unseres Lebens stellen, um zu reifen und mitten in den Wüstenerfahrungen immer mehr auf Gott vertrauen.

Ich möchte heute einen besonderen Punkt herausgreifen, der mit unserem Thema „Umgang mit Schuld“ zusammenhängt – ein Thema, das uns bereits seit dem Advent und auch bei den Glaubensabenden begleitet.

Moralische Schuld und psychologische Schuldgefühle, etwa bei einem Verkehrsunfall, sind zu unterscheiden. Schuld ist eine im Alltag meist verdrängte Wirklichkeit, mit der wir uns wie mit Leid, Abschied und Tod schwer tun und deshalb lieber davon wegschauen. Weil aber der Mensch ein wertendes und zugleich brüchiges Wesen ist, kann sich kein Mensch aus der Verstrickung in Schuld ausnehmen.

Schuld könnte man auch Seelenmüll nennen. „Es gibt“, wie Altbischof Reinhold Stecher sagt, „auch im seelischen Bereich sozusagen die `wilde Deponie`, in der der Abfall nur scheinbar verräumt wird und in Wirklichkeit die Umwelt belastet und zerstört. Und es gibt die `geordnete Deponie`, in der der Müll nicht einfach in Flüsse und Wälder entleert wird, ja bei der es unter Umständen sogar möglich ist, Rohstoffe, Dünger und Energie zu gewinnen. So kann auch ungelöste Schuld zu einem destruktiven Element des Lebens und der Welt werden, erkannte, eingesehene Schuld kann sich in einer sehr positiven Kraft im menschlichen Leben und Zusammenleben entfalten.“ (Herder-Korrespondenz 1/86).

Ich möchte heute (mit Altbischof Stecher) einige dieser unreifen Schuldentlastungen benennen – und in zwei Wochen auch die reifen Formen. Manche nennen sogar unsere Gesellschaft eine Schuldverdrängungsgesellschaft, in der die Botschaft von der Umkehr einen schwierigen Stand hat, alle haben ja „ein superreines Gewissen“. Wenn schon jemand, dann sind immer nur die anderen schuld. Der Umgang mit der Kriegsvergangenheit, aber auch die jetzige Finanzkrise geben genug Beispiele; sie würden uns aber von uns selbst ablenken. Es geht ja darum, auch uns selbst sozusagen auf frischer Tat ertappen.

Allgemein gesagt: „Man kündigt sozusagen der Schuld die Wohnung im oberen Stockwerk des Bewusstseins, aber man soll sich nicht täuschen: Sie steht unter Mieterschutz und zieht in die Kellerwohnung des Unterbewussten und belastet von dort aus das Klima“ (wie es Bischof Stecher bildhaft ausdrückt).

Eine erste Form der Verdrängung ist das Übertönen durch Lärm und Betriebsamkeit. Weil man das schlechte Gewissen aus der Tiefe der Seele gar nicht aufkommen lassen will, taucht man schnell unter in den Lärm der Zerstreuungsindustrie, in den Stress des Berufes, in die ständige Bereitschaft durch Handy usw. Es muss immer was los sein, damit ich mich abends nicht besuchen und schauen kann, ob ich daheim bin. Wer hat das noch nicht erlebt?

Eine andere Form unreifer Schuldentsorgung ist die wohltuende Belastung anderer – entsprechend dem afrikanischen Sprichwort: „Das Böse ist ein Hügel; jeder steht auf seinem und zeigt auf den anderen." Es erzeugt eine gewisse Genugtuung festzustellen, wenn wir von den Fehlern und Entgleisungen anderer hören, denn das enthebt mich der Pflicht, mich meinen eigenen Schattenseiten zu stellen. Besonders wohltuend ist das natürlich gegenüber Politikern und erst recht gegenüber der Kirche. Ohne irgendetwas vom Müll, den auch die Kirche baut, im Geringsten zu beschönigen, merke ich doch oft die Absicht – und bin verstimmt. „Good news no news" – auch in der Kirche!

Eigentlich lebt die Boulevardpresse vornehmlich von diesem Verdrängungsmechanismus, denn wenn man so hört und sieht, was die „Großkopferten" sich leisten, kann man sich selbst ja geradezu lobend auf die Schulter klopfen und bekommt das Gefühl: Da ist ja unsereiner noch ein anständiger Mensch!

Einen besondere Vermeidungsstrategie, sich dem eigenen Schatten zu stellen, ist der Sündenbockmechanismus, der so alt wie die Menschheit ist. Es steht bereits im ersten Buch de Bibel: Adam schiebt die Schuld auf Eva, diese auf die Schlange usw. So durchzieht diese fatale Haltung die Weltgeschichte mit einer blutigen Spur und bleibt ein Dynamit der Weltgeschichte. Jesus allein hat dabei nicht mitgetan!

Wir Österreicher müssen uns ehrlich fragen, ob nicht angesichts der allgemeinen Kriminalisierung vom Wirtshaustisch bis hinauf ins Innenministerium zurzeit die Migranten und Asylanten als unsere Sündenböcke herhalten müssen – eine Taktik, die mangeln
des eigenes Selbstbewusstsein kompensieren soll.

Die Frage an mich ist: Wo finde ich immer wieder ein Haar in der Suppe? Was kritisiere ich ständig? Ist es der Partner, die Partnerin, der Zeitgeist, die Jugend, die Politik, die EU in Brüssel? Sind es die Ausländer; die Nachbarn, die Lehrer, die Juden? Satan wird in der Bibel der „Ankläger" genannt? Verbindet sich bei aller berechtigten Kritik mit meinem Anklagen auch die Bereitschaft, meine eigene Schuld auch zu sehen und mich positiv für eine Verbesserung von Missständen einzusetzen? Habe ich den Mut, meinen Mund gegen Vorurteile aufzutun, auch wenn ich in der Minderheit bin?

Eine andere Form der Schuldentlastung ist das wortreiche Zerreden. Am Beispiel der Abtreibung kann man das gut verfolgen. Sprechen militante Christen von Mord, so geht die Wortwahl über Tötung, Schwangerschaftsabbruch, Abtreibung, Eingriff und Fristenlösung bis zu postkonzeptiver Populationssteuerung. Während die „Aktion Leben" der Kirche die Wunde, die die Fristenlösung ist, offen halten will, ohne zu verurteilen, zeichnen wiederum andere Abtreibungskliniken mit Menschenrechtspreisen aus.

Ich muss mich fragen, ob auch meine tägliches Gebet heißt: „Herr, mach mich an Ausreden nie verlegen!"

Als letzter Verdrängungsmechanismus sei die „Freunderlwirtschaft" genannt, also die Komplizenschaft und dadurch das Teilen der Schuld mit anderen „Kumpeln", die auch entsprechend am Erlös teilhaben. Ich möchte damit nicht etwa die Hypo Alpe Adria oder sonstige Verhältnisse im Süden Österreichs ansprechen und damit wieder von uns selbst ablenken. Wo tauche ich im ‚Kretzl', in der Bande, im Kreis Gleichgesinnter unter, damit mich andere still von der eigenen Schuld entlasten? Wo brauche ich den entlastenden Schutz einer Gruppe für meine Fehler?

Vielleicht denken Sie, das war wieder einmal eine richtige, also antiquierte Fastenpredigt. Ich hinwieder bin überzeugt, dass das Thema „Umgang mit Schuld" im Allgemeinen und für jede/n von uns höchst aktuell ist.

Es gibt freilich nicht nur die unreife zerstörerische Schuldentlastung und die Ansteckung des Bösen, sondern auch die reife und fruchtbringende Schuldentsorgung und die Ausstrahlung und die Faszination des Guten, zumal der Liebe. Davon soll in zwei Wochen die Rede sein. Amen!

2. Fastensonntag

Gen 15,5-12.17-18; Phil 3,17-4,1; Lk 9,28b-36 (zu Gotteslob 621,1-3) (11.3.2001)

Manche Lieder sind uns von der Melodie und vom Text her seit Kindheit vertraut und auch ans Herz gewachsen. Dies birgt freilich auch die Gefahr, dass wir oft auf den Inhalt gar nicht mehr recht achten. Heute möchte ich das vom Liedkreis vorgeschlagene Lied aus dem Gotteslob Nr. 621 ganz bewusst aufgreifen und in Verbindung mit den drei Lesungen dieses 2. Fastensonntags deuten. Der Text aus dem Jahre 1964 stammt von dem noch lebenden Holländer Huub Oosterhuis.

Ich kenne kaum ein modernes Lied, das so echt und ehrlich - ohne jede falsche Frömmelei, und doch zutiefst fromm - die Situation des Menschen umschreibt. Es ist ein Text, den jeder Mensch wohl immer zu seinem eigenen machen kann, ein Lied über unser Menschsein, über den 'Ecce homo' - Seht, so steht es um den Menschen!

Singen wir gemeinsam alle drei Strophen als Gruß, Frage und Bitte an unseren Gott. Ich möchte im Anschluss daran je einen der drei vorgesehenen biblischen Texte mit der entsprechenden Strophe in Verbindung bringen und zu deuten versuchen, die Predigt also in drei Schritte teilen.

GL 621, 1-3:

Ich steh vor dir mit leeren Händen, Herr; fremd wie dein Name sind mir deine Wege. Seit Menschen leben, rufen sie nach Gott; mein Los ist Tod, hast du nicht andern Segen? - Bist du der Gott, der Zukunft mir verheißt? Ich möchte glauben, komm mir doch entgegen.

Von Zweifeln ist mein Leben übermannt, mein Unvermögen hält mich ganz gefangen. Hast du mit Namen mich in deine Hand, in dein Erbarmen fest mich eingeschrieben? Nimmst du mich auf in dein gelobtes Land? Werd ich dich noch mit neuen Augen sehen?
Sprich du das Wort, das tröstet und befreit und das mich führt in deinen großen Frieden. Schließ auf das Land, das keine Grenzen kennt, und lass mich unter deinen Söhnen leben. Sei du mein täglich Brot, so wahr du lebst. Du bist mein Atem, wenn ich zu dir bete.

Lesung (Gen 15,5-12: 17-18)

Wir sind wohl alle als Kleinkinder getauft worden, d.h. wir wurden eigentlich in Hinblick auf den Glauben unserer Eltern und Paten getauft, denn wir selbst konnten dazu weder ja noch nein sagen. Unsere Familie hat es, beholfen oder unbeholfen, für richtig befunden, uns durch die Taufe ins Volk Gottes aufzunehmen und sie hat uns auch mehr oder weniger in diese Gemeinschaft eingeführt.
Der fraglose Kinderglaube musste aber in Krise geraten. Oft ist diese Krise bereits an dem Zeitpunkt gegeben, wo formal und feierlich in der Firmung der Jugendliche das eigene Ja sagt. Dieses Ja ist paradoxerweise nicht selten eher der Abschied von dieser Glaubensgemeinschaft ist als das Ja zu ihr. Ein paar Jahre später, wenn der erste Kirchenbeitragszahlschein kommt, folgt dann bei manchen auch die formale Abmeldung mit dem Kirchenaustritt.
Unabhängig davon kommt es aber bei jedem früher oder später, aus heiterem Himmel oder durch einen Schicksalsschlag, schleichend oder plötzlich, zu einer Krise, die uns den Glauben zu rauben scheint, so dass wir wirklich mit leeren Händen vor Gott stehen. Davor ist auch ein Pfarrer nicht gefeit. Das vor einigen Jahren erschienene Buch 'Der gottlose Pfarrer' ist leider nicht nur ein literarisches Produkt.
Ich denke, dass die Kirche auch als Institution zurzeit eine solche Krise erleidet und eine Durststrecke durchgeht, in der ihr die Felle weg zu schwimmen scheinen. Sie ist jedenfalls von einer Bescheid wissenden und triumphierenden Kirche wieder zu einer fragenden und suchenden geworden; sie und mit ihr stehen wir alle vor Gott mit leeren Händen! Vielfach fremd sind uns die Namen und Wege Gottes geworden. So nennt Huub Oosterhuis treffend am Ende einer Litanei Gott, der sich als 'Jahwe', als einen, der da ist und mit uns geht, geoffenbart hat, einen 'mühsamen Freund'.
Gegen diese schwer auszuhaltende, ernüchternde Wahrnehmung der leeren Hände und der Fremdheit Gottes und gegen die Gewissheit des Todes gibt es verschiedene Ausflüchte und Verdrängungen.
Der eine Fluchtweg führt in den Allmachtswahn der modernen Wissenschaft; er will die Evolution etwa durch die Manipulation des menschlichen Genoms selbst in die Hand nehmen. Ein anderer Fluchtweg geht den esoterischen Umweg magischer Geisteskräfte.

Es gibt auch die religiöse Flucht der Fundamentalisten, die sich umso sicherer geben je mehr sie eigentlich von Angst bedrängt sind.
Da stelle ich mich lieber mit leeren Händen hin vor Gott, bekenne meine Armut und Angewiesenheit und schreie nach Gott und seinem Segen: 'Ich möchte glauben. Komm mir doch entgegen!'
Abraham wird uns als Vater des Glaubens (für Juden, Christen und Moslems) in der Lesung vorgestellt. Er bleibt Vorbild für alle Kinder Abrahams. Selbst heimatlos und ortlos geworden hängt er sich allein an die Verheißung Gottes. 'Er glaubte und Gott rechnete es ihm als Gerechtigkeit an'. In einem orientalisch geheimnisvollen Zeichen schließt Gott einen Bund der Treue mit ihm und seinen Nachkommen, einen Bund, den er in Jesus Christus zum ewigen, unwiderruflichen Bund mit uns allen gemacht hat.
Singen wir nochmals gemeinsam die erste Strophe - im Eingeständnis unserer Armut und unserer Fragen vor Gott, aber auch mit der inständigen Bitte der Kinder Abrahams: 'Ich möchte glauben, komm mir doch entgegen.'

Lesung: Phil 3,17-4,1

Zur dunklen Seite Gottes kommt noch die vielfach dunkle Seite unseres Lebens. Das eine ist oft die Kehrseite des anderen.
Die Bibel ist keineswegs eine Hofberichterstattung. sie schildert vielmehr das Leben des Menschen, die 'conditio humana', wie sie ist. Deshalb sind ihr auch das Hadern und Klagen, das Weinen und Schreien des Menschen vertraut. All das hat Heimatrecht im Beten des biblischen Menschen.
Kronzeuge dafür ist Hiob. 'Von Zweifeln ist sein Leben übermannt, sein Unvermögen hält ihn ganz gefangen.' Lange ist er zunächst gleichsam ein Rebell vor Gott ist und leistet Widerstand, bevor er zum Dulder wird und sich in die größere Hand Gottes ergibt.
Selbst der große Prophet Jeremia zweifelt an seiner Berufung und an Gottes Begleitung und er verwünscht den Tag seiner Geburt. Viele Psalmen und die Klagelieder sind sprechende Beispiele für diese Schattenseite des Lebens - bis hin zu Jesus, der auf dem Kreuz den Psalm 22 hinausschreit: 'Mein Gott, mein Gott! Warum hast du mich verlassen?'
Mir ist deshalb der so genannte ungläubige Thomas sympathisch: 'Solange dieser Gott nicht handfester und leibhaftiger erfahrbar ist, glaube ich nicht.'
Folge davon muss für uns alle sein, dass wir über andere und deren Möglichkeiten zu glauben nie richten. Respekt vor der Biografie des anderen muss zur Folge auch haben, dass wir uns jedes Urteils oder gar einer Verurteilung enthalten. In einem Memento des Hochgebets heißt es deshalb zu Recht: 'um deren Glauben niemand weiß als Du, Gott'.

Wer hat sich noch nie die Frage gestellt, ob sein Name in Gottes Hand steht, wo doch in der Welt meist nur Funktion und Leistung zählen und der Mohr, der seine Pflicht getan hat, abtreten kann und vergessen ist? Wem ist Gott noch nie aus den Augen entschwunden - und erst recht das von ihm Gelobte Land?

Wörtlich 'ganz gefangen', weil aus dem Gefängnis, schreibt der Apostel Paulus seiner Lieblingsgemeinde in Philippi, ihn als Vorbild des Glaubens zu nehmen. Er weiß, wovon er schreibt, nicht vom grünen Tisch der Theorie, sondern aus ureigener Erfahrung. Er warnt eindringlich vor einem Leben als 'Feinde des Kreuzes Christi'.

Wir würden vielleicht sagen, er warnt vor einem total verbürgerlichten Christsein, das nur auf Macht und eigene Ehre aus ist. Er will seiner Gemeinde und uns allen den Blick ins gelobte Land, auf unsere letzte Heimat im Himmel und auf den kommenden Herrn und Retter Jesus Christus offen halten, denn 'man kann nicht mehr leben von Eisschränken, Politik, Kreuzworträtseln und Bilanzen' (A. de Saint-Exupery); wir sind gerufen zu mehr.

Unmittelbar vorher hat Paulus geschrieben: 'Christus will ich erkennen und die Macht seiner Auferstehung... Nicht dass ich es schon erreicht hätte oder dass ich schon vollendet wäre,. Aber ich strebe danach, es zu ergreifen, weil auch ich von Christus Jesus ergriffen worden bin.' (Phil 3,10-12) Vom Vorbild des Paulus und anderer Glaubenszeugen ermuntert und angespornt wollen auch wir trotz aller Zweifel und Ohnmacht danach streben, das Ziel - die Gemeinschaft mit Christus, zu ergreifen, oder besser uns davon ergreifen zu lassen, auch in dieser Feier.

Mit dieser Bitte im Herzen singen wir die zweite Strophe unseres Liedes.

Evangelium (Lk 9,28b-36

Gerade in Zeiten der Krise und von Durstrecken sehnen wir uns nach einem tröstenden und befreienden Wort, nach einem Zuspruch, der uns die nächsten ungewissen Schritte tun lässt. Wir schreien nach einem Du, zuerst nach einem mitmenschlichen, letztlich aber nach dem uns alle tragenden Du Gottes und seinem Shalom, dem großen Frieden.

Jesus gaukelt seinen Jüngern keine ungetrübte Scheinwelt vor. Er hatte ihnen unmittelbar vorher das Leiden und seinen Tod in Jerusalem vorausgesagt. Es war wohl kein erquickender Schlaf, sondern eher eine lähmende Traurigkeit, die sie zunächst am Berg Tabor umfing.

Als sie nun Jesus im strahlenden Licht mit Mose als Vertreter des Gesetzes und mit Elija als Vertreter der Propheten sahen, wurde ihnen - wie den Jüngern am Wege nach Emmaus - plötzlich warm ums Herz und es ging ihnen ein Licht auf: Gott ist da - auch in den dunklen Stunden des Leidens, selbst auf einem Kreuzweg und in der Stunde des Todes.

Es ist zwar nicht möglich Hütten zu bauen, also solche Taborstunden totaler Geborgenheit festzuhalten, aber die Gewissheit wird uns darin geschenkt, dass Gott mit uns geht auch in die

Niederungen des Tals, in das gelegentliche Jammertal des Daseins, und dass uns von seiner Liebe nichts zu trennen vermag.
Die Jünger machen die Erfahrung, wie sie im Psalm 18 steht: 'Du führst mich hinaus ins Weite; du machst meine Finsternis hell. Mit dir erstürme ich Wälle, mit meinem Gott überspringe ich Mauern.'
Gott spricht das Wort, das tröstet und befreit und das mich führt in seinen großen Frieden. Es heißt Jesus Christus. Auf ihn sollen wir hören. Er allein erfüllt unsere Sehnsucht nach dem Land, das keine Grenzen kennt. Weil er unser Bruder geworden ist, dürfen wir als Gottes Kinder leben. Er schenkt uns nicht nur das tägliche Brot auf unseren Tischen daheim, sondern gibt sich selbst hier und heute täglich als das Brot für das Leben der Welt. Gott selbst ist unser Atem, wenn wir zu ihm beten. Wie Paulus an die Römer schreibt: 'Ihr habt nicht einen Geist empfangen, der euch zu Sklaven macht, so dass ihr euch immer noch fürchten müsstet, sondern ihr habt den Geist empfangen, der euch zu Söhnen und Töchtern macht, den Geist, in dem wir rufen: Abba, Vater....So nimmt sich auch der Geist unserer Schwachheit an. Denn wir wissen nicht, worum wir in rechter Weise beten sollen; der Geist selber tritt jedoch für uns ein mit Seufzen, das wir nicht in Worte fassen können.' (Röm 8,15.26)
'In der Überzeugung, dass die Leiden der gegenwärtigen Zeit nichts bedeuten im Vergleich zu der Herrlichkeit, die an uns offenbar werden soll' (Röm 8,18), und mit der Offenheit für Gottes Sohn am Tisch des Wortes und des Brotes singen wir nochmals die dritte Strophe unseres Liedes. Amen.

3. Fastensonntag

Ex 3,1-8a.10.13-15, Lk 13,1-9 (7.3.2010)

Vor zwei Wochen habe ich vom Doppelgesicht der Wüste als Ort der Gefährdung, aber auch als Ort der besonderen Nähe Gottes gesprochen. Da wir alle nicht nur versuchbar sind, sondern immer wieder auch schuldig werden, bin ich der Frage nachgegangen, in welcher Weise unser Seelenmüll sozusagen in wilden Deponien entsorgt wird und dadurch unsere Innenwelt nur noch mehr belastet und verwüstet wird.
Man mag vielleicht zu Recht einwenden, dass die Kirche in der Vergangenheit nicht selten die Sünde und das Böse zu stark betont habe. Christlicher Glaube ist ja nicht zuerst eine Moral, sondern die Erfahrung einer Liebe in der Begegnung mit Jesus Christus, der unserem Leben in seiner Frohbotschaft eine neue Richtung gibt. „Aber um dieser Liebe willen“, wie Bischof Manfred Scheuer sagt, „widersteht das Christentum - gegen ein Klima der Verdrängung, der Verharmlosung und der Wegrationalisierung des Bösen – mit seiner Rede von Sünde und Schuld jenem heimlichen Unschuldswahn, der sich in unserer Gesellschaft ausbreitet und mit dem wir Schuld und Versagen,

wenn überhaupt, nur bei den anderen suchen." (Diözesanblatt Innsbruck, Jg.85,1,2010) Selbst das Magazin „Der Spiegel" sagt in seiner Titel-Story in der Woche des Aschermittwoch (7/2010) wörtlich: „Ein unheimlicher Unschuldswahn hat sich über unsere überraschungsfreie Computergesellschaft gelegt." Ich habe von einigen Entschuldigungsmechanismen als unreifen Formen des Umgangs mit Schuld gesprochen: das Untertauchen in Lärm und Betriebsamkeit, die wohltuende Belastung anderer, das Zerreden, die Komplizenschaft.

Auch das heutige Evangelium zeigt einen falschen Umgang mit Schuld auf, indem Menschen einen direkten Zusammenhang zwischen einem Unglück, das jemandem widerfährt, und dessen persönlicher Schuld herzustellen versucht sind. Die schlechte Nachricht hat sich schnell verbreitet, dass offenbar die römische Besatzungsmacht wieder einmal brutal zugeschlagen hat. Soldaten des Pontius Pilatus sind in die für Heiden gesperrten heiligen Stätten des Tempels zu Jerusalem eingedrungen und haben dort eine ganze Gruppe von Menschen niedergemetzelt. Jesus weiß um das Denken seiner Zuhörer: Wenn einem so etwas Grausames zustößt, dann steht auch Sünde dahinter, für die die Betroffenen bestraft werden. Wer denkt dabei nicht an die Äußerungen von Pfarrer Gerhard Maria Wagner über die Tsunami-Katastrophe oder über das Erdbeben in Haiti?

Zurecht wehren wir uns gegen ein solches Schubladendenken, als ob Gott ein Geheimpolizist wäre, der ständig auf der Lauer liegt, um uns auf frischer Tat zu ertappen und auf die Finger zu klopfen, also zu bestrafen, wenn wir Verbotenes getan haben! Aber schwingt nicht etwas davon auch noch mit, wenn wir bei einem kleinen Pech leichtfertig sagen: „Kleine Sünden straft der Herrgott sofort"? Auf Jesus jedenfalls kann sich solches Aufrechnen nicht stützen, ganz im Gegenteil. Er selbst nennt noch ein anderes Beispiel eines Unglücks: der Einsturz des Turmes in Schiloach, bei dem 18 Menschen erschlagen wurden. Jesus bringt es in zwei rhetorischen Fragen auf den Punkt: „Meint ihr, dass nur diese Galiläer Sünder waren, weil das mit ihnen geschehen ist, alle anderen aber nicht? ... Meint ihr, dass nur die Erschlagenen von Schiloach Schuld auf sich geladen hatten, alle anderen Einwohner von Jerusalem aber nicht?" Jesus nimmt die aktuellen Beispiele her, um seine Zuhörer wachzurütteln und Grundsätzliches zu sagen: Niemand soll auf andere als Schuldige zeigen. Dass ich von diesem Unglück oder jener Krankheit verschont bin, heißt noch lange nicht, dass ich mit Schuld nichts zu tun hätte. Nicht die oder die da sind schuld, sondern wir alle, sagt Jesus.

Ein Sprichwort dasselbe so aus: „Wer mit dem Finger auf andere zeigt, der zeigt mit drei Fingern seiner Hand auf sich selbst." Das heißt: Ich soll mich um sich selbst kümmern und um das, das allen passiert, die nicht umkehren.

Jesus lässt es aber nicht mit dieser Kritik bewenden. Im abschließenden Gleichnis vom Feigenbaum steht der Aufruf zur Umkehr in einem anderen Licht. Der Feigenbaum hat normalerweise 2-3mal jährlich süße und saftige Früchte. 50 Jahre lang ist er ein Musterbeispiel einer reichen Ernte, 80 bis

100 kg jährlich. Doch dieser Feigenbaum bringt seit drei Jahren keine Früchte und raubt zudem anderen
Bäumen notwendigen Nährstoff aus dem Boden. Da keine Besserung in Sicht ist, reißt dem vernünftig kalkulierenden Besitzer der Geduldsfaden und er will ihn ausreißen lassen. Der Weingärtner, der für Gott steht. stellt sich trotzdem gegen diese menschliche Logik. Die göttliche Logik ist eine andere. Es ist die Liebe, die einen unendlich langen Atem der Geduld, hat und alles tut, um den Baum zu retten. Den Boden in der Hitze Israels aufgraben und düngen auch auf die Gefahr, keinen Erfolg zu ernten, ist ein Bild für den liebevollen Einsatz Jesu mit seinem Leben. Jesu selbst wird zum Anwalt und Verteidiger des Angeklagten. Er schenkt dem Betroffenen Zutrauen und hilft ihm dabei, soweit es geht. Jesus verkündet keinen beleidigten, strafenden und rächenden Gott, sondern er selbst ist der menschgewordene Sohn Gottes, der aus Liebe alles für uns tut. In Jesus begegnet uns der „Ich-bin-da" des brennenden Dornbusches. Gottes Dasein ist Sein für uns.

Damals hat Jahwe das Volk durch Mose aus der Knechtschaft befreit. In Jesus befreit er uns vom Zwang, ständig andere anschwärzen zu müssen, um selbst mit weißer Weste dazustehen. Er wird am Kreuz selbst zum Sündenbock, um unseren Schatten in den Schatten des Kreuzes stellen und so mit unserer Schuld in befreiender Weise umgehen zu können. Die Geschichte mit dem Feigenbaum bleibt offen. Es ist die Aschermittwoch-Einladung an jede/n von uns: „Kehr um and glaube an das Evangelium!" Wir sollen innehalten, uns auch unseren Schattenseiten stellen und in rechter Weise mit unserer Schuld umgehen.

So möchte ich abschließend ein paar reife Formen des Umgangs mit Schuld benennen, sozusagen „geordnete Deponien unseres Seelenmülls" (Altbischof Stecher) Grundsätzlich geht es um das Wahrnehmen der eigenen Verantwortung, d.h. um das Einsehen, das Aussprechen, das Sich-Distanzieren von einer Fehlhaltung, das Betroffensein, das Gutmachen und das Beheben gestörter Beziehungen. Dahinter steht die therapeutisch wichtige Erkenntnis: Aussprechen befreit. Zunächst ist es notwendig, Stille einkehren zu lassen, um bei sich zu sein. Es wäre traurig sagen zu müssen: „Da geht man in sich – und keiner ist da"(K. Klages) In dieser Stille kann die Einsicht meiner Schuld geschehen – und auch der Wunsch, mich davon abzuwenden und mich zum Positiven hinzuwenden, also meine Chance für das Gute zu sehen und zu ergreifen.

Es braucht aber dann auch die Begegnung mit einem gütigen, stützenden, helfenden Du, das uns verzeiht und dem oder der zuliebe (wie wir sagen) wir uns verändern. Vielfach geschieht das zwischenmenschlich und soll auch so sein, zwischen Partnern und Generationen, Verwandten und Freunden, Nachbarn und Arbeitskollegen. Das ist ganz wichtig und darf nicht einfach übersprungen werden.

Es gibt aber auch die Erfahrung, dass manches nicht mehr rückgängig gemacht werden kann, weil der andere bereits tot ist oder weil eine Lawine losgetreten wurde, die nicht mehr zu halten ist, oder Wolle zerstreut wurde, die - wie im Märchen - nicht mehr einzufangen ist. Außerdem hoffe ich im Innersten meines Herzens, bedingungslos, also absolut mit meinen Schattenseiten angenommen zu werden. Menschen, die mich mögen, wollen es zwar, können es aber auch nicht verbürgen, weil sie selbst begrenzt, bedingt und sterblich sind.

Hier dämmert mir, dass Schuld eine Dimension hat, die in die göttliche Dimension verweist. Auch der liebste Mensch ist ein Versprechen, das er selbst nicht einzulösen vermag. Salopper gesagt: wir können uns letztlich nicht am eigenen Schopf aus dem Sumpf ziehen.

Jesus hat unmissverständlich von der Tatsache der Sünde gesprochen und zur Umkehr des Sünders aufgerufen, vor allem aber hat er einen liebenden Gott verkündet, dessen Liebe selbst dem Schächer am Kreuz gilt. Beides – der Aufruf zur Umkehr und zugleich die Zusage von Gottes unendlicher Liebe – ist Aufgabe der Jünger Jesu und auch meine Aufgabe als Priester. Umkehr im Angesicht eines verzeihenden Gottes ist die reifste Form der Schuldentlastung.

Damit sind verschiedenste Formen der Vergebung und Versöhnung angesprochen: angefangen vom persönlichen Gebet und Werken der Nächstenliebe, der Feier der Eucharistie mit den Teilen auch der Versöhnung, die Bußfeiern bis hin zum Sakrament der Versöhnung.

Ich bin nach wie vor überzeugt, dass dieses ganz persönliche Aussprechen in der Diskretion der absoluten Verschwiegenheit dessen, der zuhört, befreit und dass deshalb das vielfach vergessene Sakrament der Beichte ein großer Schatz ist: Ich stelle mich darin hin und wieder (ich rede jetzt von mir selbst) ganz bewusst unter das Kreuz Jesu Christi und lasse mir die uns in Christus geschenkte Versöhnung ausdrücklich in der verbindlichsten Form zusprechen: So wie ich bin, bin ich absolut mit Licht- und Schattenseiten von Gott angenommen. Der „Ich bin da" ist auch auf meinem Lebensweg, sei es in meinem alltäglichen Unterwegssein als auch in tiefen Krisen und selbst in einem scheinbar ausweglosen Scheitern. - Möge dieses Gespräch mit dem dazu bevollmächtigten Priester auch menschlich gut eingebettet sein; den „Mehrwert" des absoluten Angenommenseins kann selbst der liebste Mensch nicht verbürgen; Gott selbst tut es in Jesus Christus. Mit dem Apostel Paulus darf ich deshalb sagen: „Wir sind Gesandte an Christi statt … und bitten …: Lasst euch mit Gott versöhnen!" (2 Kor 5,20) Amen.

4. Fastensonntag

2 Kor 5,17-21; Lk 15,1-3.11-32 (18.3.2007)

Es ist wohl niemand hier, der diese berührende Geschichte vom verlorenen Sohn oder besser vom barmherzigen Vater nicht kennt. Es ist ja wirklich auch ein Glanzstück nicht nur der Bibel, sondern der Weltliteratur, ein Kunstwerk. Darin freilich steckt auch die Gefahr, dass wir die Geschichte in das museale Künstlerregal stellen, sie bewundern, aber uns nicht betreffen lassen und unbetroffen zur Tagesordnung übergehen, denn wir vertun weder unser Vermögen mit Dirnen noch bearbeiten wir einen großen Gutshof. So freilich erkennen wir weder Jesu anstößige Haltung gegenüber so genannten Sündern noch die darin verborgene Frohbotschaft.

Ich versuche einen Zugang zu den verschiedenen Rollen im Evangelium zu geben. Vielleicht erahnen wir so, dass sowohl der jüngere als auch der ältere Sohn (oder Tochter) in jedem von uns da ist.

Zunächst also ein Blick auf den Jüngeren. Er lässt sich sein Erbteil auszahlen und zieht in die Ferne. Er tut, was eigentlich richtig ist: sich vom Vaterhaus und von der Mutterschürze abnabeln und sein Leben selbst in die Hand nehmen. Der Vater hält ihn weder durch Zuckerbrot noch durch Peitsche zurück. Beides wäre pädagogisch falsch.

Diese in der Pubertät und Adoleszenz stattfindende Distanzierung vom Elternhaus und dessen schützendem Dach, um die eigene Identität zu finden, ist ein gesunder Prozess, der freilich von vielen Eltern auch schmerzlich erlebt wird und mit Trauerarbeit verbunden ist. Manchmal ist es auch eine ungestüme Ablösung, wo es vielleicht jemand der Herkunftsfamilie allzu gut meint. Es ist ein gewagter Aufbruch zu neuen ungewissen Ufern, die niemand im Griff hat.

Es stimmt: Wer nichts wagt, wird sich die Finger nicht verbrennen, ob er aber glücklich wird, ist eine andere Frage. Manchmal ist es auch eine Ortsveränderung. Mir persönlich hat ein Jahr in den USA als 18-Jähriger sicherlich gut getan. Bei vielen geschieht diese Ablösung im gewohnten Umfeld. Immer geht es freilich um ein inneres Wachsen und Erwachsenwerden – mit der Übernahme der eigenen Verantwortung – aber auch mit der Gefahr, sich zu überschätzen, das Risiko nicht richtig zu bewerten, sich falsch beeinflussen zu lassen und so auf die schiefe Bahn zu kommen. So wird der jüngere Sohn zum „Mustersünder", der das väterliche Erbe gedankenlos verschleudert.

Wer weiß, was alles mitgespielt hat, dass der Jüngere schließlich bei den unreinen Schweinen gelandet ist! Wie hat er sich wohl gefühlt, wenn andere sagten: Es ist schon recht, dass er jetzt Hunger leiden muss und dass ihn die gerechte Strafe Gottes ereilt? Wie geht es uns, wenn uns in Missgeschick und bei Fehlern solches Gerede angeblich gut meinender Mitmenschen zu Ohren kommt? Ich möchte nichts beschönigen, aber solche Kommentare lassen eher noch weiter abdriften. Wer je schwierige Situationen erlebt hat, weiß, dass es nahe liegt, die Gründe dafür bei anderen Menschen oder bei den äußeren Umständen zu suchen. Selbst ist man unschuldig, aber für alles sucht man Schuldige. Dazu dienen auch alle möglichen Untersuchungsausschüsse. Einer macht den anderen zum Sündenbock und schwärzt ihn an, um selbst mit weißer Weste da zu stehen.

Der Jüngere Sohn verlangt mir Respekt ab, denn er schwärzt nicht andere an, sondern er nimmt seine eigene Verantwortung wahr und bekennt seine Schuld: „Vater, ich habe mich gegen den Himmel und gegen dich versündigt.“ Er hat erfahren: Das Leben ist ein „learning by trial and errors“, ein Lernen durch Versuch und Irrtum. Aber er ist nicht zu stolz, seine Fehler einzusehen, zu bereuen und aus seiner Erfahrung, so wie Israel durch den Exodus oder das Exil, die Güte und Liebe Gottes zu erkennen. Es brauchte wohl für ihn nach der selbstverständlich erfahrenen Herkunftsliebe diesen Umweg, um zu erkennen, dass des Vaters Haltung wirklich Liebe ist und dass das Wesentliche im Leben geschenkt ist und Geschenk bleibt.
Ist das nicht ein Stück Leben eines jeden von uns? Niemand hatte und hat die Zukunft im Griff.
Ein Stück weit brauchen wir wohl alle auf diese oder jene Weise Umwege und gelegentlich Irrwege, um aus der allzu vertrauten Herkunft, aus dem Schatten älterer Geschwister, aus Sicherheiten und geregeltem Leben zurück zu einer Wiedergeburt der eigenen Identität als freie Söhne und Töchter des liebenden Vaters zu gelangen.
Voraussetzung freilich ist, den Zeitpunkt nicht zu übersehen, die eigene Verantwortung zu übernehmen und die Konsequenzen zu ziehen. Nur so erlebt der Mensch, dass Gott ihn in die Ferne ziehen, aber nie aus seiner Liebe fallen lässt. Er fällt so in des Vaters liebende Arme und erhält als Zeichen seiner Würde als Sohn ein festliches Gewand und ein Festmahl der Freude.
Ist er nicht doch auch irgendwie sympathisch – dieser Mustersünder? Steckt nicht auch etwas von ihm in mir? Kenne ich nicht auch manche gefährliche Lebenskurve, die mich reifen und wachsen ließ?
Schauen wir auf den älteren Sohn. Für ihn gibt es keine Unsicherheiten, denn für alles ist gesorgt. Er weiß, wie er sich zu verhalten hat, denn dafür gibt es Vorschriften. Genau achtet er darauf, alle Gesetze einzuhalten und nie ein Verbot zu übertreten. Die Verantwortung lässt ihn vernünftig, strebsam und fleißig sein; sie drückt ihn aber auch nieder. Er ist darauf bedacht, dass ihm weder der Vater noch sonst jemand etwas vorwerfen kann. Er tut seine Pflicht. Außenstehende erleben ihn überkorrekt, etwas verkrampft und vor allem ohne Ausstrahlung, freudlos, wunschlos unglücklich.

So fehlt ihm auch jegliches Verständnis, dass nun für den Schweinehüter, der alles aufs Spiel gesetzt hatte, ein ausgelassenes Fest gefeiert wird. Was hat er wohl alles angestellt? Der Brave und Folgsame tat sich überhaupt schwer, Feste zu feiern, die nichts einbringen, und nichts zu tun; umso mehr versteht er ein solches Fest nicht. Ihm ist gar nicht zum Feiern zumute. Wenn doch sein Bruder eine strenge Buße bekäme und vor dem Feiern wieder arbeiten müsste! Zumindest wäre eine gewisse Anzahl von Gebeten nötig, bevor wieder alles gut wird. Aber all das zählt nicht angesichts der falschen Nachsicht des Vaters.

Wir können uns wohl ganz gut in den älteren Bruder hineindenken, denn auch er wohnt in jedem von uns. Es ist wohl auch oft die Haltung des religiösen Menschen, dessen Glauben die Moral vor die Frohbotschaft, die Aufgabe vor die Gabe, den Anspruch vor den Zuspruch setzt.
Es ist die Versuchung des praktizierenden Christen und Kirchgängers, der brav das Seine erfüllt und sich mit den Umwegen und Irrwegen anderer schwer tut.
Ist nicht auch die Amtskirche in der Versuchung des älteren Bruders, wenn sie z.B. alle geschiedenen Wiederverheirateten unterschiedslos nicht zu den Sakramenten zulässt, weil sie dem wünschenswerten Ideal nicht entsprechen, oder wenn das Kirchenrecht vor dem Heil der Seelen kommt?
Es ist aber auch die Haltung der Tüchtigen und Anständigen in der Gesellschaft, die etwa fragen: Wie kann es sein, dass auf einmal alle Arbeitslosen und gar Leistungsverweigerer ein Grundeinkommen bekommen? Wo bleibt das Vorrecht derer, die ihre Pflicht tun?
Ist aber nicht die Folge dieser Haltung die Schere, die den Spalt zwischen dem jüngeren und dem älteren Bruder, zwischen dem Bollwerk der reichen Länder und den Dritte-Welt-Ländern vergrößert?
Dennoch ist mir auch der ältere Bruder sympathisch, weil ich auch ihn teilweise in mir selbst entdecke. Und weil ich ihn als Teil meiner selbst mag, wünsche ich ihm, also mir und uns allen, heute vor allem eines: Am Verhalten des Vaters mögen wir erkennen, dass der Vater sich seine Großherzigkeit nicht nehmen lässt und dass ihm zurecht zum Feiern zumute ist, wenn eines seiner Kinder wieder zurückfindet. Der jüngere Sohn hat sich durch seinen Aufbruch und sein Wiederkommen verändert; er hat erkannt, dass der Vater zwar jeden in die Freiheit entlässt, aber nicht aus seiner Liebe. Vor allem wünsche ich dem ältern Bruder, mir und uns allen die tiefe Erfahrung, dass der Vater, also unser Gott, kein Buchalter-Gott ist, der Aufzeichnungen über die Wege und Irrwege, über die Verfehlungen seiner Kinder führt, auch wenn das manche glauben. Das heißt nicht, dass Gott ein harmlos beliebiger Gott ist, denn die Erfahrung seiner Liebe ist die radikalste Einladung, ihm darin nachzufolgen.
Die Geschichte vom barmherzigen Vater fängt am Ende erst richtig an, denn das Ende ist offen. Der Vater kommt vom Feste heraus und redet dem älteren Bruder gut zu, am Fest mitzufeiern. Ob er wohl umdenkt und den Vater größer sein lässt als sein Pflichtbewusstsein? Ob er dem Vater gegenüber wieder Sohn wird und dem Heimgekehrten gegenüber wieder Bruder?
Der Vater ist für beide offen, für den vernünftig zu Hause Gebliebenen, aber auch für den, der im Drängen nach Leben neuen Wegen sucht.
Beide Brüder tragen wir in uns. Der mütterlich-väterliche Gott ist für beide offen. Er lädt alle ein zum Feiern des Festes.

5. Fastensonntag

Phil 3,8-14; Joh 8,1-11 (Firmvorstellmesse) (21.3.2010)

Ihr habt für Eure Firmvorbereitung und für das Fest selbst als durchgängiges Leitwort „Achtung Baustelle“ gewählt. Als ich hier in St. Konrad vor 25 Jahren Pfarrer wurde, wollte ich vor allem Seelsorger sein und nicht Baumeister. Bei einer so großen Seelsorgs-Anlage blieben mir freilich auch die Baustellen nicht erspart, denn wer dachte um 1960 an Nachhaltigkeit oder wer konnte vor dem Konzil die neuen Richtlinien der Liturgie vorausahnen?
Woran denkt Ihr bei Baustellen ganz spontan? Mir fallen dazu spontan Dreck, Schmutz und Staub ein, jede Menge Absperrungen und Schilder wie „Betreten verboten“, „Es wird keine Haftung übernommen“. Dazu kommen die Leute mit Helmen, Schaufeln und Maschinen, außerdem schwere Arbeit, Kontrolle, Zeitdruck.
Vieles von dem habe ich bei unseren letzten zwei großen Baustellen erlebt, bei der Innenraumgestaltung unserer Kirche vor ca. vier Jahren und bei der Neugestaltung des Kirchenplatzes vor knapp einem Jahr. Bei der Baustelle des neuen Musiktheaters wird es nicht viel anders sein. Mancher „Häuslbauer“ hat sich die Realisierung des Traumes vom eigenen Haus romantischer vorgestellt. Jetzt freilich sind wir froh, dass wir diese pfarrlichen Baustellen hatten, denn wir alle haben Freude am schönen Pfarrheim, an der gelungenen Kircheninnenraum-Sanierung und am neu gestalteten Kirchenplatz.
Jede Baustelle ist ein Spiegelbild unseres Lebens insgesamt. Auch der Übergang von der Kindheit zum Erwachsensein ist eine solche Baustelle: da wird auch gehobelt und gehämmert und manchmal fliegen – zwischen den Eltern und Euch - die Späne. Da ist man vielleicht auch versucht, das Kinderzimmer nicht zu verlassen, sich in Mamas Hotel wohl zu fühlen und zu denken: „Der Papa wird `s schon richten!“ Das heißt aber auch: Nicht erwachsen werden wollen!

Die Firmvorbereitung und die Firmung wollen Euch Mut machen, an der Baustelle Eures eigenen Lebens Hand anzulegen. Euren guten Willen dazu zeigte ja bereits beim Firmstart der Erdhügel mit der Schaufel – als Zeichen dafür, dass Ihr zupacken und den Boden ausheben wollt. Der Schubkarren beim Elternabend wollte sagen, dass bisher Eure Eltern Euch gut geführt haben. In diesen Jahren der Pubertät und Adoleszenz kommt viel Neues über Euch, zumal in der Beziehung zum anderen Geschlecht, dass Ihr Euch manchmal wie in einem Labyrinth vorkommt, wie Ihr es gestern bei Eurem Workshop erfahren habt. Da weiß man oft nicht, wie der Lebensweg weitergeht. Die Signallampe in Euren Firmstunden zeigt Euch, wie notwendig es da ist, aufmerksam zu sein und Wichtiges von Unwichtigem unterscheiden zu können.

Ihr wollt und sollt mitmischen: dafür standen der Bautrog und das "Maurerpfandl" am Firmwochenende. Die Handschuhe, die Euch in den nächsten Wochen begleiten, sollen ein Zeichen dafür sein, dass Ihr ab dieser Woche auch in der Pfarre bei verschiedenen Aktivitäten Hand anlegt. Die Ziegel, die Ihr am Wochenende ganz individuell gestaltet habt (und jetzt vor dem Altar stehen), stehen für die Grundmauer des von Euch selbst gebauten Lebens- und Glaubenshauses. Sie ist als Fundament oder Eckstein ganz entscheidend, für die Zukunft des Hauses.
Ich möchte Euch von den biblischen Lesungen dieses Sonntags dazu ein paar Gedanken mitgeben. Wir tragen als Christen den Namen dessen, der für uns der Boden ist, auf den wir vertrauensvoll bauen können und der das beste Fundament für unser Lebenshaus hat. Es ist „Jesus Christus, der lebendige Stein, der von den Menschen verworfen, aber von Gott auserwählt und geehrt worden ist" (1 Petr 2,1.4), wie Petrus sagt. Es ist derselbe Jesus, der das bisherige Lebenshaus des Paulus auf dem Weg nach Damaskus völlig zusammenbrechen ließ und auf dem er sein neues Lebenshaus aufbaute. In der Lesung haben wir ja davon gehört: „Ich sehe alles als Verlust an, weil die Erkenntnis Jesu Christi, meines Herrn, alles übertrifft. Seinetwegen habe ich alles aufgegeben und halte es für Unrat, um Christus zu gewinnen und in ihm zu sein." (Phil 3,8)
Mit der Taufe haben Eure Eltern das christliche Fundament gelegt. In der Firmung sagt Ihr selbst Ja zu dieser Freundschaft mit Jesus. Das Zeichen dafür wird bei der Firmung der Richtbaum sein.
Damit steht der entscheidende Rohbau Eures Lebens- und Glaubenshauses, aber es ist keineswegs fertig. Ihr sollt es zeitlebens einrichten und Eurem Alter entsprechend gestalten. Jetzt sollt Ihr schrittweise Euer Kinderzimmer verlassen und Euer Leben immer mehr verantwortungsvoll in die eigenen Hände nehmen, also weder Klone der Eltern noch Erfüllungsgehilfen all derer sein, die Euch nur gebrauchen! Die Firmung besagt von Gott her, dass Ihr Originale ohne Ablaufdatum mit Ewigkeitswert seid!
Es ist tröstlich, dass selbst der Apostel Paulus über die Baustelle seines Lebenshauses sagt: „Nicht dass ich es schon erreicht hätte … Eines aber tue ich: Ich vergesse was hinter mir liegt, und stecke mich aus nach dem, was vor mir liegt." (Phil 3, 12f) ich bin gewiss, wenn Ihr auf Jesus weiterbaut, dann steht Euch eine gute Zukunft bevor, was immer passiert, denn von seiner Liebe vermag Euch nichts zu trennen.
Das Evangelium scheint für den heutigen Anlass eher unpassend. Schriftgelehrte und Pharisäer stellen eine Ehebrecherin „in die Mitte" (Joh 8,3) Wer oder was in der Mitte steht, der oder das gilt als bedeutsam und wichtig. Im heutigen Evangelium jedoch ist die Mitte der Ort der Anklage und des Prangers: alle fallen über die Frau her – außer Jesus, der den anderen sagt: „Wer von euch ohne Sünde ist, werfe den ersten Stein" und zur Frau sagt: „Ich verurteile dich nicht. Geh und sündige von jetzt an nicht mehr!"

Was steht in unserer Gesellschaft in der Mitte? Was ist wichtig und bedeutsam? Meist sind es die Zahlen, die Quoten, die Rankings, ob bei der Olympiade die ersten Stockerlplätze, bei den Medien die Einschaltziffern, beim Gesundheitswesen die Kostenfaktoren, in der Schule die besten Noten usw. - Wo bleibt der konkrete Mensch mit seinem Lächeln, mit seinen Tränen, mit seiner Freude und mit seinem Leid? Das Wesentliche ist bei bloßen Zahlen unsichtbar; man sieht nur mit dem Herzen gut!

Jesus sieht uns mit dem Herzen. Er stellt den konkreten Menschen in die Mitte, nicht um zu verurteilen, sondern um ihm beizustehen. War es am vergangenen Sonntag, der verlorene Sohn, so ist des diesmal die Ehebrecherin.

Ich darf vertrauen, dass auch ich in seiner Mitte bin, ihm am Herzen liege und er meine Lebensweg begleitet, dass dieser Weg kein Labyrinth ist, sonder ein guter Weg mit einem guten Ziel, begleitet von ihm in guten und in schweren Tagen. Gerade inmitten der Wirtschaftskrise wünsche ich Euch, liebe Firmkandidaten, dass Ihr in diesen Jahren nicht nur Wissen anhäuft, sondern auch die Herzensbildung wächst und dass Ihr in Eurem Berufsleben später nicht bloß gebraucht werdet, sondern als Personen geschätzt. Ich bin gewiss, dass Ihr mit Jesus den Weggefährten für die Baustelle Eures Lebens gewählt habt, auf den ihr bedingungslos vertrauen könnt, der uns auch nach möglichen Baufehlern immer wieder neuen Anfang schenkt und bei dem der Mensch nie bloß Mittel zu irgendeinem Zweck ist, sondern als Mensch mit absoluter Würde im Mittelpunkt steht. Er hat dies glaubwürdig bezeugt mit dem Einsatz seines Lebens.

Lasst mich meinen Wunsch für die Baustelle Eures Lebenshauses mit den Leitworten unserer Kircheninnenraumgestaltung zusammenfassen: heller, wärmer, kommunikativer.

Euer Lebenshaus möge durch Gottes Geist in der Firmung ein helles Haus sein und immer mehr werden! Jesu Wort sei Licht auf Eurem Pfade, damit Ihr mit Zuversicht in die Zukunft geht, denn „Ihr seid das Licht der Welt!“

Euer Lebenshaus möge durch Gottes Geist ein Haus sein, in dem es Euch und denen, die mit Euch gehen, so ergeht wie den Jüngern von Emmaus: Als sie traurig und enttäuscht nach dem Tod Jesu unterwegs waren und Jesus unerkannt sich ihnen anschloss, wurde ihnen warm ums Herz. Inmitten von steigender sozialer Kälte will uns Jesus Wärme und Geborgenheit schenken.

Euer Lebenshaus möge ein Haus der Kommunikation sein, ein Ort der gelungener und bereichernder Beziehung zu den Mitmenschen, auch zur Kirche als dem wandernden Volk Gottes. Es liegt auch an Euch, dass Ihr auch in der Kirche mitmischt und das Antlitz nicht nur der Erde, sondern auch der Kirche durch Euch erneuert wird. Amen!

Gründonnerstag

1 Kor 11,23-26; Joh 13,1-15 (5.4.2007)

Ich sollte gestern nach der Ölweihmesse im Mariendom für einen Radiosender ein Interview über die Bedeutung des Gründonnerstags geben. Aber die Journalistin interessierte sich nur für den Namen des Tages und was das mit dem Spinat am heutigen Speisezettel zu tun habe; dann fragte sie, ob auch ich heute Spinat essen würde, und wenn nicht, was die Alternative auf der Menüliste mittags wäre. Mit Müh und Not gelang es mir noch, einen Halbsatz über die Bedeutung des Gründonnerstags anzufügen. Ich versuchte es mit Humor zu nehmen, aber ehrlich gesagt stimmte es mich ziemlich traurig.

Ich bin zutiefst überzeugt, dass das Geschen des heutigen Tages zum Fundament unseres christlichen Glaubens gehört. Es geht nämlich um das Testament Jesu, also um das was ihm angesichts des Todes ganz wichtig ist, was er uns also schenken möchte und worin sein letzter Wille besteht. Da scheiden sich Spreu und Weizen – wir erleben gleichsam die Quintessenz seines Lebens. Setzten sich Machtmenschen in Pyramiden, Brücken und Straßennamen ein Denkmal, so hinterließ uns Jesus ein Denkmal anderer Art – in zwei Zeichen, in denen er sein Leben symbolisch zusammenfasste: in der Fußwaschung und in der Eucharistie.

Beide sind revolutionäre Zeichen äußerster Liebe und Solidarität mit den Menschen – gegen eine Welt des Turmbaus zu Babel, also gegen eine Welt des Aus- Gegen- und Nebeneinanders für eine Welt des Mit- und Füreinanders, für eine Welt der Liebe und Gerechtigkeit.

Werfen wir einen Blick auf beide Zeichen.

Da ist zunächst die Fußwaschung, die lange Zeit auch für ein Sakrament gehalten wurde. Wie wichtig die Füße sind, habe ich vor vier Jahren auf dem Jakobsweg leibhaftig verspürt und teils auch erlitten. Auch unsere Sprache weist vielfach auf deren Bedeutung, angefangen von der schlichten Frage „Wie geht es Dir?“ über zahlreiche Worte, die mit stehen und gehen zu tun haben und deshalb auf die tiefere Bedeutung unseres Gehwerkes hinweisen, etwa verstehen, ausgehen, angehen, aufgehen, vergehen, abgehen, nachgehen, miteinander umgehen.

Wenn Jesus seinen Jüngern die Füße wäscht, dann ist das die Folge seines Einzugs nach Jerusalem auf einem Esel, dem Reittier der Armen, nicht auf dem hohen Ross der Reichen und Mächtigen. Er tut den Dienst eines Sklaven und kehrt damit die Herrschaftsverhältnisse von Herr und Knecht, die alle politischen, ökonomischen und sozialen Beziehungen bis heute durchziehen, um. Das Mehr lebt nicht vom Weniger des anderen, sondern er wird zum Diener aller, indem Jesus sich bückt, klein wird und sich selbst schmutzig macht.

Dies ist zunächst Gabe und Zuspruch von Jesus her an uns, dann freilich auch Aufgabe und Anspruch an alle, die ihm verbunden sein wollen. Fußwaschung als Dienst aneinander ist Erbe und Auftrag.

Vor die Alternative gestellt, einander den Kopf oder die Füße zu waschen, hat der Christ keine Wahl: er ist zunächst beschenkt, dann aber auch in die Pflicht genommen. Ja, die Menschheit hat eigentlich keine Alternative, will sie nicht im unseligen Turmbau zu Babel weiterhin Raubbau an sich und der Welt betreiben. Wir Christen sind in besonderer Weise berufen, in Jesu Nachfolge der Welt zu dienen, denn eine Kirche, die nicht dient, dient zu nichts.

Wenn ich heute den neugewählten Pfarrgemeinderatsmitgliedern die Füße wasche, so möge es mehr als ein leeres Ritual sein. Es ist die Einladung, das übertragene Mandat in der Gesinnung Jesu anzunehmen –zum Wohle der Menschen hier in unserm Pfarrgebiet und darüber hinaus. Jesu Mandat (dies ist das Wort für Gebot) heißt: „Liebt einander wie ich euch geliebt habe."

Nun zum zweiten Zeichen der revolutionären Liebe zu den Menschen: die Eucharistie.

Essen und Trinken ist bei allen Kulturen mehr als bloße Nahrungsaufnahme. Es war immer schon Ausdruck, dass gelingendes Menschsein nur in Gemeinschaft möglich ist. Brot und Wein sind nicht nur körperliche Lebensmittel für den leiblichen Hunger, sondern zutiefst Lebens-mittel zum mitmenschlichen Leben, die, indem sie Gemeinschaft stiften, das Herz des Menschen erfreuen. Alles, was uns wichtig und bedeutsam ist, verbinden wir mit einem Mahl, angefangen vom Taufmahl bis zum Totenmahl.

Brot und die entsprechende Mahlzeit möchten uns verwandeln zu Menschen, die füreinander da sind.

Wenn sich Jesus uns in der Fortführung und Aufgipfelung des jüdischen Ostermahles als Brot und Wein schenkt, so werden die eucharistischen Gaben zum Realsymbol seiner Lebenshingabe. Er schenkt sich darin ohne Vorbehalt. Jesus ist darin das JA Gottes zu uns in letzter unwiderruflicher Verbindlichkeit.

Auch das ist zunächst Geschenk und Vorgabe, Gottes Vermächtnis und Testament der Liebe an uns. Wenn wir es zu seinem Gedächtnis immer wider neu feiern, ist es jedoch auch eine gefährliche Erinnerung, selbst füreinander zum Brot zu werden.

Jeder Mensch steht vor der Alternative, ein „Eigenbrötler" zu sein, wie die Sprache sagt, also nur auf das eigene Brot bedacht zu sein (nach dem Motto: die Welt ist schlecht: jeder denkt an sich, nur ich denke an mich!), seine EGO-AG zu pflegen und in dieser egoistischen Verengung zum Brotraub und Brotneid beizutragen und dadurch eine erste, zweite und dritte Welt entstehen zu lassen – oder ein "Cumpanis", ein Brot- und Tischgenosse , ein Kumpel, wie es umgangssprachlich heißt, zu sein und immer mehr zu werden, also an einem Tisch die Mühe, mit dem das tägliche Brot verdient wird, aber auch das Geschenk das Brotes zu teilen und aus dieser Gemeinschaft um den einen Tisch wirklich ein Kumpel zu sein, der für die anderen durch Dick und Dünn geht, so wie es Jesus selbst in äußerster Solidarität mit uns Menschen getan hat.

Wir Christen rund um diesen Tisch des Altares haben keine Alternative als "Cumpanes", also Brot- und Mahlgemeinschaft zu sein und somit dem Testament unsers Herrn zu entsprechen. Weil Christus selbst als Lebensmittel und Lebens-Mitte unter uns bleibt, weil er mit uns lebt, dürfen wir dem Leben trauen und erhalten die Kraft, uns aus dem Teufelskreis des babylonischen Turmbaues zu befreien und uns wandeln zu lassen zu Menschen, die hier und jetzt, nicht in einem virtuellen „second life“, offen sind zur Wandlung der Herzen und der Verhältnisse. Amen.

Karfreitag

Jes,52 - 53,12; Hebr 4,4-16; 5,7-9; Jo 18,1-19,42 (2001))

Wir haben es wohl alle in diesen Tagen gehört: Das niederländische Parlament hat mit großer Mehrheit die aktive Sterbehilfe legalisiert. Wenn ein Patient unerträglich leidet, aussichtslos krank ist und mehrfach ausdrücklich darum gebeten hat, so kann ein Arzt nach Beratung mit einem Kollegen diesem Wunsch nach Sterbehilfe nachkommen.
Manche meinen, in Österreich sei das kein Thema. Ich zweifle stark daran, denn einer Umfrage des Linzer IMAS-Institutes zufolge befürworten fast 50 Prozent der Österreicher eine entsprechende Regelung auch für unser Land. Wer sich dagegen ausspricht, läuft vielleicht sogar Gefahr, dass er verdächtigt wird, wie ein Eisblock sich nicht vom traurigen Schicksal so mancher Todkranker berühren zu lassen und auf kalten Prinzipien der Ethik herumzureiten.
Ob wirklich immer nur das unerklärliche Leid das bewegende Motiv zu aktiver Sterbehilfe ist, bleibt freilich fragwürdig, wenn etwa zugleich zu lesen ist, wie ein australischer Arzt sein Schiff unter holländischer Flagge fahren lassen will, um darauf eine auf allen Meeren bewegliche Sterbehilfeklinik mit aktiver Sterbehilfe anzubieten. - Kommen die Todkranken nicht unter Zwang, ihren Angehörigen nicht mehr zur Last zu fallen und von sich aus das Feld zu räumen, wo einmal dieser Damm des Respektes vor der Unantastbarkeit jedes menschlichen Lebens gebrochen ist? Bewirken nicht auch die aufwendigen Kosten der langen Pflege auf die Sterbenskranken einen Druck, den Prozess abzukürzen, wenn doch der Staat eine einfache Lösung vorgesehen hat und die Angehörigen wenn schon nicht auf das Erbe, so doch ungeduldig auf ein Ende des Leidens warten?

Warum ich das heute am Karfreitag erwähne? - Weil wir Christen doch sonderbare, ja komische Leute sind, die das Todesleiden - zumindest in der Liturgie - sogar noch feiern, statt zu helfen, dass

es möglichst schnell aktiv abgekürzt wird? Ist das nicht eine falsche, menschenfeindliche Leidensmystik, die sich zu wenig gegen das Leid zur Wehr setzt?
Wir haben eben in den Lesungen von ein paar Kandidaten gehört, die den Kriterien aktiver Sterbehilfe entsprechen: Menschen mit einem aussichtslosen und unerträglichen Leiden: Da ist der Knecht Gottes aus der Lesung bei Jesaja. Von ihm heißt es: er war so entstellt, dass seine Gestalt nicht mehr die eines Menschen war; er wurde verachtet und von den Menschen gemieden, ein Mann voller Schmerzen, mit Krankheit vertraut.
Wenn es von Jesus selbst im Hebräerbrief, der 2. Lesung, heißt, dass er mit lautem Schreien und unter Tränen Gebete und Bitten vor Gott hingebracht hat, kann man erahnen, dass er offenbar am Rande seiner Kräfte gestanden ist, wie uns ja ausführlich in der Passionsgeschichte nach Johannes geschildert wird.
Dieser Knecht Gottes wäre fürwahr ein Kandidat für die aktive Sterbehilfe gewesen! Eines jedoch fehlte ihm: so sehr er bewusst und konsequent seinen Weg ging, er äußerte nicht den Wunsch nach aktiver Sterbehilfe, er trug vielmehr sein Leiden in letzter Konsequenz; nicht sein Wille, sondern Gottes Wille sollte durch ihn geschehen!
Zu Recht dürfen wir fragen: in welcher Konsequenz trug er sein Leiden? Etwa reiner Abenteuerlust oder verwegenen Draufgängertums? In der Konsequenz einer Allmachtsfantasie, nicht zu sterben, oder gar in Selbstzerstörungstrieb? Und ist Gottes Wille etwa Leid um des Leidens willen? Ist das nicht ein grausamer Gott?
Falls wir einen Tod solcher Konsequenz feierten und wenn dieser Gott ein ins Leid verliebter Gott wäre, würden wir zu Recht belächelt und verlangte man zu Recht, das Kreuz von unseren Wänden wegzunehmen. Niemand könnte uns verstehen!

Verstehen im Sinne von Begreifen tun wir es wohl selbst auch nicht. Der einzige Zugang ist und bleibt die Liebe des Knechtes Gottes zu Gott und zu den Mitmenschen. Es bleibt ein unergründliches Geheimnis, warum Gott die Unschuldigen scheitern lässt. Er greift nicht ein, weder durch Blitz und Donner auf die Missetäter noch durch aktive Sterbehilfe für die Leidgequälten. Indem letztere aber keine Rache und Vergeltung ausüben, ihren Mund nicht auftun und selbst im Tode noch ihren Peinigern verzeihen und am Vertrauen nicht irre werden, können wir in ihnen etwas von Gott selbst ahnen. Sie alle weisen hin auf den Sohn Gottes selbst.
In Jesus Christus ist Gott tatsächlich mitten unter uns als der, der mitfühlen kann mit unserer Schwäche und der mit allen, aber vor allem mit den Leidenden und Kranken, den Verzweifelten und Ausgestoßenen solidarisch ist und ihnen auch noch in ihrem leidvollen Dasein Würde und Ansehen verleiht. Gott ist also selbst einer, der nicht als mächtiger Despot über uns thront und einfache Lösungen, womöglich 'Endlösungen' bevorzugt, sondern einer, der in der Ohnmacht der

Liebe mit uns mitfühlt, mit unserem Leid und Elend solidarisch, mit unserer Krankheit vertraut ist und unsere Sünden trägt.

'Wer nicht liebt, hat Gott nicht verstanden, denn Gott ist die Liebe.' (1 Jo 4,8) Gott kann deshalb nichts anders als Liebe schenken. Das Kreuz und der Tod Jesu sind die konsequente Folge dieser Liebe, des Weizenkorns, das aus Liebe in die Erde gefallen ist, um reiche Frucht für uns zu bringen. Wer je Liebe erfahren hat, hat Zugang zu den Worten Erich Frieds, die zutiefst auch vom heutigen Karfreitagsgeschehen gelten:

Es ist Unsinn
sagt die Vernunft
Es ist was es ist
sagt die Liebe
Es ist Unglück
sagt die Berechnung
Es ist nichts als Schmerz
sagt die Angst
Es ist aussichtslos
sagt die Einsicht
Es ist was es ist
sagt die Liebe
Es ist lächerlich
sagt der Stolz
Es ist leichtsinnig
sagt die Vorsicht
Es ist unmöglich
sagt die Erfahrung
Es ist was es ist
sagt die Liebe

Diese Botschaft der Liebe ist gerade heute von größter Aktualität, wo uns der Zugang zu Krankheit und Leid schwer fällt, die moderne Wissenschaft neue Allmachtsfantasien beflügelt und die Gesellschaft nach einfachen Lösungen ruft.

Wir dürfen dankbar sein für die neuen Möglichkeiten der Medizin, etwa auch durch die Gentechnik, aber wir müssen uns wehren gegen Scheinlösungen, die vor der Unantastbarkeit menschlichen Lebens nicht Halt machen. Wir müssen unsere medizinischen Bemühungen in Richtung der Palliativmedizin sogar noch wesentlich verstärken, also alles tun zur Schmerzbekämpfung; vor allem aber ist das Verlangen nach aktiver Sterbehilfe der versteckte Schrei nach menschlicher Nähe und Begleitung, um in Würde sterben zu können, wie es die Erfahrung der Hospizbewegung immer wieder belegt.

Jeder Mensch ist im Voraus zu seinen Leistungen von Gott bedingungslos geliebt und bejaht. Menschliches Leben muss heilig bleiben und steht weder an seinem Anfang noch an seinem Ende zur Disposition; diese Würde kommt allen zu, unabhängig von der Einschätzung anderer oder der Selbsteinschätzung, den Geborenen und Ungeborenen, den Gesunden und Kranken, den Behinderten und Sterbenden.

Das Karfreitagsgeschehen besiegelt diese Sicht auf unüberholbar dramatische Weise, denn Gott teilt darin das Schicksal des Menschen auch "in Misserfolg und Leid bis in die Unausweichlichkeit von Kreuz und Tod hinein. Er ist auch noch bei dem Menschen, der nichts mehr leisten kann, der verkannt wird, der in den Augen der Menschen scheitert, der an das Schicksal seiner Krankheit oder Behinderung gebunden ist, der stirbt".

Freilich, der Karfreitag allein vermag nicht einfache Lösungen wie die der aktiven Sterbehilfe zu verhindern. So müssen wir auch heute schon einen Blick auf die Kehrseite der Medaille werfen, auf den Sieg der Liebe in der Auferweckung des Herrn. Weil uns Gott auch in Leid und Tod die Treue hält und uns nicht fallen lässt, geht uns ein neues Licht auf: "Krankheit und Behinderung, Leiden und Sterben sind bei allem Schmerz kein sinnloses Schicksal, sondern können als Teil unseres Lebens erfahren und angenommen werden."(Wort der deutschen Bischöfe zur Gentechnik vom 6.3.2001)

Das Kreuz ist nicht die Antwort auf alle Fragen, vor allem nicht auf die Frage des 'Warum?' Es ist aber mehr Trost als die Abkürzung im selbst gewählten Tod. Das Kreuz entzaubert moderne Machbarkeits- und Erlösungsfantasien. Es verweist darauf, dass Leid und Tod zum Leben gehören, aber zugleich, dass beide nicht zum Verzweifeln sind, denn wir wissen um Gottes Solidarität mitten im Leiden und Sterben und wir dürfen - mit Paulus - überzeugt sein, 'dass die Leiden der gegenwärtigen Zeit nichts bedeuten im Vergleich zu der Herrlichkeit, die an uns offenbar werden soll' (Röm 8,18) und dass der Tod seinen Stachel verloren hat und wir Gott danken dürfen, 'der uns den Sieg geschenkt hat durch Jesus Christus' (1 Kor15,57).

Unsere Menschlichkeit wird sich auch in Zukunft nicht an der Fähigkeit bemessen, Krankheit und Leid technisch zu beherrschen, sondern daran, ob es uns gelingt, Menschen mit unheilbaren Krankheiten und Leiden in unser Gemeinwesen zu integrieren und sie, unabhängig vom Grad ihrer körperlichen und/oder geistigen Behinderung in ihrer Menschenwürde im Leben und Sterben zu achten. Das Karfreitagsgeschehen will es uns ermöglichen. Amen.

Osternacht

Gen1,1-2,2; Jes 54,5-14; Röm6,3-11; Lk 24,1-12 (4.4.2010)

Gestern noch haben wir das Kreuz verehrt – nicht in dem Sinne, als hätte nach Gottes Willen das Kreuz sein müssen oder als ob wir uns ein Kreuz auferlegen müssten, um bei Gott Gnade zu finden. Jesus hat das Kreuz nicht gesucht. Er ist ihm aber auch nicht ausgewichen, nur um die eigene Haut zu retten. Er stand zu seiner Überzeugung und zu seiner Sendung, er lebte in letzter Konsequenz die Liebe zu Gott und den Menschen, auch unter „Schmerz und Todesbangen“ am Schandpfahl der Verbrecher.

Heute feiern wir, dass diese Treue und Hingabe, diese Solidarität und Liebe Jesu nicht ins Leere gingen. Gott hat dazu sein Ja gesagt: in der Auferstehung Jesu. Es ist zunächst ein Ja zu Jesus selbst und damit auch zur ewigen Bedeutung der Menschheit Jesu, aber es ist darin auch Gottes Ja zu allen Menschen.

In der ersten Lesung von der Erschaffung des Menschen aus dem Buch Genesis ist uns keine Antwort auf die Fragen der Naturwissenschaft gegeben, wie sie sich bis heute etwa in der jüngsten Teilchenbeschleunigung in Zürich stellen, aber es ist uns zugesagt, dass die Erde und alles auf ihr und um sie herum, jeder Himmelskörper, jede Pflanze, jedes Tier, jeder Mensch nicht ein Zufall, sondern von Gott gewollt und gut ist und dass darum alles Leben letztlich Sinn macht. Wenn es nach der Erschaffung des Menschen heißt „Gott sah alles an, was er gemacht hatte: Es war sehr gut", so verbürgt die Auferstehung Jesu, dass der Wunsch nicht der Vater des Gedanken ist. Auch anbetracht des oft so sinnlosen Leidens und auch der durch weltliche und kirchliche Schuld verursachten Verletzungen ist dieses Sehr-Gut-Sein nicht bloß eine nostalgische Paradieses-Erinnerung, sondern eine von Gott in Jesus Christus besiegelte ewige unwiderrufliche Wahrheit.

Die zweite Lesung aus Jesaja lässt Gott sagen „Mit ewiger Huld habe ich Erbarmen mit dir…Du brauchst dich nicht mehr zu fürchten." Unsere Hoffnung ist nicht ein Prinzip, eine Formel oder ein Dogma, es ist Gottes ewige Huld, die uns im vom Tode auferweckten lebenden Jesus Christus zuteil wird, denn in ihm hat Gott uns alles geschenkt. Von seiner Liebe vermag uns wirklich nichts mehr zu trennen. Diese unbedingte Liebe des mütterlich-väterlichen Gottes in Jesus dürfen wir heute auch unserem Täufling Lara zusprechen. Ich freue mich, dass Du, liebe Lara, von Dir aus gesagt hast, ein Jesus-Freund werden zu wollen. Du hast die beste Wahl getroffen.

Die Auferstehung Jesu ist nicht in Worte zu fassen, der Herr selbst ist auch nicht festzuhalten, denn Auferstehung ist nicht Verlängerung dieser Welt, sondern Einbruch der neuen Welt, die unsere Fassungs- und Vorstellungskraft sprengt. Es sind eher stammelnde Bilder, in denen die Zeugen davon berichten, als begreifbares Wissen.

Eines dieser Bilder ist der weggewälzte Stein. Als die Frauen in aller Frühe zum Grab gingen „sahen sie, dass der Stein vom Grab weggewälzt war". Einmal werden alle hinderlichen und blockierenden Steine weggeräumt sein. Die Kraft der Auferstehung erfahren wir aber auch schon hier und heute, wo wir manche auf uns lastende Steine wegwälzen lassen, weil wir uns nicht mehr fürchten.

Das kann z.B. der Stein des Perfektionismus sein, der mir zusetzt und mich ständig überfordert, der Stein der übergroßen Verantwortung, weil ich meine, alles alleine und bestens selbst tun zu müssen – bis dahin, dass ich down, niedergedrückt und ausgebrannt bin.

Es kann der Stein des ständigen Vergleichens sein, der mich belastet, weil ich nur die Fähigkeiten der anderen sehe und die eigenen übersehe. Oder ist es ein Stein vergangener Schuld, der mich blockiert und mich hindert, aus mir herauszugehen?

„Du brauchst Dich nicht mehr zu fürchten.“ Der Glaube an die Auferstehung will in meinem Leben ein Befreiungsschlag sein, in dem Gottes Engel die Steine von mir nehmen, die mich erdrücken und mir den Atem rauben. Ich bin von Gottes ewiger Liebe unwiderruflich angenommen. Ich bin nicht, weil ich viel leiste, alles perfekt mache, die Zuwendung anderer verdiene, sondern ich bin, weil ich geliebt bin.

Wenn das Kind Lara heute getauft wird, erinnert uns das an Jesu Einladung: „Wenn ihr nicht werdet wie die Kinder, könnt ihr in das Reich Gottes nicht eingehen.“ Kinder sind offen für die Wirklichkeit der Auferstehung, denn sie kennen diese Steine nicht. Wir dürfen von ihnen wieder neu das Urvertrauen lernen, das in der Auferstehung begründet ist und einen konkreten Namen hat: Jesus Christus.

Auf der Kirche lasten momentan viele bedrückende Steine, bei denen kein Wegschauen hilft. Der Heilige Geist, der Jesus auferweckte, möge die Steine der Machtausübung, eines einengenden Moralkorsetts und eines übertriebenen Zentralismus wegräumen und als Geist der Gemeinschaft in der Kirche echte Teilnahme und Mitentscheidung auf allen Ebenen auslösen, damit Leitung im Sinne Jesu Dienst am Menschen sei. Frauen waren die ersten Zeugen der Auferstehung; sie mögen auch heute voll eingebunden werden!

Der Evangelist Matthäus berichtet, dass durch den Auferstehungsengel nicht nur der Stein weggewälzt wurde, sondern dass auch die Wächter am Grab zu zittern begannen und wie tot zu Boden fielen (Mt 28,4). Ich bin überzeugt, das jede und jeder von uns solche inneren Wächter hat, die die Erfahrung von Auferstehung und neuem Leben verhindern.

Solche Wächter sind vielleicht der Zwang, es allen recht machen zu wollen oder auch die Schuld immer bei sich zu suchen. Auch fixe Denkmuster und festgefahrene Abhängigkeiten und Vorurteile können solche lebensbehindernde Wächter sein.

Ich wünsche uns allen von Herzen, dass die Macht der Auferstehung Jesu diese eigenen inneren Wächter erzittern lässt und entmachtet, uns alle Enge und Angst nimmt und hier und jetzt – wie Kinder – das Leben neu und befreit genießen lässt.

Ich wünsche der Kirche, dass sie nicht bloß die Wächter der Moral und lebensferne Ideale aufstellt, wo doch Menschen der Kirche selbst schwere Schuld af sich geladen haben. Durch die österliche Frohbotschaft möge sie vielmehr den Menschen helfen, dass ihr Leben glückt und sie die ihnen nächstmöglichen guten Schritte gehen können - in der Hoffnung auf die Fülle des Lebens. Es mögen uns in diesem schmerzhaften und mühevollen Prozess auch der lange Atem der Liebe und der Geist der Geduld geschenkt sein, das Ziel im Auge zu behalten und gleichzeitig beharrlich das Notwendige und Mögliche zu tun. - Mögen wir mit Paulus bitten: „Christus will ich erkennen und die Macht seiner Auferstehung.“ (Phil 3,10)

Wir haben unseren Kirchenraum vor gut drei Jahren unter den drei Leitworten „heller – wärmer – kommunikativer“ erneuert. Seither haben wir das herrliche Auferstehungs-Glasfenster von Maria Moser. Lassen wir das Licht des Auferstandenen in die Dunkelheiten und Niedergedrücktheiten unseres Lebens und der Kirche leuchten – und das Leben wird gewiss heller. Lassen wir Jesus mitgehen auf den Emmaus -Wegen unseres Lebens, wenn wir meinen, es geht nicht mehr weiter – und wir werden erfahren, dass es uns in seiner Näher wärmer ums Herz wird.
Laden wir ihn wie die Jünger von Emmaus ein, bei uns zu bleiben, und er wird sich selbst uns schenken in der Kommunion und uns mit dieser Frohbotschaft zu den Brüdern und Schwestern senden; er wird unser Leben und unsere Kirche kommunikativer machen.
Mögen wir alle erfahren, dass Gott durch die Auferstehung unser aller Leben heller, wärmer und kommunikativer - mit einem Wort „erlöster“ - macht. Das wünsche ich uns allen von Herzen, besonders unserem lieben Täufling Lara. Amen.

Ostersonntag

Kol 3,1-4; Jo 20,1-19 (8.4.2007)

„Es ist, was es ist.“ Dieser bekannte Satz von Erich Fried über die Liebe gilt zunächst einmal für das Leben überhaupt: „Es ist, was es ist.“ Oder wie die Franzosen sagen: C`est la vie! - Das Leben ist durchmischt mit Ups and Downs, mit Zuwachs und Abschieden, mit Leben und Tod, ja letztlich ist es, wie der Philosoph Martin Heidegger nüchtern feststellt, „ein Sein zum „Tode“. In der Antike meinte man wohl dasselbe, wenn man vom Leben als Odyssee und labyrinthische Ausweglosigkeit sprach, von der Sackgasse des Sterbens.
Es ist deshalb auch nicht verwunderlich, dass seit Menschengedenken, nach dem Kraut der Unsterblichkeit gesucht wurde, also nach der Medizin, die unauslöschlich macht, nach dem Stein der Weisen, der die Antwort auf die Frage des Warum des Todes gibt, nach dem Schwert, das den Gordischen Knoten des Todes zerschlägt und unzerstörbare Zukunft verheißt.
Allgemein finden wir diese Suche bis heute in der noch immer weit verbreiteten Wissenschaftsgläubigkeit, die etwa in der Erforschung des Gen-Codes einen Schlüssel zu dieser Zukunft erhofft. Es geht so weit, dass sich reiche Leute einfrieren lassen, um durch solche zukünftigen Lebens-Mittel neu auferweckt zu werden.

Freilich scheint dieser Sieg eher in weite Ferne zu rücken, denn die Aufklärung schlägt zurück und bereitet uns für die Zukunft eher negative Aussichten, sprich CO2 Ausstoß, Klimawandel, Ressourcenknappheit, Atommüll-Endlagerung und vieles mehr.

Das Fazit heißt: Wir finden nicht den Stein der Weisen. Der Stein des Grabes bleibt innerweltlich da. Wir sind sterblich und im eigenen System gleichsam Gefangene, auch wenn uns eine Verschiebung quantitativer Art, etwa größerer Lebenserwartung, gelingen mag.

In diesem von uns geschlossenen System wäre Jesus nur ein Hingerichteter mehr, die Geschichte Jesu wäre mit dem Karfreitag zu Ende. Er wäre verwest und wäre im wahrsten Sinn des Wortes ein Gewesener!

Bischof Manfred Scheuer kleidet es in die Worte:

„Das würde aber bedeuten, dass Gott nicht in die Geschichte eingreift, dass er entweder nicht imstande oder nicht willens ist, diese unsere Welt, dieses unser menschliches Leben und Sterben zu erreichen. Dann wäre auch die Liebe nichtig, ein leeres Versprechen. Es gäbe kein Gericht und keine Gerechtigkeit. Wenn es keine Auferstehung gäbe, dann wäre Liebe und Hass einerlei, Gut und Böse eine Frage der Konjunktur, Leben oder Tod ein Problem der Evolution, Wahrheit oder Lüge eine Frage der Perspektive. Man könnte nicht unterscheiden zwischen Mördern und Opfern, zwischen Herren und Knechten, zwischen Starken und Schwachen. Alles wäre in einem Topf. Es würde bedeuten, dass nur der Augenblick zählt und dass die Gerissenen, die Schlauen, die Gewissenlosen Recht haben und Recht behalten".

„Es ist, was es ist" Erich Fried sagt diese Worte ursprünglich vom Geheimnis der Liebe. Liebe ist und bleibt auch der einzige Schlüssel, der dieses geschlossene System unserer Welt sprengt und der allein einen Zugang zum Geheimnis des heutigen Festes schenkt, zur Tatsache der Auferstehung unseres Herrn. Dieses Geschehen ist freilich nur dem zugänglich, der je Liebe erfahren und Liebe weitergegeben hat, denn es sprengt die „Hardware" der Welt. Auferstehung gehört sozusagen zu den soft facts, zur „Software", zur Sinngebung dieser Welt, die sie zugleich überschreitet. - Wehe einer Welt, in der es die Liebe nicht mehr gibt!

Um dieses Wehe zu verhindern, um unserer Welt die Liebe ein für allemal und endgültig einzustiften, hat Jesus sämtliche Wehe-Rufe auf sich genommen, haben ihn diese Wehe-Rufe voll und ganz getroffen und hat er aus Liebe zu den Menschen sein Herzblut für diese Welt gegeben. So heißt es in der Schrift: Gott hat ihn zur Sünde gemacht. Das ist die Kehrseite des anderen Verses:„So sehr hat Gott die Welt geliebt, dass er seinen einzigen Sohn für sie dahingab, damit er sie rette." (Jo 3,16)

Die Auferstehung Jesu ist der Erweis Gottes, dass die Liebe stärker ist als der Tod. Es die Bürgschaft Gottes dafür, dass Liebe nicht ins Leere geht, sondern die Fülle des Lebens bewirkt. Ostern ist das Fest, an dem uns Gott in Jesus als innerstes Geheimnis, das die Welt zusammenhält, die Liebe offenbart und sie selbst dieser Welt einstiftet.

Der Zugang dazu ist freilich nicht machbar, produzierbar, versicherbar oder verfügbar, wie man auch zwischenmenschlich nicht über die Liebe des anderen verfügen kann, sondern sie nur „in der Schwebe des Lebendigen“ (Max Frisch) geschenkt ist.

So sind es auch heute im Evangelium zwei Menschen, von denen es ausdrücklich heißt, dass sie in liebender Beziehung zu Jesus gestanden sind, denen die Wirklichkeit des Auferstehung offenbar wird: Johannes und Maria von Magdala:
Johannes ist der Jünger, von dem es immer wieder heißt, dass ihm in besonderer Weise die Liebe Jesu galt und auch umgekehrt. Von ihm berichtet das Evangelium: „Er sah und glaubte.“ Jesus und er haben sich auf der Wellenlänge der alles Systeme sprengenden Liebe getroffen und so wurde er auch von der Auferstehung heilsam betroffen.
Auch für Maria von Magdala beginnt Ostern mit Zweifeln und Weinen. Dass jetzt alles „Aus“ ist, trifft Maria so heftig, dass sie Jesus nicht erkennt und zunächst meint, den Gärtner zu sehen. Als sie aber ihren Namen und den unverwechselbaren Klang der Stimme Jesu hört, wendet sie sich nochmals um. Diese Wendung zu Jesus hin ist der Anfang des Osterglaubens. Nicht des Menschen Umwendung ist Ostern, der Wunsch ist also nicht der Vater des Gedanken, sondern Ostern ruft die Umwendung des Menschen hervor.
„Maria“ – es könnte genauso mein Name sein, der Name, den mir meine lieben Eltern bei der Taufe gegeben haben und mit dem mich letztlich Gott ruft. Wie Maria wird jeder Glaubende freilich erfahren: Der lebende Christus ist kein Glück zum Festhalten! Maria muss Jesus gehen lassen, denn Ostern ist nicht die Verlängerung des Bisherigen, sondern eine ganz neue Dimension, die das System unserer Welt sprengt.
Es ist kein innerweltliches Kraut der Unsterblichkeit, kein neues Medikament der Unverweslichkeit, kein Auferstehungs-Gen und auch kein irdisches Schwert, das den gordischen Knoten löst. Es ist etwas grundlegend Neues. Jesus geht zu seinem und unserem Vater. Seither sind wir Gottes Kinder und untereinander Geschwister - mit dem Auftrag, einander hier auf Erden beim Namen zu rufen, d.h. einander zu lieben, damit hier auf Erden bereits unser leben sich österlich wendet und wandelt.

„Richtet euren Sinn auf das Himmlische und nicht auf das Irdische“, heißt es in der Lesung. Damit ist keine Vertröstung auf das Jenseits gemeint, sondern die Offenheit, für diese neue Dimension der Auferstehungswirklichkeit, kraft derer wir auch hier auf Erden die Welt in Liebe und Gerechtigkeit stückweise zu gestalten vermögen.
Ich wünsche Ihnen von Herzen, dass wir verstehen, was mir ein Freund in diesen Tagen geschrieben hat: „Alle guten Wünsche zum Hören der Botschaft vom leeren Grab am Ostermorgen und – wenn dir die Gnade geschenkt wird – zum risus paschalis (Osterlachen), der eigentlich viel zu

wenig geübt wird. Nicht ‚Ecclesia militans', nicht ‚Ecclesia triumphans', nicht ‚Ecclesia patiens' oder ‚Ecclesia peregrinans', sondern ‚Ecclesia ridens'".

Es gibt vieles, was uns das Lachen im Hals abwürgt. Ostern verkündet keine virtuelle „second life", flieht also nicht aus dieser auch leidvollen Welt. Der Auferstandene ist der für uns Gekreuzigte und mit den Wundmalen Gezeichnete. Mit dem Gekreuzigten gehen wir den Weg durch Ausweglosigkeit, Trauer und Schmerz auf die neue Welt zu.

Nicht die Fratze des Todes grinst am Ende, sondern Gott lacht sein österliches Lebenslachen. Wir dürfen den Tod verspotten, denn Ostern ist das Fest des Lebens. Wer zuletzt lacht, lacht am besten.

In diesem Sinn wünsche ich Ihnen diesen in Ostern begründeten Humor und tiefe österliche Freude. Amen.

Ostermontag

1 Kor 15,1-8.11; Lk 24,13-35 (5.4.2010)

Immer wieder stellt sich die Frage nach dem Sinn des Lebens, besonders angesichts von Leid und Tod. Hiob ist überall und jederzeit. Die Menschen haben darauf verschiedenste Antworten gegeben: Leid als Strafe und folge von Sünden; Medizin für die Gerechten; Preis der Liebe und Freiheit; schule des Lebens, ... alles sind Teilaspekte, aber nicht die Antwort! Die Freunde von Hiob haben nicht Recht bekommen. Die Jünger von Emmaus stellen sich auch diesen Fragen. Sie sind Bild für uns Menschen unterwegs.

Der Fremde, der sich zu ihnen gesellet, deckt ihnen den Tisch des Wortes, „ausgehend von Mose und den Propheten", und eröffnet ihnen einen neuen Zugang zu den Heiligen Schriften, so dass ihnen warm ums Herz wurde und sie gestärkt durch sein Wort und das Mahl mit ihm alle Angst verlieren und neu dem Leben (ver-)trauen. - Zunächst freilich hat er sie einfach begleitet und sie konnten ihr Herz ausschütten und alles frei von der Leber weg reden, ohne sich genieren zu müssen, denn er erhob nicht den moralischen Zeigefinger. Sie konnten ihren enttäuschten Hoffnungen nachgehen; so ist ihnen aufgegangen, dass nicht nur der Mensch auf Umwegen und manchen Irrwegen Gott sucht, sondern auch, dass Gott schon immer den Menschen sucht.

Indem Jesus die Jünger bei deren Fragen und Sehnsüchten abholte, führt er sie durch Geburtsschmerzen hindurch aus der Schwerfälligkeit ihres Zustandes in die Weite, die Gottes Möglichkeiten größer sein lässt als die eigenen. Das menschlich Unmögliche ist von Gott her möglich, ja wirklich geworden. Das Leben, nicht der Tod hat das letzte Wort erhaltern. Die Liebe hat über den Hass und die Gewalt den Sieg davongetragen.

Die Art und Weise, wie Jesus den Jüngern begegnet, müssen Vorbild für die Kirche sein und hat wichtige Konsequenzen für unsere Verkündigung. Den modernen Menschen kann man die

Botschaft vom Sieg des Lebens und der Liebe durch die Auferstehung Jesu nicht von außen oder gar von oben nahe bringen, sozusagen durch römische Rundschreiben, sondern nur indem wir mit ihnen gehen und sie wertschätzen, so wie sie sind. Dies erfordert einen veränderten Stil der Verkündigung und des Miteinanderredens und Miteinandergehens. Unser Lebensweg ist immer wieder auch und gerade für den modernen Menschen eine Durststrecke, eine Wüstenwanderung. Dieser Weg kann zu einem Emmausgang werden. Dazu freilich braucht es auch vom Menschen her eine Offenheit, die oft nicht gegeben ist, wie eine moderne Parabel es zeigt:

Die unbarmherzige Sonnenglut dörrt den Wüstenwanderer aus; er ist ermüdet und ermattet. Da sieht er in einiger Entfernung eine Oase, die ihn retten könnte. Aber da er ein moderner, aufgeklärter, skeptisch gewordener Mensch ist, der sich nichts vormachen lässt, denkt er: Aha, eine Fata Morgana, eine Luftspiegelung, die in Wirklichkeit gar nichts ist. Er kommt der Oase näher und sieht immer deutlicher die Dattelpalmen, das Gras und vor allem die Quelle. Aber er denkt: Das ist eine Hungerfantasie, die mir mein halb wahnsinniges Gehirn vorgaukelt. Das sprudelnde Wasser hält er für eine Gehörhalluzination. So bleibt er im heißen Sand liegen und stirbt. Kurze Zeit später finden ihn zwei Beduinen tot daliegen. „Kannst du so etwas verstehen?“, fragt der eine den anderen. „Die Datteln wachsen ihm ja fast in den Mund, und dicht da neben der Quelle liegt er verdurstet da. Wie ist das möglich?“ Der andere antwortet: „Der war halt ein moderner Mensch!“

Ostern ist die Alternative zur verbreiteten Hoffnungslosigkeit und Lebensmüdigkeit unserer Zeit. An Ostern hat das Leben und hat die Hoffnung auf die Fülle und die Erfüllung des Lebens endgültig Recht bekommen. Wer glaubt, darf das Leben wagen und selbst noch im Sterben auf das Leben setzen, weil Gott es mit uns wagt.

Die Auferstehung, auf die wir hoffen, beginnt schon heute. Sie beginnt dort, wo wir aus unserem kleinen Ego aufstehen und uns für Liebe und Gerechtigkeit öffnen, wo wir Vergebung und Versöhnung Raum geben. Sei beginnt ´dort, wo wir aufstehen aus dem Grab unserer Mutlosigkeit und Müdigkeit, unseres Missmuts und unserer Trägheit, um es neu mit dem Gott zuwagen, bei dem alles möglich ist.

So ein Beispiel von Auferstehung hier und jetzt darf ich Euch zum Schlusse nennen, indem ich aus dem Brief von Schwester Hildegard aus Qubeibe-Emmaus in Palästina zitiere. Ihr wisst, dass wir mit dem Einen-Welt-Kreis für ihr Haus für behinderte Frauen heuer gesammelt haben, Frauen, die von ihren eigenen Familien verstoßen wurden. Sie schreibt vor einer Woche: „Ich bekam Eure großzügige Spende. Vergelt`s Gott! Du kannst ja unser Haus und unsere Bedürfnisse. Danke, dass wir gerade wieder auf diese Weise erfahren dürfen, wie der Herr mit uns unterwegs ist. Das ist Emmaus!“

Ja, manchmal dürfen wir die Rolle Jesu annehmen, der den anderen zuhört und hilft. Immer wieder aber sind wir seine Jünger, die gehofft hatten, enttäuscht wurden, selbst von der Kirche, und denen bei ihm warm ums Herz wird und denen geholfen wird – auch jetzt, wenn wir ihn im Brotbrechen in unserer Mitte erkennen dürfen. Amen.

2. Ostersonntag:

Apg 5,12-16; Jo 20, 19,31 (Firmvorstellungsmesse 15.4.2007)

Uns was ist mit dem ungläubigen Thomas, von dem das Evangelium heute spricht? Hat er bei uns keinen Platz, dieser „ungläubige" Thomas, wie er oft genannt wird?
Ganz im Gegenteil! Genau dieser Thomas wurde mir immer sympathischer, je länger ich mich mit ihm beschäftigte. Zunächst einmal war er mit seinen Zweifeln gar nicht allein. So heißt es bei Matthäus nach der Auferstehung: „Einige hatten Zweifel." Ja, Lukas berichtet sogar, dass die Apostel den Bericht der Frauen für Geschwätz hielten(Lk 24,11). Die Frauenkommission müsste den Aposteln dafür eigentlich das Fettnäpfchen geben, eine Auszeichnung für schlechtes frauenfeindliches Benehmen.
Für Thomas war für die anderen gleichsam alles aus; der Mensch, auf den er ganz gesetzt hatte, ist qualvoll am Kreuz gestorben.
Ich lobe mir den Thomas, denn auch jetzt behält er kühlen Kopf und nüchternen Hausverstand. Ich lobe mir jede Religion, die nicht mangels Argumenten in terroristische Gewalt und Fanatismus oder in weltfremde Schwärmerei abhebt. Ich wünsche mir und uns allen, dass wir zeitlebens den guten Hausverstand beibehalten. Das ist übrigens auch ein großes Anliegen unseres derzeitigen Papstes (morgen wird er 80 Jahre alt), wenn er immer wieder betont, dass der Verstand und der Glaube nicht einfach zwei verschiedne Welten sein können.
Nur fundamentalistische Glaubende sind für Argumente nicht zugänglich. Darum lobe ich mir auch den Zweifel des Thomas. Ich habe große Bedenken, wenn sich manche allzu leicht als die Hofräte Gottes aufspielen also davon reden, als wäre er je in Worte fassbar. Wenn Du glaubst, Gott begriffen zu haben, dann war es nicht Gott, denn er lässt sich nicht in den Griff bekommen. Jemand Weiser sagte einmal richtig. „Gott ist was, was Du nicht hast, wenn Du alles hast, und er ist das, was Du hast, wenn Du nichts hast."
Der Zweifel hat für jeden Menschen eine wichtige Bedeutung, denn er ist eine Einladung, durch diese Krise hindurch zu wachsen und zu reifen, also auf dem Weg zu bleiben und nicht eine ruhige Kugel zu schieben. Der Zweifel kann die Gestalt der heiligen Unruhe sein, die Gott uns ins Herz gelegt hat, und die nur bei ihm zur Ruhe kommt.
Liebe Firmlinge! Für Euch hat jedoch der Zweifel nochmals eine für Euer Alter ganz wichtige Aufgaben Ihr verlässt das Kindesalter und werdet junge Erwachsene. Auf dieser Schwelle heißt es, die jetzt unpassenden Kinderkleider auszuziehen und allmählich Erwachsenenkleider anzuziehen.

Der Warum-Frage des Kindes folgen Fragen und Zweifel des Heranwachsenden. Ihr müsst Euren kindgemäßen Glauben ablegen, denn der passt jetzt nicht mehr zu Euch. Der Zweifel ist sozusagen das Treibmittel, der „Browser" in Eurem Reifen.

Habt Ihr vielleicht einmal gebetet „Lieber Jesus, mach mich fromm, wenn ich in den Himmel komm", so zweifelt Ihr zu Recht, ob dies das für Euch richtige Gebet ist. Ihr steht vor der Alternative, entweder in der Jesus-Beziehung nicht zu wachsen und damit wahrscheinlich den Glauben bald ganz abzustreifen oder kritische Fragen zu stellen und dadurch zu wachsen und zu reifen. Life-long-learning gilt auch für den Glauben, wobei dieses Lernen vor allem ein „learn by heart" ist, ein Lernen mit dem Herzen, d.h. auf der Beziehungsebene.

Ihr wollt ja beziehungsfähige junge Menschen werden, in der Beziehung zueinander, zumal auch zum anderen Geschlecht.

Der Glaube an die totale Machbarkeit der Dinge; sozusagen dass wir alles im Griff haben, ist den meisten abhanden gekommen. Es gibt heute viele Suchbewegungen, gerade auch in religiöser und spiritueller Sicht. Auch der Zweifelnde ist ein Suchender.

Wie kommt Ihr jedoch durch dieses Suchen hindurch zu „neuen Ufern", wie Euer Firmmotto heißt? Ich bin überzeugt, auch hier können wir von Thomas lernen.

Ich meine, dass es drei Dinge sind, die Thomas es ermöglichen schlussendlich zu glauben.

Das erste ist die Erfahrung der Gemeinschaft. Das Evangelium berichtet, dass Thomas bei der ersten Begegnung mit dem auferstandenen Jesus nicht bei ihnen war. Wir wissen nicht, aus welchem Grunde. Dem lebendigen Herrn zu begegnen hat offenbar als Voraussetzung das Mitleben mit der Gemeinschaft der Jesusfreunde, das Mitleben mit dem Volke Gottes in der konkreten Kirche. Ein Christ ist kein Christ! Gott ruft jeden in die Gemeinschaft seines Volkes, so „hatschert" dieses Volk auch von sich aus oft ist. „Wo zwei oder drei in meinem Namen beisammen sind, da bin ich mitten unter ihnen."

Darum ist es auch eine wichtiger Teil Eurer Vorbereitung auf die Firmung, in dieser konkreten Gemeinschaft der Pfarre St. Konrad – vielleicht nach allzu langer Berührungsangst oder Abwesenheit –hereinzuschnuppern, ja auch selbst etwas beizutragen, indem Ihr bei verschiedenen pfarrlichen Aktivitäten mitmacht. Es ist das Gehen mit dieser Gemeinschaft, die mich erfahren lässt, dass Jesus mit seinem Heiligen Geist in ihr ist.

Die zweite Voraussetzung, dem Auferstandenen Jesus zu begegnen, besteht darin, dass ich meine Gottesbilder loslasse und nach einem Gott frage, der zutiefst menschlich ist, der solidarisch ist mit der Not der Menschen, der um Leid und Schmerz der Welt nicht nur weiß, sondern sie solidarisch mitträgt als Ausdruck seiner Liebe. Es ist die Suche und Offenheit für den Gott, wie Jesus ihn uns offenbart, ein Gott, der uns gern hat und unendlich liebt. Dieser Suche öffnet sich Jesus und zeigt

dem Thomas seine Wunde, Zeichen der Liebe bis zum äußersten. Vor einem solchen Gott brauche auch ich meine Wunden und Verletzungen nicht verstecken, auch die Wunden der Kirche, die oft an ihrer Glaubwürdigkeit zehren. Es werden die Verwundungen Jesu und die Enttäuschung des Thomas erwähnt werden, denn vor diesem Gott hat alles Platz!
Die dritte Voraussetzung, damit Thomas dem Auferstandenen begegnet, ist das Angebot der Berührung. Jesus streckt Thomas seine Hände entgegen und bietet ihm an, ihn zu berühren. Beziehung und Berührung ist, was wir so notwendig brauchen, um glauben und vertrauen zu können. Ihr habt alle schon erfahren, wie wohl es tut, wenn uns jemand umarmt, tröstend die Hand hält oder ermutigend auf die Schulter klopft.
Auch Thomas streckt Jesus die Hand entgegen und drückt dadurch die Sehnsucht nach Nähe aus. Wenn ihr Euch um Beziehung bemüht und Eure Hände in der Firmung nach Gott ausstreckt, wird er Euch als ganze Menschen berühren und auch zu Euch sagen: „Empfangt den Heiligen Geist."
Ich freue mich, dass Ihr Euch auf den Weg gemacht habt, um wie Thomas Eurem Alter entsprechend durch die Fragen und Zweifel hindurch dem lebendigen Christus zu begegnen. Nochmals empfehle ich Euch die drei Voraussetzungen, die wir an Thomas sehen:
Erstens Gemeinschaft pflegen, also konkret mit der Pfarrgemeinde mitleben, dabei sein und selbst mitgestalten.
Zweitens in den Verwundungen Jesu den Gott der Bibel erkennen als einen Gott, der sich liebend für uns hingibt und der uns nicht täuscht im Gegensatz zu all den Götzen der Welt, denen wir oft nachlaufen und die uns fremdsteuern.
Und drittens Berührung suchen, also einander zuwenden und die Einladung Jesu annehmen.
Er allein verdient, dass wir zu ihm „Mein Herr und Gott" sagten, denn er allein will uns zu freien und reifen Menschen mit aufrechtem Gang rufen.
Ich wünsche Euch von Herzen, dass Ihr so erfährt, dass sich Auferstehung immer wieder mitten im leben ereignet. Amen.

3. Ostersonntag

Apg 5,27-32.40b-41; Jo 21,1-14 (22.4.2007)

Wir hörten heute in der Lesung, dass die Apostel nach der Auferstehung nicht nur auf Unverständnis stoßen, sondern dass sie verfolgt werden. Eigentlich kein Wunder, denn nun hat man endlich diesen Jesus, diesen Kritiker der politischen und religiösen Machthaber, diesen Tempelreiniger und Volksaufwiegler mundtot gemacht, und jetzt soll diese Geschichte auf einmal von neuem beginnen!

Ruhe ist des Bürgers erste Pflicht – und da sind nun ein paar dieser Jesus-Anhänger, die neuerlich Unruhe stiften! Was sie sagen, ist von gewaltigem Zündstoff, ja stellt die Welt sozusagen auf den Kopf.
Wer erinnert sich nicht an Jesu Bergpredigt mit den Wehe-Rufen an die Reichen und die Seligpreisungen der Armen, an seine Reihung der letzten an die erste Stelle, an die Taten und Worte Jesu, der den Sündern, Zukurzgekommenen Armen ein Gnadenjahr ausgerufen hat?! Schließlich wollen sich jene, die Jesus hinrichten ließen, nicht durch ein schlechtes Gewissen aus ihrer Ruhe bringen lassen; deshalb heißt der Vorwurf: „Ihr wollt das Blut dieses Menschen über uns bringen."
Die Jünger Jesu jedoch können nicht schweigen von dem, was sie anfangs selbst nicht glaubten, aber dann doch gesehen und erfahren haben, nämlich dass Jesus als Sieger über Sünde und Tod aus dem Grab erstiegen ist und lebt. Die Gewissheit, dass sie nichts von seiner Liebe zu trennen vermag, nimmt ihnen alle Heidenangst und jede Menschenfurcht. So sagen Petrus und die Apostel auf das Schweigegebot das entscheidende seither geflügelte Wort: „Man muss Gott mehr gehorchen als den Menschen."
Es ist ein Wort, das nicht nach bedrückendem Kadavergehorsam und nach versklavender Untertänigkeit riecht, sondern ganz im Gegenteil: es zeugt von einer tiefen inneren Freiheit und von der Gewissheit, dass Gott das letzte Wort hat und zuletzt lacht, auch wenn im Moment die Unterdrückung durch Menschen zu siegen scheint. Es ist ein Wort, das getragen ist von der Ahnung einer neuen Welt, eines Reiches der Liebe, des Friedens und der Gerechtigkeit. Dieses Reich ist durch die Auferstehung Jesu unwiderruflich bereits im Kommen. Gott selbst hat sich dafür in Jesus verbürgt. Es ist eine Wahrheit, die Menschenfurcht verdrängt und frei macht.

Ich bin in eine Zeit hinein geboren, als einer die Stelle Gottes annahm und für sich Gehorsam und Pflichterfüllung verlangte, in eine Zeit, in der sich einer als Führer ausgab, Heil zurufen ließ und zugleich eine der größten Verführer der Menschheit wurde und eine der unheilvollster Zeiten heraufbeschwor: Adolf Hitler mit seinem menschenverachtenden Nazi-Regime. Es war eine Zeit, in der die Menschenrechte mit Füssen getreten wurden, die Not vieler zum eigenen Machtrausch missbraucht wurde und man seine Pflicht in einem völlig unberechtigten Angriffskrieg erfüllen sollte.
Knapp 12 Wochen nach meiner Geburt, am 9.August 1943, wurde der aus St. Radegund im Innviertel stammende Mesner und Landwirt Franz Jägerstätter in Brandenburg an der Havel von den Nazis enthauptet. Es war die Folge seiner konsequenten Jesus-Nachfolge, seiner klaren Gewissensentscheidung aufgrund der Maxime: „Man muss Gott mehr gehorchen als den Menschen." Am kommenden 20.Mai ist sein 100.Geburtstag; am vergangenen Montag wurde seine Gattin Franziska durch das Land geehrt, weil sie in der schweren Zeit des Abschieds kraft ihres

Glaubens zu ihrem Manne gestanden ist und in all diesen Jahrzehnten das Andenken an Ihren Gatten aufrechterhalten hat.
Vielleicht ist es auch ein typisch österreichisches Schicksal, dass die Größe dieses Mannes erst über das Ausland, über USA und England, auch in Österreich wieder entdeckt wurde, wohl auch, weil wir uns bis heute mit der Vergangenheitsbewältigung schwer tun.
Fran Jägerstätter hat anderen nie einen Vorwurf ihres Kriegseinsatzes gemacht; er hat jedoch für sich in einer prophetischen Weise die Dämonie des Hitler-Regimes durchschaut und kategorisch verweigert, sich in dessen Dienst zu stellen. Er hat nicht gesagt: Da kann ich als Einzelner nichts machen, sondern hat sich mit seiner Person dem Machthunger des Nazi-Regimes widersetzt. Das dies „Wehrkraftzersetzung" ist, haben die NS-Schergen sehr wohl richtig erkannt, denn wo kämen wir da hin, wenn alle so souverän in innerer Freiheit urteilten. Folgende Worte aus einem der Brief Jägerstätters zeugen von der inneren Größe dieses Mannes:
„Wenn ich diese Worte auch mit gefesselten Händen schreibe, aber immer noch besser, als wenn der Wille gefesselt wäre. Offensichtlich zeigt Gott manchmal seine Kraft, die er dem Menschen zu geben vermag, die ihn lieben und nicht das Irdische dem Ewigen vorziehen. Nicht Kerker, nicht Fesseln auch nicht der Tod sind es imstande, einen von der Liebe Gottes zu trennen, ihm seinen Glauben und den freien Willen zu rauben. Gottes Macht ist unbesiegbar."
Franz Jägerstätter lebte sein aus dem Glauben gebildetes Gewissensurteil. Es lag quer zum Zeitgeist und den Stimmen der Propaganda, es war aber stärker als alle Menschenfurcht und Einschüchterung. Er wusste sich von Gott herausgefordert, aber auch von Gott gehalten und getröstet. Als Märtyrer des Gewissens bleibt er ein Vorbild einer kritischen Haltung zu allem, was uns Gehorsam abverlangt. Er fordert uns heute auf zu fragen, wann, wem und wo wir zu gehorchen haben. Er ist alles andere als ein Ja-Sager – weil es die anderen auch tun. Die Richtschnur des Handelns ist nicht ein Zeitgeist, eine Mode oder ein Trend, sondern allein Gottes Wille.

Wo müssen wir heute gegen den Strom schwimmen und Nein sagen –im persönlichen, politischen und gesellschaftlichen Bereich? Was heißt heute, Gott mehr gehorchen als den Menschen? Wir haben heute in unseren Breitengraden kein politisches System, das uns verfolgt. Gibt es aber nicht versteckte subtile Verführer, die unser Leben fremd steuern und denen wir – oft unüberlegt und gedankenlos – folgen zum Schaden von uns selbst und anderen?
Ich möchte nur eine Macht nennen, die dem wahren Gott und seiner befreienden Wirkung den Rang streitig macht: Es ist der Gott des Marktes, War es damals die brutale Ideologisierung durch den deutschen Rassenwahn, so ist es heute die schleichende Ökonomisierung des ganzen Lebens. Das beginnt damit, dass zusehends die großen Supermärkte zu den modernen Konsumtempeln geworden

sind, angefangen von der Architektur dieser Tempel über die Rituale des Shoppings bis hin zur Aushöhlung des Sonntags zum idealen Einkaufstag.
Der Kunde soll den Kaufrausch genießen: „Ich kaufe, also bin ich.“ Eigentlich ist es die konsequente Folge einer Haltung, die heißt: „Hasst du was, bist du was; hast du mehr, bist du wer!“
Kaufen allein mag harmlos klingen, aber wenn die Ökonomie nicht mehr den Menschen, sondern die Maximierung des Gewinns zu ihrem Ziel macht, zählt nur noch, was Geld bringt. Die sozialen und ökologischen Grundlagen werden ignoriert. So aber wird der soziale Frieden im eigenen Lande und weltweit gefährdet. Die Schere zwischen Reich und Arm wird immer größer; der Mittelstand verliert zunehmend an Zahl und Bedeutung. Inzwischen sagen große Wissenschafter, dass damit auch der Geburtenrückgang zusammenhängt. Kinder sind ja schließlich nicht nur ein möglicher Karriereknick, sondern auch ein finanzielle Belastung.
Folge dieser Ökonomisierung des Lebens ist, dass nur noch Erwerbsarbeit bewertet wird. Dazu zählt die im Haushalt geleistete Arbeit und die Sorge für Kinder nicht oder kaum!
Auch Landschaftspflege und Bewahrung der Schöpfung bringen keinen Cash, so dass immer mehr gefährdet sind.
Die Natur jedoch beginnt sich zu wehren. Stichwort Klimawandel, Ressourcenknappheit, Erderwärmung!... Wann beginnt sich der Mensch zu wehren? Wer verhindert, dass in Bälde wieder unterschieden wird zwischen lebenswertem und unwertem Leben? Die letzte Kreuz-und-quer-Sendung über die Wahl des Wunschkindes in den US-Samenbanken war für mich so ein Horrorszenario.
Wir sind heute auf ganz andere Weise gefragt, ob wir Gott oder den Menschen mehr gehorchen - Gott, der uns als freie Menschen mit aufrechtem Gang und gleicher Würde geschaffen und gewollt hat, oder den Gesetzen der Wirtschaft, die nicht mehr vom Menschen beherrscht werden, sondern die ihn beherrschen und zum Kunden, Produzenten und Konsumenten degradieren. Wann wird wohl der Wert des Menschen an der Börse notiert? Seine absolute Würde wird dabei an den Nagel der Nützlichkeit hängt. Der Mohr kann abtreten, nachdem er seine Pflicht getan hat!
Jesus hat die revolutionäre Wahrheit von der absoluten Würde und Einmaligkeit jedes Menschen nicht nur gelehrt, er hat sie selbst erlitten und ist für sie gestorben, zumal auch die Würde des behinderten, kranken und schwachen Menschen. Auch wenn sich die Kirche selbst damit lange schwer getan hat, in Jesus ist letztlich das Bewusstsein von Freiheit, Gleichheit und Geschwisterlichkeit, von Menschenrecht und sozialer Verpflichtung aller gewachsen.

Da der christliche Glauben an Boden verliert, ist heute mehr denn je neu in anderer Weise die Frage gestellt, die die Apostel, Franz Jägerstätter, Marcel Callot und Dietrich Bonhoeffer in ihrer Zeit gegen die gnadenlose Ideologie des Hitler-Regimes mit ihrem Lebenszeugnis beantwortet haben:

Man muss Gott mehr gehorchen als den Menschen. Es liegt an jeder und jedem von uns, sich mit der entsprechenden Konsequenz zu entscheiden, wem er mehr gehorcht, dem menschenfreundlichen Gott Jesu Christi oder der gnadenlosen Religion des Marktes. Amen.

4. Ostersonntag

Apg 13,14.43b-52; Joh 10,27-30 (25.4.2010)

Im Schaukasten hängt ein Plakat, das auf ein Kabarett hinweist mit dem Titel: „Aktion Schaf!“ Ich werde es mir ansehen, denn auch Humor ist eine gute Überlebensstrategie und kann wie einst der Hofnarr auf annehmbare Weise die Augen für manch unangenehme Wahrheit öffnen. Freilich kann ich ahnen, worum es dabei geht, denn Christen lassen sich aufgrund mancher negativer Erfahrungen mit ihren Hirten immer weniger als Schafe bezeichnen und vor allem nicht behandeln. Sie haben es satt, willenlos hinter manchen Hirten herzutrotten, wenn diese allein bestimmen, wo die richtige spirituelle Nahrung zu finden ist, oder wenn sie allein über richtige oder falsche Wege entscheiden, ohne die Erfahrung und Meinung der Schafe mit einzubeziehen. Die so genannten „Schafe“ empfinden es als Zumutung, wenn Hirtenbriefe mit erhobenem Zeigefinger an sie gerichtet werden, zumal dann, wenn manche Hirten vielleicht selbst den Ansprüchen nicht entsprechen. Niemand will mehr ein dummes Schaf sein, bei dem bloß gilt: „Roma locuta causa finita!“

Es tut gut zu hören, dass in dieser Woche ein Hirte auch Konsequenzen aus seinem Verhalten gezogen hat und im Zusammenhang mit Machtmissbrauch und Gewaltanwendung zurückgetreten ist. Andere wiederum wurden wegen Vertuschung sexueller Übergriffe von Rom zurückgetreten.

Schwestern und Brüder! Ich bin überzeugt, dass das Bild des Hirten und der Schafe in der Bibel – so auch im heutigen Evangelium – ganz anders gemeint ist. Das biblische Menschenbild ist von Anfang an das des Gärtners und des Hirten, der die Erde nicht im falschen Macht ausübenden ausbeuterischen Sinne unterjocht („Bei Euch soll es nicht so ein“, sagt Jesus), sondern der den Garten Eden und die darin gegebenen Tiere hegt und pflegt und ganz für sie da ist.

Besonders arg ist die Kritik der Propheten über jene Hirten, die nur auf den eigenen Vorteil schauen statt für die Schafe da zu sein. Gott spricht durch den Propheten Ezechiel gegen sie harte Worte: „Wehe den Hirten Israels, die nur sich selbst weiden… Ich setze sie ab. Sie sollen nicht mehr die Hirten meiner Herde sein. ... Ich reiße meine Schafe aus ihrem Rachen, sie sollen nicht länger ihr Fraß sein… Jetzt will ich meine Schafe selber suchen und mich selber um sie kümmern “ (Ez 34,2.10-11) Gott selbst ist also der gute Hirt, wie es auch der Glaubende im Psalm 23 bezeugt: „Der Herr ist mein Hirte, nichts wird mir fehlen. Er lässt mich lagern auf grünen Auen und führt mich zum Ruheplatz am Wasser. Er stillt mein Verlangen; er leitet mich auf rechten Pfaden, treu seinem Namen.“

Das Hirtenleben ist keine romantische Idylle; es kennt die Engpässe und Widerwärtigkeiten des Lebens, denn dahinter steht der oft dramatische Kampf ums Überleben des Halbnomaden und seiner Herde ebenso wie der Weg Israels durch die Wüste hin zu Oasen. Der Hirte kennt und liebt jedes einzelne Schaf; er weiß, was jedes braucht und lässt es finden. Der Beter drückt seine Erfahrung aus: „Muss ich auch wandern durch finstere Schlucht, ich fürchte kein Unheil, denn du bist bei mir, dein Stock und dein Stab geben mir Zuversicht." - Zu Recht ist dies einer der beliebtesten Psalmen. Selbst der große Philosoph Immanuel Kant sagt. „Alle Bücher, die ich gelesen habe, haben mir diesen Trost nicht gegeben, den mir dies Wort der Bibel gab."

Auch im heutigen Evangelium kommt diese ganz persönliche Beziehung zum Ausdruck, denn Jesus sagt, dass er die Seinen kennt. Der Name jedes einzelnen ist in das Buch des Lebens eingeschrieben. Es geht nicht um ein Machtverhältnis von oben nach unten, sondern jeder Mensch ist einmalig und unverwechselbar. Der gute Hirt sorgt dafür, dass wir unseren guten Namen behalten, nicht nur auf der Todesanzeige oder auf einem Grabstein, sondern über den Tod hinaus.

Das ist ein anderes Kennen als das eines überwachenden Polizisten oder das Kennen der „Freunde" im Facebook. Es ist das vertraute Kennen, das der Psalm 139 in die Worte fasst: „Herr, du kennst mich. Ob ich sitze oder gehe, du weißt von mir... Ob ich gehe oder ruhe, es ist dir bekannt; du bist vertraut mit all meinen Wegen." Biblisch heißt Kennen letztlich Lieben; so heißt es von der Liebe von Mann und Frau „Er erkannte sie". In diesem Sinn ist Jesus allein der gute Hirt schlechthin, der selbst sein Leben gibt für seine Schafe. Jeder andere Hirte, auch ich als Pfarrer, weiß, dass ich hinter ihm nachhinke.

Wenn jetzt in Augsburg ein Bischof auf Drängen des Volkes zurückgetreten ist, so heißt dies doch auch, dass es nicht nur genügt, von oben ernannt zu sein, sondern auch, dass die Herde ein Mitspracherecht hat oder haben müsste, weil es die guten Hirten bestätigt und die falschen ablehnt. Das heißt: Während wir auf die Stimme des Hirten Jesus wirklich vorbehaltlos hören und ihm folgen, stimmen die Schafe durch ihr Hören oder Nichthören über die Echtheit und Glaubwürdigkeit derer ab, die heute das Hirtenamt ausüben. Jesus hat auf die Gefahr hingewiesen, dass aus Hirten bezahlte Mietlinge werden können – und gerade in diesen Wochen müssen wir schmerzlich erkennen, dass gerade auch Hirten der Kirche der Gefahr des Machtmissbrauchs und sogar der schamlosen Ausnützung der ihnen Anvertrauten durch sexuelle Übergriffe verfallen sind.

Der 4. Ostersonntag ist der Sonntag vom guten Hirten. Es ist seit langer Zeit der Weltgebetstag für geistliche Berufe. Es braucht auch heute diese guten Hirten und Hirtinnen, also Menschen, die von Jesus begeistert sind und ihm in besonderer Weise in einem geistlichen oder kirchlichen Beruf nachfolgen. Es genügt nicht bloß, darum zu beten, sondern die Kirche muss auch die Zeichen der Zeit erkennen und wahrscheinlich auch noch neue Berufe in Erwägung ziehen, etwa die Weihe bewährter verheirateter Männern oder die Beauftragung von Frauen in verschiedene

Leitungsdienste bis hin zu deren Zulassung zur Weihe, zunächst als Diakoninnen, bei aller bleibenden Bedeutung auch der ehelosen Lebensform, wo sie gelingt. Ich kann nach mehr als 40 Jahren aus persönlicher Überzeugung sagen, dass ein geistlicher Beruf zwar ein anfordernder, aber auch zutiefst erfüllender Beruf ist.

Unser Pfarrpatron Bruder Konrad, dessen Fest wir vor vier Tagen feierten, hat 10 Jahre lang nach seiner persönlichen Berufung gesucht und sie schließlich als Kapuzinerbruder gefunden. Der heutige Sonntag vom Guten Hirten ist die Zusage, dass Jesus als der Gute Hirt uns begleitet auch in finsterer Schlucht, oder sagen wir es anders, dass er uns durch das Leben, das gelegentlich wie ein Labyrinth zu sein scheint, zu einem guten Ziele führt. Dieser Sonntag als Weltgebetstag für geistliche und kirchliche Berufe ist aber auch die Einladung an jede/n von uns, so wie Bruder Konrad geduldig und ausdauernd nach der Berufung zu suchen, die Gott für mich vorgesehen hat, auch wenn diese Suche oft auch schwierig wie in einem

Labyrinth zu sein scheint. Der Sonntag steht unter dem Motto „Quo vadis? Wohin gehst Du?" Es ist nicht nur die Frage, die Jesus dem aus Rom vor der Verfolgung fliehenden Petrus stellt, sondern die auch jedem von uns gestellt ist: „Wohin gehst Du? Mit welcher Entschiedenheit und Konsequenz suche ich meine Berufung und bleibe ihr - trotz kritischer Anfragen von außen und Zweifeln von innen – treu?"

Um Gottes Stimme zu hören, muss ich wohl dafür sorgen, dass ich nicht – analog zum Gebrauch eines Handy – in einem Funkloch bin und keinen Empfang habe. Das heißt: vielleicht muss ich in meinem Leben etwas ändern, um auch wieder für Gottes Stimme Empfang zu haben. Vielleicht muss ich auch wie Petrus umkehren, auch wenn es nicht der bequemere Weg ist, aber sicher der, der in der Nachfolge meiner Berufung mich und andere zu einem guten Ziel führt. Wohin immer Gott mich ruft, bin ich eingeladen, ihm ein großzügiges Ja zu sagen. Gewiss ist: er lässt mich nicht zugrunde gehen und niemand wird mich seiner Hand entreißen. Das Wagnis mit Gott lohnt sich immer! Amen.

6. Ostersonntag

Apg 15,1-2.22-29; Jo 14, 23-29 (16.5.2004)

Ein Satz aus der heutigen Lesung hat es mir angetan: „Der Heilige Geist und wir haben beschlossen,..." Die Apostel und die Ältesten sagen das nach dem so genannten Apostelkonzil im Brustton der Überzeugung. Nehmen sie sich dabei nicht zu viel heraus? Ist das nicht zu vollmundig und besteht nicht die Gefahr, etwas salopp gesagt, den eigenen Vogel mit der Taube des Heiligen Geistes zu verwechseln? Wie findet man Gottes Wille?

Immer wider beten wir im Vaterunser „Dein Wille geschehe". Damit aber beginnt erst die Schwierigkeit: zunächst einmal. Meinen wir es damit wirklich ehrlich - auch dann, wenn dieser Wille Gottes uns aus dem gewohnten Gleis wirft, wie so oft in der Hl. Schrift bekundet? Und zweitens. Worin besteht der Wille Gottes?
Zur Antwort auf die erste Frage bedarf es einer persönlichen Gewissenserforschung und eines geistlichen Lebens. Die zweite Frage, worin der Wille Gottes besteht, ist wohl eine der wichtigsten und zugleich schwierigsten.
In der geistlichen Tradition, die vor allem vom Jesuitengründer Ignatius von Loyola weiterentwickelt wurde, werden drei Weisen unterschieden, den Willen Gottes zu erkennen.
Da ist zunächst die unmittelbare Einsicht, wie es etwa im Damaskuserlebnis des Apostels Paulus gegeben ist. Verstand, Wille, Herz und Gemüt sind sich des Willens Gottes ganz gewiß. Das ist allerdings die Ausnahme und es kommt äußerst selten vor.
Die zweite Weise, Gottes willen zu erkennen, ist gegeben, wenn ein Mensch in großer Offenheit, also ohne irgendwelche eigenwillige Präferenzen sich für etwas entscheidet und den Früchten dieser Entscheidung nachspürt: wenn innerer Trost und Friede, Freude und Liebe zu Gott sich einstellen und bleiben, so wahr es die richtige Wahl; bei Trostlosigkeit, Enge und Angst war es nicht der Wille Gottes. Im feinen Unterschied der Gedanken und Stimmungen kann man also erahnen, wo der Wille Gottes liegt.
Meist jedoch geht die Suche nach dem Willen Gottes viel nüchterner vor sich, nämlich auf die dritte Weise: Ich erwäge zu verschiedenen Situationen und Zeiten die Argumente pro und contra; ich bringe das Ganze freilich auch ins Gebet und fälle dann nüchtern im Abwägen der Argumente für und wider die Entscheidung. Ich darf dabei zugleich vertrauen, dass es Gottes Wille ist.

Ich bin überzeugt, daß die Apostel beim Apostelkonzil in Jerusalem bei einem für sie damals ganz schwerwiegenden Problem auf diese dritte Weise vorgegangen sind. Die ersten Christen beschäftigte die Frage, ob die zum Christentum bekehrten Heiden auch die Gesetze der Judenchristen, zumal die Beschneidung, einhalten müssten, um „richtige Christen" zu werden. Es gab dafür ganz starke Verfechter, allen voran Petrus. Wir sehen darin übrigens, dass es auch schon bei den frühen Christen aufgrund der veränderten Situation Konflikte, Meinungsverschiedenheiten und Streitpunkte gegeben hat.
Die Frage selbst ist für uns nicht mehr aktuell. Die Art aber, wie dieses damals brisante Problem behandelt wurde, hat auch für uns Gültigkeit. Man hat sich nicht von vornherein der neuen Situation verschlossen und hinter seiner Meinung verbarrikadiert, sondern man hat sich im Apostelkonzil zusammen – und auseinandergesetzt, die Argumente pro und contra vorgebracht und abgewogen. Der ganze Denkprozess war sicherlich auch vom Gebet begleitet. Schlussendlich haben die Apostel

nüchtern entschieden – in der Überzeugung, dass der Heilige Geist mit im Spiel ist: „Der Heilige Geist und wir haben beschlossen, euch keine weiteren Lasten aufzulegen als diese notwendigen Dinge: Götzenopferfleisch, Blut, Ersticktes und Unzucht zu meiden.“

Es war ein weiser für die Zukunft des Christentums ganz entscheidender Kompromiss, der keine Seite verprellt hat und sowohl für die Juden- als auch für die Heidenchristen ein gangbarer Weg war und die Gemeinschaft zusammenhielt. Als Petrus später unter dem Druck einer Partei, die sich diesem Entschluss widersetzte, schwach wurde, ist ihm Paulus „offen entgegengetreten, weil er sich ins Unrecht gesetzt hatte“ (Gal 2,11).

Ähnliches ist auch im Zweiten Vatikanischen Konzil vor 40 Jahren geschehen. Ich durfte es in meinen römischen Studienjahren aus unmittelbarer Nähe miterleben. Im Laufe der Jahrhunderte, vor allem auch als Folge der Gegenreformation, waren verschiedene einseitige Akzentuierungen, um nicht zu sagen Fehlentwicklungen eingetreten: z.B. im Gegensatz zur Betonung des Wortes Gottes bei den Protestanten wurde die Bibel bei den Katholiken stark vernachlässigt; während die Evangelischen das allgemeine Priestertum stark betonten, hoben die Katholiken einseitig das Papsttum und das Priestertum hervor, so dass es zu einer Klerikalisierung der Kirche kam.

Die Beratungen des Konzils waren in diesem Reformstau bereits durch die biblische, liturgische und ökumenische Bewegung seit Jahrzehnten vorbereitet. Als dann Johannes XXIII die Fenster der Kirche aufmachte, damit der Geist Gottes wirken kann, wurden die anstehenden Fragen über drei Jahre lang beraten, pro und contra abgewogen, das Ganze ins Gebet gebracht und schließlich zurecht gesagt: „Der Heilige Geist und wir haben beschlossen ...“

Die von einigen konservativen Kardinälen vorbereiteten Dokumente (vor allem von Kardinal Ottaviani, dessen Wahlspruch lautete „Semper idem“ –„Immer dasselbe“) wurden über den Haufen geworfen und im Dialog die neuen Perspektiven des Zweiten Vatikanums erarbeitet.

Bei allen Konzilien und Beratungen der Kirche waren und sind Offenheit für das Neue und Dialog miteinander das wesentliches Kriterium, damit eine Entscheidung für sich den Heiligen Geist in Anspruch nehmen kann. Vorgefasste, unerschütterliche Positionen in zeitlich veränderbaren Dingen sind sicherlich nicht vom Geist Gottes, sondern vom eigenen Vorurteil geprägt.

Die Erneuerung der Liturgie ist sicherlich das Herzstück des Konzils. Unser damaliger Bischof Zauner war dabei führend tätig.

Einige Akzente der Erneuerung seien hier nochmals in Kürze zusammengefasst:

Da alle Getauften die gleiche Würde haben, steht die fundamentale Gleichheit aller vor jeder Differenzierung der Aufgaben innerhalb der kirchlichen Gemeinschaft.

Die Gemeinde ist die Trägerin der Liturgie. Das Konzil weist deshalb in der liturgischen Erneuerung den Weg von der auch räumlich abgetrennten Klerusliturgie für die Gemeinde zur Liturgie der Gemeinde.

Der Kirchenraum soll diese Grundorientierung der Gleichheit aller möglichst deutlich anzeigen und fördern. Der Altarraum soll deshalb nicht wie eine deutlich abgesonderte Tribüne sein, während die anderen in einem davon getrennten Raum „beiwohnen".

Jede Kirche soll weiterhin Raum für Ruhe, Besinnung und das persönliche Gebet sein, aber aufgrund der grundlegenden Bedeutung der Eucharistie als Quelle und Höhepunkt des liturgischen Feierns der ganzen Kirche sollen die beiden Säulen der Messfeier, der Tisch des Wortes (Ambo) und der Tisch des Brotes (Altar) einen Platz erhalten, der ihrer Bedeutung entspricht und sie sollen näher bei den Mitfeiernden sein. Ebenso sind der Vorstehersitz und die Plätze der anderen Dienste ihrer Bedeutung entsprechend zu platzieren.

Johannes XXIII hat von Aggiornamento gesprochen, d.h. von der notwendigen Anpassung an das Heute. Ich bin überzeugt, dass es ist nicht mehr zu bald ist, wenn auch wir in St. Konrad 40 Jahre nach dem Konzil den Mut aufbringen, uns diesen Vorgaben des Konzils, die der Heilige Geist und die Konzilsväter beschlossen haben, stellen und in einen Denkprozess eintreten.
Ich garantiere Ihnen, dass wir dabei respektvoll mit unserer Kirche als „Denk-mal", mit Architektur, Liturgie und Frömmigkeit umgehen und uns diese Kirche weiterhin Heimat und Geborgenheit geben wird, ja noch lieber werden wird, wenn wir versuchen, den Raum den Akzenten der Liturgie des Konzils anzupassen und sie dadurch noch heller, wärmer und kommunikativer mit dem Herrn und untereinander wird. Es wird die Aufgabe sein, die Offenheit der Wegkirche mit dem Bild des um den Altar versammelten Volkes Gottes zu verbinden – mit den hier gegebenen Möglichkeiten. Gegenüber allen möglichen Gerüchten sage ich deutlich, dass noch gar nichts beschlossen ist. Es wäre jedoch nicht ein Zeichen von Gottes Geist, sich von vornherein einem dialogalen Denkprozess, natürlich auch mit den entsprechenden Fachleuten und der Diözese, zu verschließen.

So wie die Apostel damals in Jerusalem bei der Frage nach der Bedeutung der jüdischen Gesetze für die Christen und so wie die Konzilsväter vor 40 Jahren in Rom bei der Liturgiereform, wird auch bei uns der Heilige Geist nur im Spiel sein, wenn wir uns offen auf einen Dialog einlassen. Nach Abwägen der Argumente pro und contra, begleitet vom Gebet, werden auch wir am Ende des Prozesses sagen können „Der Heilige Geist und wir haben beschlossen". So rufe ich allen zu „Löscht den Geist nicht aus" und lasst euch offen und ehrlich in einen Dialog ein. Ich lade aus ganzem Herzen dazu ein. Amen.

Christi Himmelfahrt

Apg 1,1-11; Lk 24,46-53 (2010)

Nach den 40 Tagen der Fastenzeit sind zwischen Ostern und Christi Himmelfahrt weitere 40 Tage vergangen. Wie wir wissen, deutet die Zahl 40 biblisch und psychologisch auf eine Zeit des Lernens und Reifens hin. Es ist die Einweisung der Jünger und Jüngerinnen Jesu in seine verborgene für menschliche Sinne unfassbare Gegenwart als Auferstandener. Es geht um den Glauben, dass nun einer von uns, der Mensch Jesus als Verheißung für uns alle in die ewige Vollendung und Gemeinschaft mit Gott eingegangen ist. Der Heilige Geist ihnen wird bei diesem Glaubenszuwachs als Kraft aus der Höhe beistehen.

Wie jeder Durchbruch nach vorne ist es ein ungeheure Chance des Wachstums im Mensch- und Christ-Sein und zugleich ein Wachstum des Zeugnisses dafür bis zu den Grenzen der Erde, aber zugleich ist es auch eine Trauerarbeit, also Abschied von Liebgewonnenem und die Gefahr, statt zu wachsen stecken zu bleiben oder gar zu verkümmern.

Eine erste Gefahr ist m. E. angedeutet, wenn wir in der Lesung hören, dass zwei Männer in weißen Gewändern die zurückgelassenen Apostel fragen: „Ihr Männer von Galiläa, was steht ihr da und schaut zum Himmel empor?“

Wer nur den Blick nach oben richtet, sieht wie der Hans-Guck-in-die-Luft des Struwwelpeters die Hindernisse auf der Erde nicht und fällt irgendwann auf die Nase. Das heißt, er ist weltfremd und weltuntüchtig, keineswegs automatisch fromm. Das heißt: Christlicher Glaube darf die Augen nicht vor der Welt verschließen und gleichsam in himmlische Luftgespinste abheben. Biblische Frömmigkeit muss geerdet sein, denn auch der kleinste Schritt zur Himmelfahrt beginnt auf Erden. Christen sind also nicht bloß Idealisten, sondern auch Realisten, die etwa die Umweltverschmutzung, die Armut so vieler, die globalen und lokalen Zerwürfnisse, die prekären Arbeitsverhältnisse, die Finanzkrise usw. sehen.

Zugleich aber sehen sie auch die Engel nicht im Himmel, sondern mitten unter ihnen, denn „Es müssen nicht Männer mit Flügeln sein, die Engel“ (Rudolf Otto Wiemer), die jetzt zupacken und etwas ändern.

Als die Mitschwestern der wahrhaft großen Mystikerin Teresa von Avila sich ständig nach Visionen und anderen außerirdischen Zuständen sehnten, wies sie diese Haltung schroff zurück und sagte ihnen: „Werke der Barmherzigkeit will der Herr sehen, nicht Wunder!“ Der Glaubende meditiert sozusagen mit offenen Augen und er sieht „Freude und Hoffnung, Trauer und Angst der Mitmenschen“ (GS 1, Vat. II) und tut das ihm Mögliche, Leid und Ungerechtigkeit zu verhindern. Nur so korrigiert er das Wort von Jean Paul Sartre „Les autres l´enfer“ (Die anderen sind die Hölle) und er trägt anfanghaft durch seine Tat der Liebe zur gegenteiligen Erfahrung bei: „Die anderen, das sind der Himmel!“ So wie das Reich Gottes mitten unter uns ist, so ist auch der Himmel mitten unter uns, auch wenn seine Vollendung noch aussteht.

Christen und Christinnen sagen ein zweifaches „Es reicht!“ Einerseits reicht es, was hier in der Welt an selbstgemachtem Leid und Ungerechtigkeit, an Armut und Not gibt und es ist höchster Handlungsbedarf. Andererseits sagen Christen und Christinnen aus dem Glauben heraus: „Es reicht!“ Es ist genug für alle da. Gott hat vorgesorgt und er schenkt uns seinen Geist, um die Welt und die Kirche zu erneuern. „Change! Yes, we can!“, denn Gott ist mit uns! Die Caritas gehört wesentlich zur Kirche! Diese bleibende Gegenwart Gottes in der Welt ist in der Lesung und im Evangelium angesprochen durch die Taufe mit dem Heiligen Geist, bzw. durch die Kraft aus der Höhe, aber ebenso durch den Segen, den Jesus den Seinen hinterlässt.

Freilich sind die Augen der Christen auch offen für die bleibende Bruchstückhaftigkeit und die „Große Unvollendete“ irdischen Daseins, denn „Alles ist zu wenig“ (Ingeborg Bachmann). Sie beuten deshalb diese Erde nicht aus, als ob das irdische Leben die letzte Gelegenheit wäre und jeder schaut, möglichst viel aufkosten anderer zu haben. Wir bauen am irdischen Jerusalem auf Erden – im Wissen und Vertrauen, dass alles von uns Gebaute nochmals eine wesentliche Verwandlung durchgehen muss und allein durch das Jerusalem, das allein vom Himmel herabsteigt, vollendet wird. Ja, wir sind sogar überzeugt, dass unser lieben Verstorbenen bereits für uns alle Anker im Himmel sind.

Der Heilige Geist wird immer wieder, so auch im letzten Sonntagsevangelium, mit dem Frieden in Zusammenhang gebracht, den Jesus nach seiner Himmelfahrt gibt, wie die Welt ihn nicht geben kann. Hier möchte ich aus aktuellem Anlass auf eine andere große Gefahr hinweisen, die den von Jesus gemeinten Frieden ins totale Gegenteil umdreht! Um des „lieben Friedens willen“ wird nämlich so manches unter den Teppich gekehrt, unter Verschluss gehalten, aber nicht gelöst.

Das passiert in unseren Familien, in der Politik und leider geschah es auch oft in der Kirche, wie die beschämenden Missbrauchsfälle aufgezeigt haben. Es gab eine Mauer des Schweigens und des Vertuschens – unter anderem „um des lieben Friedens willen“. Genau das Gegenteil ist eingetreten, wie zu befürchten war. Hier wurde "um des lieben Friedens" willen der Heilige Geist geradezu ausgegrenzt. Angesichts von solchem Frieden gilt in aller Schärfe Jesu Wort: „Denkt nicht, ich sei gekommen, um Frieden auf die Erde zu bringen. Ich bin nicht gekommen, um Frieden zu bringen, sondern das Schwert“ (Mt 10,34).

Das Symbol des Gottesgeistes, um den wir in diesen vorpfingstlichen Tagen besonders bitten, ist die Taube. Das bedeutet doch Bewegungsfreiheit und frische Luft. Davon war Johannes XXIII. überzeugt, als er vor etwa 50 Jahren in einer zeichenhaften Geste ein Fenster des Vatikans weit öffnete und so demonstrativ das allgemeine Konzil einleitete. Einige sind dran, diese Fenster eher wieder zu verschließen. Kein Wunder, wenn dann statt frischer Luft Kirchenmuff entsteht! Das Evangelium braucht die freie Luft. Die meisten Predigten Jesu wurden im Freien, am See, auf einer Wiese, am Berg gehalten. Und die Menschen waren von seiner Botschaft begeistert.

In einem geschlossenen Raum kann man es sich zwar sehr gemütlich einrichten. Kein frischer Wind, nicht einmal ein Luftzug stört die Behaglichkeit. Der im übertragenen Sinne geschlossene Kirchenraum ohne frische Luft lässt jedoch die Frohbotschaft verbraucht, muffig und eng werden. Für die Menschen seiner Zeit, vor allem für die religiöse Oberschicht, war Jesus ein Störenfried, weil er für frische Luftzufuhr sorgte.

Um den Preis der Stubenwärme macht unsere Kirche in manchen Fragen immer wieder zu lange dicht. Kann es nicht sein, dass durch das Offenbarwerden der so traurigen Missbrauchsfälle in der Kirche auf einmal in ungewohnter Weise der Geist Gottes durch die Mauern bläst, die man für absolut sicher hielt? Weil der Friede, den Jesus bringen wollte, ganz anders aussieht als die kirchliche Vertuschung und Verdrängung um des "lieben Friedens" willen, musste er offenbar mit kräftigen Sturmböen aktiv werden. Sonst hätte man ihn wie schon so oft übersehen oder überhört.

Wenn unser pfingstliches Beten und Bitten "Komm, heiliger Geist" ernst gemeint ist, müssen wir die kirchlichen Türen und Fenster ganz weit auftun statt sie abzudichten. Wenn Jesus uns seinen Frieden zusagt, so ist es kein Frieden, wie die Welt ihn versteht, auch nicht ein Frieden „um des lieben Friedens willen“, sondern dann ist es ein Friede, der durch Offenheit, Zuwendung, Achtsamkeit, vor allem durch Gerechtigkeit entsteht. Möge dieser Friede das Zusammenleben in der Kirche immer mehr prägen! Amen.

Pfingsten

Apg 2,1-11; Joh 14, 15-16.23b-26 (27.5.2007)

Der Philosoph Martin Heidegger sagt: „Die Sprache ist das Haus des Seins.“ Er meint damit wohl, dass sich in der jeweiligen Sprache unsere Weise zu leben, also unsere Erfahrungen, unser Lebensgefühl niederschlagen. Nachdem Leben vor allem Beziehung ist, spiegeln sich in den Redewendungen der jeweiligen Sprache sicherlich auch die Art und Weise der Beziehungen zueinander wider – gleichsam als Sprachfossilien oder Rückstände dessen, wie Völker in der Geschichte miteinander umgegangen sind.

Mir ist das bei verschiedenen Redewendungen aufgefallen, die von Volk zu Volk und von Sprache zu Sprache jeweils verschieden sind. Wenn wir sagen wollen, dass uns etwas fremd und sehr andersartig vorkommt, so sagen wir in der deutschen Sprache: „Das kommt mir spanisch vor“ – vielleicht weil rund um unser Land nicht spanisch gesprochen wird, spanisch also weit weg und schwer zugänglich war. - Was mag wohl mitschwingen, wenn die Englischsprechenden dasselbe

mit den Worten ausdrücken „That´s sounds greek to me“ (Das klingt für mich griechisch)? Vielleicht sind es unangenehme Erinnerungen an das Lernen einer antiken Sprache und die damit verbundenen Plagen. - Wenn die Franzosen sagen „C`est chinoise pour moi“ (Das ist für mich chinesisch), so ist wohl eine unendliche Entfernung und Fremdheit mitangedeutet, denn China war weit, weit weg. - Bei den Italienern mögen sich in ihrer Redewendung „Questo è turco per me“ (Das ist für mich türkisch) wohl die vielfachen Auseinandersetzungen mit dem osmanischen Reiche der Türken niedergeschlagen haben.
Das Fremde und Andersartige ist oft auch das, was Angst ausgelöst hat, und sei es Jahrhunderte zurück in irgendwelchen Konflikten der Geschichte. In diesen Redewendungen, denen oft unangenehme oder gar feindliche Erfahrungen in der gegenseitigen Beziehung zugrunde liegen, zeigt sich also, dass die Menschen ein großes kollektives Unterbewusstsein haben, dass sich auch in der Sprache als dem „Haus des Seins“ niederschlägt. Das heißt praktisch, dass es schwer ist und lange dauert, Belastungen aus der Geschichte wirklich aufzuarbeiten.

Eine neue Studie, die Sinusstudie, machte auch auf andere nachhaltige Auswirkungen von früheren geschichtlichen Tatbeständen aufmerksam. Dass z.B. im Habsburgerreich Thron und Altar oft allzu eng verbunden waren, wirkt auch noch im heutigen Österreich bei nicht wenigen Zeitgenossen bis jetzt in einer größeren Skepsis der Kirche und ihrer Hierarchie gegenüber nach; die Menschen haben noch unbewusst in Erinnerung, dass die Kirche sich lange zu eng mit der staatlichen Macht der Habsburger eingelassen hat.
Ein anderes Beispiel: Ich bin überzeugt, dass die politischen Auseinandersetzungen im Jahre 1934 in Österreich zwischen dem Ständestaat und den Sozialdemokraten Gräben aufgerissen haben, die bis heute nicht ganz geschlossen sind – im Unterschied etwa zu Deutschland.
Noch ein Hinweis auf aktuelle Gegebenheiten: Die 95 Milliarden Dollar, die Präsident Bush für die Kriege in Afghanistan und im Irak in diesen Tagen genehmigte, tragen sicherlich nicht zum Abbau der Spannungen zwischen USA und Asien, zwischen den Völkern des Westens und den islamischen Völkern des nahen Ostens bei. Vielmehr hinterlassen sie heute im kollektiven Unterbewusstsein dieser Völker tiefe Spuren der Verletzung und der Scham, der weiteren Spaltung und der Feindschaft für lange Zeit. Es wird mindestens viele Jahrzehnte dauern, sie zu beseitigen oder gar in freundschaftliche Beziehungen zu verwandeln. Noch nie haben neue Kriege die Menschen einander näher gebracht, ganz im Gegenteil!
Ähnliches wäre wohl über die Spannungen zwischen Israelis und die Palästinenser zu sagen. Wer im Andersartigen und Fremden den Feind sieht und ihn gar zum Sündenbock macht, bringt Menschen nicht zueinander, sondern auseinander und gegeneinander.
Warum sage ich all das und worauf möchte ich hinaus?

Was ich geschildert habe, sind meines Erachtens mehr oder weniger starker Ausdruck dessen, was das biblische Bild vom Turmbau zu Babel meint. Das ist ein Symbol für die Tatsache, die im anderen nur noch den Fremden, den Konkurrenten, den Rivalen, den Feind sieht, so dass schlussendlich einer des anderen Sprache nicht mehr versteht. Es geht dabei nicht um ein linguistisches Verstehen, sondern um das Verständnis der Menschen füreinander im tieferen Sinn.
Die Beispiele, die ich erwähnt habe, sind verschiedene anfängliche und fortgeschrittene Formen dessen, was uns im immer noch aktuellen Bild des Turmbaues zu Babel geschildert wird. Das Ende ist die babylonische Sprachverwirrung, das totale Tohuwabohu, wo der "Diabolos", wörtlich der „Durcheinanderwerfer“, die Menschen total gegeneinander aufhetzt.
Auch wenn Sie und ich nicht mit solchen Konflikten unmittelbar zu tun haben, so sitzen auch in jedem und jeder von uns diese tief sitzenden Vorurteile, die sich besonders am Stammtisch, zu vorgerückter Stunde oder in billigen Witzen bemerkbar machen, etwa in den klassischen Sündenböcken der Juden, Tschuschen, Türken, Homosexuellen oder anderer Minderheiten. Menschenfurcht verhindert leider allzu oft, dagegen mutig Einspruch zu erheben.

Was wir heute feiern, ist genau das Gegenteil des Turmbaues zu Babel. Pfingsten besagt, dass der Geist Gottes ein neues „Haus des Seins“ begründet, ein Haus mit Menschen, die die aus Angst voreinander verschlossenen Türen öffnen. Was hier geredet wird, ist kein Geschwätz und schon gar nicht ein gegenseitiges Einander-Ausrichten.
Es ist die Botschaft, dass wir alle Kinder Gottes und in Jesus untereinander Geschwister sind. Die mit Gottes Geist Beschenkten gehen hinaus und verkünden ohne Menschenfurcht Gottes große Taten. Alle verstehen sie: „Parther, Meder und Elamiter, Bewohner von Mesopotamien, Judäa und Kappadozien“, und heute müsste es heißen: in der großen Welt Palästinenser und Juden, Iraker und Amerikaner, und in der kleinen Welt mein Nachbar und meine Familie, ich und meine Schwiegereltern, die Kinder und die Eltern.
Überall wo dieser Geist der Geschwisterlichkeit einbricht, beginnt Kirche: Türen nach vorne, Türen für alle. Paulus baut aus diesem Geiste heraus mit allen Barrieren und Vorurteilen ab, indem er verkündet: Es gibt nicht mehr Juden und Griechen, nicht Sklaven und Freie, nicht Mann und Frau; denn alle sind eins in Christus Jesus (Gal 3).
Es geschieht ein Sprachereignis, das kein Sprachlabor und keine Universität zu vermitteln vermag und größer ist als die Kenntnis aller Sprachen dieser Erde. Es ist die Sprache des Herzens, die alle verstehen, weil sie jeden Menschen in seinen Begabungen ernst nimmt und so der tiefsten Sehnsucht des Menschen entspricht. Es ist eine Sprache, die Barrieren und Missverständnisse überwindet, im Fremden nicht den Feind, sondern den Gast erkennt. Es ist die Sprache der Liebe.

Jedes Pfingsten ist neu das Angebot Gottes für diesen Sprachkurs der Liebe. Vielleicht ist heuer dieses Pfingsten die Chance, den ersten Schritt in Richtung Versöhnung mit einem konkreten Menschen zu tun. Vielleicht ist es, wie der Psychologe Ericson meint, die Lebensmitte, die erkennen lässt, dass wir doch alle im selben Boot sitzen und es nichts bringt, schwarze Flecken der eigenen Geschichte oder der Familiensippe einander vorzuwerfen; wir sollten uns vielmehr in einer neuen Gefährtenschaft gemeinsam auf den Weg machen.

Gottes pfingstlicher Geist will nicht nur unseren Kirchenraum heller, wärmer und kommunikativer machen, sondern uns selbst als dessen lebendige Steine. Er will unsere Schutz- und Abwehrmechanismen sprengen, Versöhnung und Frieden schenken und Kommunikation gelingen lassen.

Das große neue Fenster von Maria Moser mit dem Thema „Erlösung und Auferstehung" möge uns ein Sinnbild für das bleiben, was pfingstliche Gabe und Aufgabe ist: So wie Gottes Geist die verschlossenen Räume für alle geöffnet hat, sollen auch wir Mauern, die uns auseinanderdividieren, aufbrechen, damit das Licht des göttlichen Geistes in die Kirche hereinkommt und aus ihr hinaus gestaltend in die Welt geht.

Draußen vor der Kirche an der Bachstraße sind rund um eine Rose sieben Beton-Zylinder, die aus der Kirchenwand herausgebohrt wurden, damit die Wand aufgebrochen werden konnte und lichtdurchlässig wurde. Mögen sie uns Zusage, Erinnerung und Mahnung sein, dass uns Gott seinen Geist hier und jetzt schenkt und dass er uns bewegen will. Überall dort, wo wir uns füreinander öffnen und unsere Begabungen so einsetzen, dass sie anderen zu gute kommen, ist Gottes Geist am Wirken.

Lassen wir uns bewegen und machen wir uns auch in unserer Zeit auf Überraschungen gefasst. Gottes Geist bricht wahrscheinlich nicht so gewaltig herein wie beim ersten Pfingsten, auch wenn unserer Kirche ein ähnliches Pfingstereignis wie das letzte Konzil wohl sehr gut täte. Sicher aber wirkt dieser Geist im alltäglichen Tun der Liebe. Bitten wir den Geist, uns gerade im Alltag an die Liebe zu erinnern, die uns von Gott her umgibt und trägt, und die sich vermehrt, sobald wir sie verschenken. So mögen wir den Worten der Dichterin Hilde Domin folgen:

"Nicht müde werden,
sondern dem Wunder
leise
wie einem Vogel
die Hand hinhalten."

Pfingstgedanken

Zur aktuellen kirchlichen Situation (23.5.2010)

Weil der Geist weht, wo er will, stellt er ein hohes Risiko dar. Er weht fürwahr nicht immer nur in der Hierarchie „oben", ja – wie die Kirchengeschichte etwa bei Franz von Assisi und vielen anderen zeigt – nicht selten viel klarer und wegweisender „unten", also im gewöhnlichen Volke Gottes, bei Priestern und Laien, Männern und Frauen. Wer den Geist Gottes zulässt, weiß nicht, wohin die Fahrt geht, denn da kann es nicht nur darum gehen, dass von oben nach unten etwas monologisch vermeldet wird.

Zu den Quellen der Wahrheitsfindung gehören nach guter katholischer Lehre nicht nur das Lehramt, sondern auch die Theologie, der Glaubenssinn des Volkes und – zumindest seit dem Zweiten Vatikanischen Konzil – nicht der Zeitgeist, aber die „Zeichen der Zeit". Im synodalen Prinzip der Kirche ist diese Wahrheit grundgelegt und aufbewahrt; es wird aber zurzeit leider wenig beachtet. Es bedarf unbedingt eines langen, manchmal mühseligen und hinwieder auch strittigen Dialoges.

Die Kirche wird bleiben, ihre Gestalt wird sich jedoch ändern müssen, denn es gelten sowohl „Ecclesia semper reformanda" (= Kirche muss immer reformiert werden) als auch das von Johannes XXIII. geforderte „Aggiornamento" (= „Verheutigung" des Evangeliums). Kirche ist nicht Selbstzweck, sondern „nur" ein zerbrechliches, aber notwendiges Gefäß zur Verwirklichung des Reiches Gottes. Es ist immer auch eine Kirche der Sünder und Heiligen und auch ihre eigenen Strukturen sind keineswegs vor Sünde gefeit.

Ich weiß, dass dies aufgrund der verschiedenen Glaubensgestalten auch viel Trauerarbeit bedeutet und es soll niemand überfahren werden. Da machen sich auch die verschiedenen Geschwindigkeiten der Veränderung in Spannungen und Konflikten bemerkbar. Es geht fürwahr nicht um einen verwässerten Glauben oder um ein „Christentum light". Unveränderbar muss die Frohbotschaft Jesu bleiben, dass er gekommen ist, damit wir das Leben haben und es in Fülle haben und dass die Freude (nicht oberflächlicher Spaß!) in uns sei und die Freude einmal vollkommen werde.

Bis dahin heißt es nicht nur hohe Ideale aufzeigen, sondern vor allem die nächsten Schritte möglich machen, und zwar für den je konkreten Menschen mit seiner einmaligen Lebensbiographie, die heute bei nicht wenigen ein Puzzle oder ein Patchwork ist. Das heißt wohl auch: Es kann, es muss sich in der Kirche viel verändern, wenn sie auf die Fragen der Menschen und der jetzigen Zeit eine Antwort geben und Zeugnis für Christus geben will (und nicht Antworten gibt auf Fragen, die niemand stellt), etwa in der Begleitung geschieden Wiederverheirateter, in der Beurteilung der Homosexualität, in den Fragen einer menschengerechten humanen Sexualität, in der Bedeutung der

Ortskirchen, in der Leitung der Gemeinden, in den Zulassungsbedingungen zum priesterlichen Dienst, in der Stellung der Laien, zumal der Frauen und deren Teilhabe an Leitungs- und Weihe-Ämtern, ...

Auch in der Sprache der Verkündigung heißt es, wieder mehr – wie Martin Luther zu seiner Zeit – „den Menschen aufs Maul zu schauen" und die Botschaft ins Heute statt bloß aus dem Lateinischen ins Deutsche zu übersetzen. Die dahinter stehende Angst des Wildwuchses ist zwar verständlich, aber weder theologisch (Liebe kennt keine Angst) noch pädagogisch zu rechtfertigen! Auch dialogische Strukturen können die nötige Wachheit haben – und ungerechtfertigte Macht kontrollieren!

Wir müssen einerseits die Sorge der Ängstlichen ernst nehmen und sie dort abholen, wo sie stehen. Andererseits aber sind allen die Zumutung und der Mut abverlangt, auch sich zu bewegen und für ihre Glaubensgestalt kein Monopol zu beanspruchen. Unbeweglichkeit in Sachen Religion und Glaube führt zu dem, was wir in allen Religionen und auch in der Politik erleben, nämlich zu Fundamentalismus. Dass Fundamentalisten auch vor Gewalttaten nicht zurückschrecken, erfahren wir fast täglich aus den Nachrichten.

Bitten wir um die göttliche Geisteskraft, dass sie die Kirche in der jetzigen Krise in allen ihren Gliedern erneuere, damit sie ein glaubwürdiges Zeugnis der Frohbotschaft unseres Glaubens gebe und auch zur Bewältigung der vielfachen Krisen in der Welt das ihr Mögliche beitrage. „Herr, erneuere deine Kirche und fange immer wieder bei mir an!"

Mögen wir Christen und Christinnen zusammenwirken mit allen Menschen guten Willens zum Heil der Menschen!

Fronleichnam

1 Kor 11,23-26; Lk 9,11b-17 (3.6.2010)

Sie erinnern sich an die drei Leitworte, die die Neugestaltung unseres Kircheninnenraumes geprägt haben: Heller, wärmer und kommunikativer. Ich möchte heute am Fronleichnamstag noch auf eine ganz wesentliche Dimension der Neugestaltung hinweisen.

Unsere Kirche ist eine typische Wegkirche mit einer starken diagonalen Ausrichtung. Damit ist der Weg des wandernden Volkes Gottes angedeutet, auch wenn er nicht wie in den meisten Kirchen nach Osten in Richtung der aufgehenden Sonne führt. Der Altar stand ganz vorne, sozusagen mit dem Priester als Anführer des Zuges, eher abgehoben vom Volk in großer Distanz zu den Mitwandernden. Der ganze Weg war sehr dunkel – im schwarzen Wachauer Marmor, selbst der große 9 Tonnen schwere Opfer-Altar war schwarz.

Von daher konnte man den Eindruck gewinnen, dass das Volk wirklich im Finstern wandert; am nächsten war noch der Priester dem Lichte. Dieses kam praktisch erst ganz oben auf dem Altarbild in den helleren Farben von Weiß und Grün zum Ausdruck, also ganz oben bei der Darstellungen aus der Geheimen Offenbarung: das Lamm, das neben dem Löwen weidet und die 24 Ältesten in der eigen Vollendung.

Ich weiß, wir sind noch nicht in der Fülle des Heils, aber ich frage: Wo blieb bei dieser räumlichen Anordnung in der Spannung von „schon und noch nicht" die Gegenwart Gottes hier und jetzt in seinem Worte und in den Sakramenten, zumal in der Eucharistie? Wo blieb das Reich Gottes, von dem heute im Evangelium steht, dass Jesus davon redete und als Zeichen dafür es schon aufleuchten ließ, indem er jene heilte, die seine Hilfe brauchten? Wo blieb das Reich Gottes, von dem Jesus sagte, dass es jetzt schon mitten unter uns ist?

Das 2. Vatikanische Konzil sagt, dass alle durch die Taufe gleich an Würde sind. Deshalb ist auch „Hochwürden" zurecht von seiner isolierten abgehobenen Stellung heruntergetreten und ist - ohne seinen besonderen Dienst für das Volk zu leugnen - nun beim Volke Gottes, wie auch Jesus unter seinem Volke war und ist. Deshalb haben wir auch den Altar als Symbol für Christus in die Mitte der Kirche gerückt.

Dieses sonntägliche Bei Jesus-Christus-Sein in der Eucharistie ist unser Sammelpunkt, unsere Quelle, Zentrum und Höhepunkt unsers christlichen Seins und Handelns, wie es das Konzil sagt. Wir alle erhalten in dem Mahl, das wir in je verschiedenen Diensten füreinander gemeinsam feiern, das Brot, in dem Christus selbst sich uns schenkt. Es ist das Brot, das uns auf unserer Wanderung durch das Leben stärkt. Das Reich Gottes ist darin hier und jetzt schon mitten unter uns.

Unser neu gewonnener Communio-Raum in der Mitte unseres Kirchenraumes will sagen: Wir dürfen auf unserem Weg als Volk Gottes innehalten und eine Rast machen, bei der wir uns das Brot des Lebens als Wegzehrung erhalten. Wir wandern nicht mehr nur im Dunkeln, denn Jesus ist bereits als Licht der Welt unter uns; er schenkt sich auf so manchen Durststrecken des Lebens als lebendiger Quell und als belebendes Brot. - Heute am Fronleichnamstag empfangen wir dieses Heilige Brot nicht nur als Zeichen der Gegenwart des Reiches Gottes hier und jetzt, sondern wir tragen es auch durch den Kirchenraum auf diesem in der Diagonale angedeuteten Weg des Volkes Gottes.

Für mich bedeutet diese Prozession innerhalb des Kirchenraumes die Verpflichtung der Kirche, auch füreinander immer mehr zum Brot zu werden, das wir uns gegenseitig geben und das uns leben lässt, denn „einander schenken die Menschen das Himmelsbrot des Selbstseins" (Martin Buber). Die Gegenwart des Reiches Gottes hier und jetzt ist die Einladung an unsere Pfarrgemeinde und an die Kirche als ganze, innerhalb ihrer eigenen Räume und Strukturen dafür Sorge zu tragen, dass niemand lieblos ausgegrenzt wird. Wer in der Communio (=Gemeinschaft) der Kirche ist, soll auch an der Kommunion teilnehmen können, wenn er guten Willens ist, etwa geschiedene Wiederverheiratete. Aber auch gleichgeschlechtlich Geprägten, die ihr Leben in verantwortlicher Verbindlichkeit gestalten, darf dieser Brotkorb, den Christus selbst uns schenkt, nicht mutwillig zu hoch gehängt werden.

Weil das Reich Gottes schon unter uns ist, soll sich dies auch im Bemühen der Kirche und jedes einzelnen zeigen, immer mehr ein gläsernes Haus zu sein, in dem es keine Machtspiele gibt und kein Mehr des einen vom Weniger des anderen lebt, denn, wie Jesus sagt, „Bei euch soll es nicht so sein wie in der Welt, in der die Großen die Kleinen unterdrücken".

Wir erleben gerade in diesen Monaten, wie sehr Kirche der eigenen Selbstverpflichtung nachhinkt und wie oft ihr Weg auch ein Umweg oder gar ein Irrweg ist. Freilich treten nicht wenige gerade in diesen Wochen aus der Kirche aus, statt an einer glaubwürdigeren Gemeinschaft selbst mitzuwirken.

Unser innerkirchlicher Weg möge neu geläutert werden durch die Gegenwart des Reiches Gottes in unserer Mitte! So können wir die Prozession glaubwürdig fortsetzen hinaus in die Welt – und dies tun wir zeichenhaft heute, wenn wir das Allerheiligste auch in unsere Strassen tragen. So sehr uns innerkirchliche Fragen beschäftigen, so ist ja Kirche kein Selbstzweck und sie darf nicht bei einer Nabelschau verweilen, sondern sie ist in die Welt hinaus gesandt, um im Auftrag Jesu wie er jene zu heilen, die Hilfe brauchen. Jesus schenkt sich ja als Brot für das Leben der Welt. „Freude und Hoffnung, Trauer und Angst der Menschen" sollen wir mit unseren Zeitgenossen teilen – und wir dürfen dabei nicht vom hohen Ross der Besserwisserei Ratschläge erteilen, sondern wir müssen einfach zugreifen, wo Hilfe Not tut.

Gelegenheit andere zu heilen, gibt es viele - im Kreis der Familie, in der Nachbarschaft, unter den Arbeitskollegen und –kolleginnen, aber auch in den Spenden für die Katastropheneinsätze in der weiten Welt oder im Einsatz für Frieden, Gerechtigkeit und Bewahrung der Schöpfung. Wenn wir das Brot des Lebens heute auch aus der Kirche hinaus tragen, so tun wir es im Auftrag Jesu an seine Jünger damals und heute, den Menschen das zu geben, was wir haben, und seien es nur „fünf Brote und zwei Fische".

Das Wunder der Brotvermehrung geschieht an einem abgelegenen Ort. Das heißt doch, dass die Fronleichnamsprozession keine Folklore und keine Machtdemonstration oder sonst ein schmückendes Beiwerk unseres Christseins ist, sondern Zeichen unserer von Jesus aufgetragenen Hausaufgabe gerade zu denen zu gehen, die abgelegen und unbeachtet sind oder m Abseits liegen gelassen werden oder die vor Schmerz oder Enttäuschung leise und kleinlaut geworden sind. Das kann ein Besuch im Krankenhaus sein, eine Stunde Zeit für ein Gespräch, das Eintreten für Vernachlässigte und Sündenböcke unserer Gesellschaft.

So wie im Evangelium die Verwandlung des abgelegenen Ortes den Hunger der Menschen stillt, so kann auch uns Jesu Zumutung treffen, unsere Vorräte zu offenbaren und sie mit anderen zu teilen. So kann auch heute im dadurch möglichen Wunder der Brotvermehrung immer noch Gottes Reich unter uns sichtbar werden. - Unser Glaube darf die anderen nicht auf das himmlische Brot vertrösten, solange wir ihnen nicht das auf den Tischen täglich notwendige Brot geben. Die Caritas ist und bleibt eine für die Kirche unentbehrliche Säule, denn der Glaube ohne Werke der Liebe ist tot.

Wenn wir dieses Brot heute hinaus auch in die Welt tragen, so wollen wir freilich auch bezeugen, dass das irdische Brot allein den Hunger des Menschen nicht zu stillen vermag, denn „Alles ist zu wenig" (Ingeborg Bachmann). Jesus ließ sich nicht zum Brotkönig machen, denn ihm ging es darum, die Sehnsucht nach dem offenen Himmel und nach dem „Brot, das alle Wonne in sich birgt", wach zu halten. Bei aller Wertschätzung des Könnens und Wissens der Menschen und selbst in großer Achtung vor der Weisheit der Welt, die Geschichte der Menschheit zeigt immer wieder erschreckende Beispiele, dass Humanismus ohne Gott leicht in Inhumanität, also Unmenschlichkeit umschlagen kann; das KZ Buchenwald liegt geographisch unweit von Weimar.

Genau vor 9 Wochen haben wir Gründonnerstag gefeiert und heute feiern wir in besonders festlicher Form Jesu damals gegebenen Auftrag „Tut dies zu meinem Gedächtnis!" Bei diesem Gedächtnis ist Gottes Reich unter uns gegenwärtig. Das Fronleichnamsfest will uns zumal durch die Prozession daran erinnern, dass diese Gegenwart des Reiches Gottes auch in der Kirche selbst immer mehr deren Strukturen durchdringen muss und dass wir Christen in der Welt Zeugen seiner Liebe sein sollen, indem wir unsere Vorräte teilen und dadurch andere heilen, die Hilfe brauchen. In solchem Vertrauen können auch heute noch Zeichen und Wunder geschehen. Amen.

11. Sonntag

2 Sam 12,7-10.13; Lk 7,36-8,3 (13.6.2010)

In meiner Stellungnahme vor fast drei Monaten zum kirchlichen Umgang mit Schuld anlässlich der Missbrauchsfälle habe ich anbetracht der Vertuschung und der Mauer des Schweigens eine für mich auch tröstliche Feststellung getroffen: „Gerade die Heilige Schrift ist keine Hofberichterstattung, sondern schildert die Höhen und Tiefen des Menschen, so etwa im Alten Testament die Größe des Königs David, aber auch seinen Fall als Ehebrecher." Es wird nichts verdrängt und vertuscht; da kommt der Mensch mit seinen Licht- und Schattenseiten, mit seiner Größe und seiner Schuld vor. Sonst war es in der orientalischen Welt üblich, das Leben des jeweiligen Herrschers makellos und glanzvoll darzustellen und seine Person zu göttlicher Erhabenheit zu verklären.

Die heutige Lesung bringt einen Teil des von mir angesprochenen Beispiels aus dem Leben des David. Ich möchte deshalb dabei mit meinen Gedanken verweilen. David ist der Vorfahre Jesu, der Israel um 1000 vor Christi Geburt dem Höhepunkt seiner Geschichte entgegenführte, indem er die Macht der gefürchteten Philister in einigen Schlachten schlug. Es ist David, der Jerusalem den Jebusitern entriss und sein Reich vom Euphrat bis zum Roten Meer ausdehnte. Es ist David, der die Harfe herzbewegend zu schlagen verstand und dem die Gebete Israels, die Psalmen, in den Mund gelegt werden. David ist jener hochberühmte Mann, an den die späteren Geschlechter dachten, wenn sie von der Erneuerung der alten Herrlichkeit träumten.
Gerade von ihm weiß die Bibel ein Verbrechen von kaum zu überbietender Schändlichkeit zu berichten. Was dabei an Spannendem geschieht, steht den Krimis von Donna Leon nicht nach. Der so gesegnete und großmütige David, der einst als kleiner Junge dem Riesen Goliath die Stirn bot, der bereit war, Saul, der ihn verfolgte, zu verzeihen, dieser David ist es, in dem sich ein Abgrund der Sünde auftut. Von diesem bescheidenen und verantwortungsbewussten David mit großer militärischer und musischer Begabung wird zugleich erzählt, dass er ein berechnender und skrupelloser Machtpolitiker war, der – nicht nur sprichwörtlich – über Leichen ging. Seine Zwiespältigkeit spiegelt sich auch in seiner Beziehung zu Frauen, wie es in der Beziehung zu Batseba offenbar wird. Er lässt einen Mann töten, um seine Frau zu heiraten.
Diese verhängnisvolle Affäre spielt sich in einem Drama mit gleichsam 5 Akten ab. Kurz zu den einzelnen Akten (nachzulesen in 2 Samuel 11-12):
Im 1. Akt sieht David die badende Batseba. Er ist von ihrer Schönheit betört, lässt sie zu sich holen, schläft mit ihr und zeugt ein Kind. Zur gleichen Zeit kämpft der Gatte Batsebas, der Hetiter Urija, mit den Truppen Davids gegen die Ammoniter.
Im 2. Akt versucht David den Ehebruch mit allen Mitteln zu vertuschen und sich aus der Affäre zu ziehen. Um seine eigene Ehre zu retten, will er das werdende Kind dem scheinbar nichts ahnenden Urija unterschieben. Er gewährt ihm Heimaturlaub – in der Hoffnung, dass er mit Batseba schläft. Urija bleibt aber bei der Leibwache. Der Plan geht auch nicht auf, nachdem er ihn trunken macht. Der König erfindet nun einen fast teuflischen Plan, um die Sache zu vertuschen. Falls nämlich bekannt wird, dass er mit der Frau eines seiner Offiziere schläft, während seine Soldaten für ihn an der Front das Leben aufs Spiel setzen, muss er damit rechnen, dass er ihre Loyalität verliert. So beschließt er Urija zu töten, um Batseba heiraten zu können.
Der 3. Akt ist besonders infam. Urija selbst muss den Brief, d.h. sein Todesurteil, an seinen Kommandanten Joab überbringen. Darin wird dieser angewiesen, dass Urija an vorderster Front kämpfen soll, um in einem Hinterhalt getötet zu werden. Die Rechnung geht auf, denn Urija fällt in der Schlacht und David nimmt nach der üblichen Trauerzeit die schwangere Batseba zu Frau.

Ein Teil des 4. Aktes wird uns in der heutigen Lesung erzählt. Der Prophet Natan wagt es. David mit seinem Fehlverhalten zu konfrontieren, denn seine Macht ist nicht grenzenlos. Er erzählt dem König die Parabel vom einzigen Lamm des Armen, das ihm der reiche König auch noch nimmt. Wörtlich heißt es: „Da geriet David in heftigen Zorn über den Mann und sagte zu Natan: ... Der Mann, der das getan hat, verdient den Tod“, worauf Natan zu David sagte: „Du selbst bist der Mann.“ Hier setzt unsere Lesung ein.

Natan sagt ihm: Obwohl ihm so vieles gehört und alles geglückt ist, zerstört er das Glück zweier anderer Menschen, um für sich noch mehr genießen zu können, statt für all das, was ihm geschenkt wurde, dankbar zu sein. In der Begegnung mit Natan, der keine falschen Rücksichten nimmt, gehen David die Augen auf. Er erkennt die Tragweite seiner Tat und bekennt sich schuldig vor Gott. Im Bekenntnis seiner Schuld gewinnt David wieder sein geistliches Profil: er stellt sich selbst hinten an, um Gott die Ehre zu geben.

Heute am Vatertag sei noch aus dem 5. Akt erwähnt, dass das mit Batseba gezeugte Kind stirbt und David nun ein ganz verändertes Verhalten hat: Er erscheint als besorgter und sensibler Vater und als mitfühlender Mann, der Batseba tröstet.

Ich möchte ein paar Gedanken zum Weiterdenken anfügen. Wahrscheinlich danken wir im Moment an manche, die die jetzige Finanzkrise ausgelöst haben, weil sie nicht zufrieden waren mit den bisherigen Gewinnen, sondern auf Kosten anderer, nämlich der Schwächeren und Ärmeren, für sich noch mehr genießen wollten. Bei den meisten von ihnen fehlt offenbar bis jetzt die Einsicht, die David hatte, als er seine Schuld bekannte. Man hat zumindest den Eindruck, es geht bei den Spekulanten munter in derselben Richtung weiter.

Die Politik, die gegenüber den Banken die Rolle des Propheten Natan einnehmen sollte, macht vielfach einen Kniefall vor der Wirtschaft. Wer von den Politikern wagt es wirklich unangenehme Tatsachen anzusprechen, solange der Hut nicht ganz brennt., etwa in der Frage des Pensionsalters, der Umweltkatastrophe oder der Menschenrechte in manchen Ländern? Mancher denkt vielleicht auch an Personen, die allzu oft ihr superreines Gewissen betonen. Wir müssen leider auch an die Vertuschung von Missbrauchsfällen in der Kirche denken, wo die Opfer nicht Gehör fanden, um ja nicht die Kirche ins Gerede zu bringen. Auch wer jetzt mutig Worte sagt, wie es etwa Kardinal Schönborn bezüglich seines Vorgängers Groer und der damaligen Vertuschung getan hat, muss leider damit rechnen, kein Gehört zu finden.

Auch Kirche braucht die Propheten wie Natan, die sie daran erinnern, wo sie um ihrer eigenen Ehre willen das Evangelium für die Armen und für die Opfer verrät.

Wir wollen aber auch nicht Gefahr laufen durch dass Sehen der Schuld bei anderen, von uns selbst abzulenken! Sitzen wir nicht irgendwie alle in einem Boot? Und vielleicht täte ich auch dies und jenes, wenn ich die Gelegenheit hätte. So sind meine Möglichkeiten etwas zu verschweigen, zu vertuschen oder auf andere zu verschieben eher kleiner – aber gut wird es deshalb auch nicht! Komme es nicht vor, dass ich auch selbst gelegentlich in der Familie oder im Beruf Macht über andere aus?

So unangenehm Menschen sind, die mich auch kritisieren, gerade weil sie es mit mir gut meinen, so wichtig sind sie, wie Natan es für David war. Manchmal helfen mir auch jene, die es nicht so gut meinen, einen blinden Fleck in mir zu entdecken und ihn in Gottes vergebendes Licht zu stellen.

Ich bin eingeladen, in mich zu gehen und meine Schuld einzugestehen. Auch mein Versagen hat im Beziehungsgeflecht meiner Mitwelt unerfreuliche Folgen, zumindest einen Verlust an gegenseitigem Vertrauen. Nur wenn ich meine krummen Zeilen zugebe, kann Gott auch auf ihnen gerade schreiben. Wann habe ich sie letztlich auch vor Gott bekannt, etwa auch in einem Gespräch der Versöhnung? Nur die Wahrheit macht frei (Joh 8,32). Jesus ist gekommen, Sünder zu berufen, nicht die Gerechten.

Im Evangelium begegnet uns eine Frau, die um ihre Schuld weiß und sie eingesteht und so offen wird für Jesu grenzenlose Liebe. Jesus relativiert nicht ihre Schuld, aber sie erfährt durch ihre Liebe den Mehrwert der Gnade Gottes. Vielleicht fällt es Frauen leichter, auch weil sie mehr Beziehungsarbeit leisten und sich leichter im befreienden Aussprechen tun als die Männer. Der heutige Vatertag ist einerseits eine Einladung an alle Männer, nicht dominant zu sein wie es David war, sondern wie er die eigenen Grenzen und Schwächen anzuerkennen und sich von Gott bejaht zu wissen. Der Vatertag ist zugleich ein Dank an alle Männer, die darnach trachten, zu sich und zu anderen barmherzig zu sein wie es der himmlische Vater ist.

Es muss der Kirche vor allem um die Verkündigung der Gnade Gottes und der Annahme durch ihn als seine Kinder gehen. Diese Frohbotschaft tut sich aber schwer in einer Zeit, deren Krankheit der „Unschuldswahn“ ist, (F. Dürrenmatt). Solange wir Schuld verdrängen, beweisen wir, dass wir uns nicht vollständig bejaht fühlen. Wer Gottes Bejahung keine Grenzen setzt, ist auch zum Eingeständnis von Schuld und zur Erfahrung von Gottes Barmherzigkeit fähig. In diesem sinne möchte ich zum Schluss ein Zitat vom katholischen Theologen Fulbert Steffensky, dem Mann der bereits verstorbenen evangelischen Theologin Dorothe Sölle, anfügen: „Der Liebe und Vergebung zu bedürfen ist nicht unser Makel, sondern unsere Freiheit. … In

unserer kirchlichen Vergangenheit haben wir Worte wie Sünde Schuld, Buße und Vergebung als Begriffe gebraucht, die den Menschen demütigen und klein machen. So verstößt man sie oft aus dem Sprachgebrauch der Gegenwart. Damit ist nichts getan. Wir müssen die Sprache retten, die zur Würde und zur Größe des Menschen gehört.“ Amen.

12. Sonntag

Sach12,10-11 Lk 9,18 24 (20.6.2010)

Wahrscheinlich sind auch Sie schon einmal von einem Meinungsforschungsinstitut angerufen und befragt worden, was Sie von diesem oder jenem Produkt, von diesem oder jenem Politiker halten oder auch wem Sie unter angeführten Institutionen mehr oder weniger trauen. Die Popularität von Führungspersönlichkeiten in Politik und Kirche, unter Fußballern oder anderen Stars wird dabei erfragt, auch wenn wir wissen, wie schnell der Glanz von manchem wieder vergeht. - Momentan scheint es in den Zeitungen, als ob das neue Model Alisar aus Mattighofen die größte Fangemeinde unter der Jugend hat. Sie ist schön, fit und gesund. Alles, was in diese Richtung geht, und vielleicht noch anständig und tüchtig ist, steigt bei Meinungsumfragen sicherlich mit hohen positiven Werten aus.

Im heutigen Evangelium scheint auch Jesus eine Art Meinungsumfrage zu betreiben. Allerdings scheint mir wichtig, dass gesagt wird, dass Jesus zuvor in der Einsamkeit betete. Das heißt, er war in inniger Beziehung zum seinem himmlischen Vater. Es geht also nicht um etwas Oberflächliches, sondern um etwas, was Tiefgang und Bedeutung hat, um seine ureigene Sendung.

Jesu erste Frage heißt: „Für wen halten mich die die Menschen?“ Indem die Jünger erzählen, was ihnen zu Ohren gekommen ist, lässt sich eine bunte Meinungsvielfalt feststellen. Wichtiger ist jedoch Jesu zweite an jeden persönlich gerichtete Frage: „Ihr aber, für wen haltet ihr mich?“ Jetzt müssen seine Jünger selbst Farbe bekennen.

Petrus macht sich wieder einmal zum Sprecher und gibt eine Antwort, an der Jesus seine Freude haben müsste: „Du bist der Messias!“, d.h. wörtlich der „Gesalbte“, also der von den Propheten angekündigte, vom Volk erwartete zum König, Priester und Prophet „Gesalbte“.

Salben werden im alltäglichen Umgang verwendet, um Wunden zu heilen, um schön zu sein und um nicht angreifbar, also stark zu sein. So erwartete das Volk Israel, dass der Messias all seine Wunden heile, es wieder schön mache und ihm neue Kraft verleihe.

Jesus stellt keine Prüfungsfrage, er will auch keine Antwort aus dem Katechismus, also irgendeinen inhaltlichen Glaubenssatz, so richtig er sein mag, sondern es geht ihm um die ganz persönliche Beziehung zu ihm: Was bedeute ich für Dich? Diese Frage wiederum ist gestellt auf dem Hintergrund dessen, was von jedem von uns gilt: „Da sah ihn Jesus an und liebte ihn“ (Mk 10,21), also auf dem Hintergrund der Erfahrung seiner Liebe zu jedem und jeder von uns. Jesus als Messias zu bekennen heißt, seine Liebe zu beantworten und die Beziehung zu ihm so zu pflegen wie er es mit dem Vater getan hat, d.h. zu beten. Beten ist ja, wie Teresa von Avila sagt, mit Jesus reden wie mit einem Freund, von dem ich weiß, dass er es gut mit mir meint.

Messianische Erwartungen haben die Menschen immer gehabt und werden sie immer haben. Das hat die Wahl von Barack Obama deutlich gezeigt. Es wurden viele unerfüllbare messianische Hoffnungen auf ihn projiziert; langsam aber sicher tritt die Ernüchterung ein!
Ist nicht die Reaktion Jesu nach der richtigen Antwort des Petrus sehr befremdend: „Er verbot ihnen streng, es jemand weiterzusagen.“ Was war wohl der Grund für dieses bei den Evangelisten häufig wiederkehrende Schweigegebot, für das so genannte „Messiasgeheimnis“?
Fragen wir uns: Wer hat uns wirklich geholfen, in dem er tat, was man von einem Messias erwartet: Wunden heilen, innere Würde und Schönheit, Kraft und Vertrauen wiedergeben? Waren es die Schönen und Reichen, die Tüchtigen und Anständigen, die Stars und Idole? Suche und finde ich als Verletzter, als Verlierer und Verzagter meinen „Messias“ in einer Welt, die vielfach Scheitern und Erfolglosigkeit, Krankheit und Leid, Behinderung und Schuld, also die Schattenseiten der Welt verdrängt – oder muss einer, der Messias, also unser Retter sein will, nicht aus Liebe und Solidarität die Wunden der Menschheit an sich selbst auch tragen, so dass ich anbetracht seiner Wundmale wie Thomas sagen kann: „Mein Herr und mein Gott!“?
Als ich vor über 30 Jahren die Ausbildung für die Notrufseelsorge machte, wurde ich als erstes gefragt, ob ich selbst schon Leid erfahren habe. Es bedarf offenbar der eigenen Leid - Erfahrung, um mitleiden und helfen zu können. Es bedarf der Solidarität mit dem Hilfsbedürftigen und der Nähe zu ihm, um ihm wieder Selbstvertrauen zu geben. Es sind nicht die Menschen mit den großen Erfolgsstories, die zum Messias, zum Retter für andere werden, nicht jene, die die größte Fangemeinde hinter sich haben. Es bedarf der Menschen, die der Liebe zum anderen fähig sind und so eine heilende und vertrauensstärkende Beziehung aufbauen können. Die Großen der biblischen Geschichte und auch die Heiligen der Kirche sind nicht die erfolgsverwöhnten, beliebten und umjubelten Helden und Stars, sondern vielmehr eher verletzte und von Leid heimgesuchte Menschen, die solidarisch mit den Leidenden waren. Denken wir etwa an Bruder Konrad, Mutter Teresa, Nelson Mandela, Mahatma Gandhi, Franz Jägerstätter, an die Bischöfe Kräutler oder Weberberger, aber auch an alle, die sich bei uns in der Caritas engagieren. Wir Menschen sind bis heute versucht, Idolen zuzujubeln und uns an deren Popularität zu sonnen. Für uns Österreicher sind es verständlicherweise eher die Schifahrer als die Fußballer, denn da haben wir auch etwas mitzureden.
Jesus wusste um diese Versuchung und er kannte die konkreten Erwartungen seiner Zeitgenossen: ihnen ging es darum, die verhassten Römer hinauszuwerfen, die politische Macht Israels wiederherzustellen oder möglichst viel Wohlstand herbeizuführen. Jesu Geschichte ist keine Erfolgsstory zur Erfüllung menschlicher Wunschzettel! Um nicht als triumphalistischer, politischer oder nur sozialrevolutionärer Messias mit Macht und Pracht missverstanden zu werden, hat er es abgelehnt, sich zum Brotkönig machen zu lassen oder schon vor seinem Leiden und seinem Tod als

Messias ausgerufen zu werden. Der Kreuzweg Jesu und sein Sterben sind ja Folge seiner Solidarität und Liebe zu den Schwachen und Unterdrückten, also seiner „Option für die Armen“.
Unmittelbar auf das Messiasbekenntnis des Petrus folgt die Leidensvoraussage. Das Leiden Jesu ist nicht um des Leidens willen, sondern es ist die Konsequenz der Selbstlosigkeit und Liebe Jesu zu allen und die Folge seiner Friedfertigkeit, die den Sündenbockmechanismus der Welt unterbricht.
Jesus wird zum Messias nicht durch eigenen Führungsanspruch als Herrscher oder durch ein Privileg, sondern durch das Mitgehen in die Bedrängnis der Menschen. Auf diesem Weg nimmt er Verachtung, Leid und Tod auf sich.
Deshalb heißt es prophetisch in der Lesung aus dem Buch Sacharja. „Sie werden auf den blicken, den sie durchbohrt haben. Sie werden um ihn klagen…“; zum Schluss der Lesung wird gesagt, dass von diesem Durchbohrten „eine Quelle fließen wird zur Reinigung von Sünde und Unreinheit“. Der Evangelist Johannes meint dasselbe mit den Worten Jesu: „Wenn ich über der Erde erhöht bin, werde ich alle zu mir ziehen“ (Joh 12,32)
Auch Selbstverleugnung und Kreuztragen, von denen Jesus im Evangelium spricht, ist die Konsequenz des Jüngerseins und der Nachfolge: Im Christsein kommt es nicht darauf an, schön, fit und tüchtig zu sein, sondern auch die Grenzen und Härten des Lebens anzunehmen, auf Privilegien und Sonderrechte zu verzichten, um ganz auf der Seite des Menschen zu stehen, nicht über ihm, sondern neben ihm, dem anderen dienend.
Das heißt auch: selbst wenn wir unser Christsein konsequenter lebten, dürfen wir uns nie der Illusion hingeben, dass sich mit Jesus „bella figura“ machen lässt, denn er ist tatsächlich oft in schlechter Gesellschaft; um der Menschen willen ist er auch heute oft noch ein Durchbohrter. Aber gerade zu ihm dürfen wir voll Vertrauen aufschauen, weil für uns das Kreuz nicht ein Schandfleck, sondern das Zeichen seiner Liebe bis zum äußersten ist. Nichts, schon gar nichts kann uns von dieser Liebe trennen (Röm 8,38f). Amen.

13. Sonntag

Gal 5,1.13-18; Lk 9,51-62 (1.Juli 2001)

'Frohbotschaft unseres Herrn Jesus Christus', habe ich gesagt, und Sie haben geantwortet 'Lob sei dir Christus'. - Sind wir uns dessen bewusst? Müssten wir nicht angesichts der eben gehörten radikalen Worte Jesu sagen: 'Nein, danke!' Was soll daran Frohbotschaft sein? Ist das Ganze nicht eine Zumutung, so dass uns nicht wundern darf, dass Jesu Schar immer kleiner wurde?!
Worum geht es? Im ersten Satz des heutigen Evangeliums berichtet Lukas, dass Jesus sich entschloss, nach Jerusalem zu gehen, und nichts hat ihn davon mehr abbringen können: weder die Verweigerung der Gastfreundschaft in einem samaritischen Dorf noch der drohende tödliche

Ausgang in Jerusalem. Wer Jesus auf diesem Weg folgt oder wen er zur Nachfolge beruft, von dem verlangt er dieselbe Konsequenz ohne Abstriche.

Da Jesus weder Ort noch Zeit noch die drei Personen konkret nennt, heißt dies, dass seine Aussagen über die Nachfolge etwas Zeitloses, also auch heute Gültiges an sich haben. Sein Hinweis, dass er keine Schlafstelle hat, besagt, dass Nachfolge nicht heißt, zu warten, wer in mein Haus kommt, sondern unterwegs zu den Menschen zu sein. Wenn Jesus dem Zweiten nicht einmal die Liebespflicht gewährt, die Eltern zu bestatten, heißt dies, dass es nichts gibt, was Jesu Ruf in die Nachfolge vorgezogen werden darf. Schließlich verlangt Jesus vom Dritten, der nach seiner Bereitschaftserklärung noch einmal an das zurückdenkt, was er verlassen will, unverzügliche Entschlossenheit und äußerste Konsequenz.

Ich selbst tue mich nicht leicht mit diesen Worten, und wie soll ich sie im Wissen um das eigenen Nachhinken anderen deuten?

Irgendwie ahne ich jedoch die Wahrheit, die dahinter steckt und die uns allen zumutbar ist, ja, ich glaube, dass es letztlich wirklich eine Frohbotschaft ist, die der Sehnsucht des Menschen zutiefst entspricht und anhaltende Freude schenkt. Ich versuche einen zweifachen Zugang, den einen über eine chassidische Geschichte, wie sie Martin Buber aufgezeichnet hat, den andern über ein Gedicht von Ingeborg Bachmann.

Zuerst also die Geschichte: Eines Tages kam der Rabbi unerwartet ins Lehrhaus und fand die Schüler beim Damespiel. Als sie den Rabbi eintreten sahen, hielten sie inne. Er aber nickte ihnen freundlich zu und fragte: "Kennt ihr auch die Regeln des Damespiels?". Und da sie schwiegen, gab er selber die Antwort: "Ich will euch die Regeln des Damespiels sagen:

Das ERSTE ist, man darf nicht zwei Schritte auf einmal gehen.

Das ZWEITE, man darf nur vorwärts gehen und sich nicht nach rückwärts kehren.

Und das DRITTE, wenn man oben ist, darf man schon gehen, wohin man will."

Ich bin überzeugt, dass sich in diesen drei Anweisungen die Regeln alles gesunden und gedeihlichen Lebens, die Regeln der Persönlichkeitsentfaltung und auch der Liebe widerspiegeln.

Zunächst also: "Man darf nicht zwei Schritte auf einmal gehen."

Am Anfang steht immer die Kunst der kleinen Schritte, angefangen von alltäglichen Tageseinteilungen über unscheinbare und oft unbemerkte Dienste. Millionen lassen sich nicht umschlingen, Liebe ist immer konkret.

Dabei bedarf es der Geduld mit sich selbst und mit anderen. Auch Jesus ging nicht zwei Schritte auf einmal, sondern Schritt für Schritt, angefangen von den 30 verborgenen Jahren in Nazareth über Galiläa hinauf nach Jerusalem. Wer ein Musikinstrument lernen will, weiß um die Notwendigkeit, einen Schritt nach dem anderen zu gehen, um voranzukommen und eines Tages Virtuose zu sein.

Das zweite Gesetz: "Man darf nur vorwärts gehen und sich nicht nach rückwärts kehren."

In jedem Leben und in jeder Beziehung gibt es Durststrecken der Müdigkeit und des Murrens, der Trostlosigkeit und der Versuchung, auf die Seite zu schielen und umzukehren. Man glaubt, etwas versäumt zu haben. Wer sich jedoch nach rückwärts kehrt, wird wie Lots Frau zu einer Salzsäule, wird also gelähmt.

Alle geistlichen Lehrer raten, konsequent bei der ersten Entscheidung zu bleiben, falls sie gut überlegt war. Liebe besteht ja nicht in der Begeisterung des Augenblicks, sondern in der Treue des Alltags. Treue führt - freilich nicht ohne Geburtsschmerzen! - zu einer Reife, die unabhängig von der Gunst oder Ungunst des Augenblicks ist. Wer in solchen Durststrecken durchhält, dessen Persönlichkeit erlangt Profil. Wer solche Rückschläge und Totpunkte überwindet, entdeckt den roten Faden seines Lebens.

Jesus selbst ging konsequent vorwärts, hinauf nach Jerusalem, und kehrte sich trotz Hindernissen und Versuchungen nicht rückwärts. Er wusste das Warum seines Weges, so dass er auch das Wie zu ertragen bereit war.

Das dritte Gesetz: "Wenn man oben ist, darf man schon gehen, wie man will."

Auch diese Momente kennen wir hin und wieder, wenn wir von der Liebe zu jemandem erfüllt sind und sie zu einem inneren Kompass geworden ist. Dann gilt, was Augustinus sagt: Liebe und tue, was Du willst!

Für uns Glaubende ist es die Freiheit, zu der Christus uns befreit hat, wie Paulus in der Lesung heute sagt. Wir sind frei von der Belastung durch das mosaische Gesetz. Wer sich vom Geist Christi leiten lässt, für den gilt wirklich: Er kann gehen, wohin er will; er kann in seinem Leben wie ein Musiker improvisieren, denn nicht mehr er lebt, sondern Christus lebt in ihm.

Zugleich freilich warnt Paulus vor einer falschen Auslegung: Freiheit wäre für ihn missverstanden und missbraucht, wenn sie als Freibrief für lieblose Neigungen herhalten sollte. Mit dem Begehren des Fleisches meint Paulus nicht zügellose Sexualität, sondern jede Art Egoismus und 'Selbstverwirklichung' auf Kosten anderer. Für die Christen gibt es ein einziges Gebot, das der Freiheit Grenzen setzt, das Gebot der Nächstenliebe.

Drei Regeln des Damespiels! Ich denke, dass sich in ihnen wiederfindet, was Jesus selbst konsequent lebt und auch von uns erwartet. Es sind Weisungen der Liebe, die letztlich nur zu erfüllen sind, weil uns Jesus selbst zunächst voll Zuwendung und Liebe anschaut und dann erst sagt: 'Folge mir nach!' Nur auf dem Hintergrund des persönlichen Rufes durch Jesus ist auch die Kraft zur Konsequenz der Nachfolge möglich.

Der zweite Zugang ist für mich ein Gedicht der großen österreichischen Dichterin Ingeborg Bachmann, die am 25. Juni 75 Jahre alt geworden wäre und die ich in meinen römischen Studienjahren auch persönlich kennenlernen durfte. Auch wenn sie keine christliche Dichterin ist, hat sie doch tiefen Zugang zur religiösen Sehnsucht des Menschen nach einer anderen Welt. Immer wieder drückt sie die Hoffnung auf einen Tag aus, "an dem der Menschen Hände begabt sein werden für die Liebe, ... denn sie werden nicht ewig warten müssen" (Malina). In der Sammlung 'Anrufung des großen Bären' schreibt sie in den 'Liedern von einer Insel':

Wenn einer fortgeht, muss er den Hut mit den Muscheln,
die er sommerüber gesammelt hat, ins Meer werfen
und fahren mit wehendem Haar,
er muss den Tisch, den er seiner Liebe deckte, ins Meer stürzen,
er muss den Rest des Weins,
der im Glas blieb, ins Meer schütten, er muss den Fischen sein Brot geben
und einen Tropfen Blut ins Meer mischen,
er muss sein Messer gut in die Wellen treiben
und seinen Schuh versenken,
Herz, Anker und Kreuz,
und fahren mit wehendem Haar!
Dann wird er wiederkommen.
Wann?
    Frag nicht.

Es geht um Bilder des Abschieds, einer gewissen Schwermut und einer nicht begreifbaren Unendlichkeit. Gesammelte Kostbarkeiten muss man hinten lassen; manch gewachsene Beziehung zerreißt. Man darf selbst keine Vorsorge treffen, sondern muss alles lassen. Es gilt, das eigene Herzblut zu geben und nicht nur so zu tun als ob; es gilt, die Schuhe zu versenken und aufs offene Meer hinauszufahren.

Herz, Anker und Kreuz, Symbole der Freiheit der Roma und Sinti, die sich jährlich einmal am Meer treffen, bedeuten für uns Christen das Herz des Glaubens, den Anker der Hoffnung und das Kreuz der Liebe; sie sind das einzige Reisegepäck! Nur wer so radikal aufbricht, wird wiederkommen., denn "wir können uns der letzten Geheimnisse nicht anders versichern als durch einen kühnen Sprung in ihre Tiefe" (Gertrud von le Fort)

Dass dieser Sprung nicht ins Leere geht, dürfen wir Christen glauben durch den, der sich ganz in diesen unendlichen Horizont fallen ließ und wiederkam: durch Jesus Christus, der aus dem Tod zur Fülle des Lebens erweckt wurde.

Seit und durch Jesus Christus dürfen wir den Mut haben zu solch radikalen Aufbrüchen in der Nachfolge des Herrn. Nur im echten Entscheiden und Abspringen, im Loslassen und mich persönlich ganz Einlassen werde ich die Erfahrung machen, dass ich wiederkomme.

Glaube ist nicht eine Versicherung, sondern eher eine Abschussrampe ins Ungewisse. Gott liebt die Mutigen und den Mutigen gehört die Welt.
Christlicher Glaube bedeutet nicht, in den Hafen einzulaufen, sondern er ist ein Abenteuer mit einem Gefährten namens Jesus Christus und mit einer strahlenden Aussicht auf die wahre Insel der Seligen. Stärken wir einander in diesem Glauben und in dieser Hoffnung! Amen.

14. Sonntag

Jes 66,10-14; Lk 10,1-9 (4.7.2010)

Liebe Schwestern und Brüder auf dieser Schifffahrt, ganz besonders geschätzte liebe Mitglieder des Bachl - Chores, die Sie heute das „60 Jahr" - Jubiläum Ihres Chores feiern! Beim Blick auf die biblischen Lesungen des heutigen Sonntags habe ich mir sofort gedacht, dass sie zum heutigen Anlass durchaus gut passen: Der Sommer ist, so scheint es, doch endgültig auch in unseren Breitengraden angekommen; nach einer Woche Schule beginnen die Sommerferien und wahrscheinlich für viele doch auch der wohlverdiente Urlaub. Außerdem gilt es für den Bachl - Chor, heute das 60-Jahr-Jubiläum zu feiern. Da kommt Freude auf, eine gute Stimmung, Jubel und Dank, wie sie vor allem auch im Gesang seinen Ausdruck finden.
Zu einer ähnlichen Stimmung lädt der Prophet Jesaja seine Landsleute ein: „Freut euch mit Jerusalem! Jubelt in der Stadt, alle, die ihr sie liebt. Seid fröhlich mit ihr, alle, die ihr über sie traurig wart." - Wahrscheinlich war den Israeliten nicht unbedingt darnach zumute, denn sie waren eben kurz vorher aus der babylonischen Gefangenschaft heimgekehrt und der Wiederaufbau der zerstörten Stadt und des verwüsteten Tempels ging nur langsam vor sich.; noch mühsamer war die innere Erneuerung des Volkes im Glauben und in der Hoffnung. Die Älteren unter uns werden sich noch an einen ähnlichen Prozess nach der Zerstörung des 2. Weltkrieges erinnern. Es war wohl nahe liegend, dass viele Israeliten dachten, sie müssten mit ihrer Leistung alles vollbringen und wieder in die Wege leiten – nach dem Motto „Schaffen, schaffen, Häusle bauen!"
Die Antwort, die der Prophet gibt, ist eine total andere: Israels Hoffnung liegt nicht im eigenen Schaffen, nicht in der eigenen Leistung, nicht im Ich, sondern sie kommt von einem Du, sie ist geschenkt und wird jedem zuteil, der sich beschenken lässt. Israels Hoffnung kommt von Gott: "Seht, wie einen Strom leite ich den Frieden zu Jerusalem und den Reichtum der Völker wie einen rauschenden Bach." Es werden wunderbare Bilder der Hoffnung angeführt, alles Dinge, die man sich nur schenken lassen kann, die aber das leben lebens- und liebenswert machen: Das Sattsaugen an der tröstenden Brust und am mütterlichen Reichtum, das Auf-den-Armen-Getragen- und Auf-den-Knien-Geschaukelt-Werden. Es sind alles Erfahrungen, wie sie uns in der Geborgenheit unserer Eltern zuteil geworden sind und wie wir dadurch dem Leben trauen lernten, Urvertrauen („basic

trust“) geschenkt bekommen haben. Die weibliche Seite Gottes wird ausdrücklich genannt: „Wie eine Mutter ihren Sohn tröstet, so tröste ich euch.“ In dieser mütterlich-väterlichen Liebe sind wir alle als Menschen aufgeblüht „wie frisches Gras“ und haben in der Zuwendung unserer Eltern die Erfahrung eines alle liebenden mütterlich-väterlichen Gottes gemacht.

Bei einem Jubiläum von 60 Jahren denkt man zunächst wohl nicht an so manche harte Probenarbeit oder manche schwierigere Wegstrecken, sondern da steht die Erfahrung im Vordergrund, dass es letztlich ein Geschenk war, dass diese gute Gemeinschaft des Bachl - Chores nun schon so viele Jahre besteht, denn darin spricht sich etwas aus, was A. de Saint-Exupery in die Worte kleidet. „Freunde kann man nicht im Geschäft kaufen.“ Es ist letztlich ein Geschenk, für das Sie danken wollen. Mit Dag Dammarskjöld, dem ersten UNO Generalsekretär darf ich es in die Worte fassen“ „Dem Vergangenen Dank, dem Kommenden Ja!“ Und dieser Dank findet seinen Ausdruck im Jubel und in der Freude. Ich denke aber, dass für uns alle am Ende eines Schul- oder Arbeitsjahres gilt: Es ist richtig und notwendig, Immer wieder einmal abzuschalten.

Die Lesung will uns sagen: Hoffnung und Freude liegen dort, wo man nicht bei sich selbst stehen bleibt, sondern sich für das Du und das Wir der Gemeinschaft öffnet, wo man nicht nur schafft und arbeitet, sondern ruht und jubiliert, wo man nicht nur produziert, sondern sich erholt und zwecklos singt und spielt, wo man nicht alles selbst auf die Füße stellen will, sondern sich beschenken lässt.

Der Mensch ist mehr als er leistet. Er zählt vor aller Leistung bei Gott als Person, wie es in der Taufe zum Ausdruck kommt. Nicht von ungefähr stellt Jesus das Kind in die Mitte und sagt: „Wenn ihr nicht werdet wie die Kinder könnt ihr nicht in das Reich Gottes eingehen.“ Jesus sendet seine Jünger mit sehr leichtem Gepäck hinaus in die Welt, nicht um Leistungssteigerung zu fordern und aus Menschen Konkurrenten und Rivalen zu machen, sondern um genau dieses Reich Gottes zu verkünden. Es sind 72 Jünger, weil es nach jüdischer Tradition 72 verschiedene Völker auf der Erde gab, d.h. diese Frohbotschaft gilt allen Völkern.

Damit der Mensch nicht Sklave der Arbeit wird, ist uns der Tag der Ruhe geschenkt, der Sonntag, der Tag der Auferstehung, an dem das österliche Halleluja besagt, dass Gott selbst in Jesus Christus das Wesentliche schon getan hat. In einem Psalm heißt es: Gott schläft nicht, damit wir getrost schlafen, jubilieren, Urlaub und Ferien machen können.

Oder im Psalm 126 steht: „Wenn der Herr nicht das Haus baut, so mühen umsonst sich die Bauleute. Wenn der nicht die Stadt behütet, so wacht der Wächter umsonst. Umsonst ist, dass ihr früh aufsteht und spät euch niedersetzt und euer Brot in Mühsal esst. Den Seinen gibt es der Herr im Schlafe.“ - Ist das nicht eine fromme Übertreibung? - Das Licht und die Schönheit der Welt, Urlaub und Ferien, Freundschaft und Liebe, Musik und Gesang, sind das nicht letztlich Geschenke, die uns wie im Schlafe gegeben sind, die einen unersetzbaren Mehrwert über alles Leisten und Tun haben?

Zum Menschsein und Menschbleiben gehören unbedingt die Freiheit und Freizeit, die Ferien und der Urlaub, das Unverzweckte des Jubels und des Liedes. Die Sprache der Musik, das sagen alle großen Musiker und Dirigenten, ist übrigens die einzige Sprache, die auf der Welt von allen verstanden wird, denn Musik kann das Leben auf eine Weise ausdrücken, wie es keine Sprache vermag und berührt den Menschen in einer emotionalen Tiefe, die kein Wort allein erreicht. In den Weisheitslehren vieler Völker gilt Singen seit jeher als heilende Kraft – damals wie heute gratis und ohne Aufwand jederzeit verfügbar.

Zumal die Loblieder, die an einem Jubiläumstage wie heute besonders angebracht sind, sind Schöpfungen purer Freude und des Glücks. Sie sind als geistliche Lieder, wie ein Theologe sagte, „das Geschenk des Menschen an den Schöpfer, sozusagen ein Feedback gegenüber der Ewigkeit, ein Dank, dass man lebt. ... Die Loblieder … stehen für die Erfahrung, dass es gut ist, dass ich da bin; dass es gut ist, dass du, dass Sie leben; dass alles in einem letzten Sinn von Gott kommt, und dass dies gut ist." (Franz Gruber)

Wenn der Dichter Dante meint „Drei Dinge sind uns aus dem Paradies geblieben: die Sterne der Nacht, die Blumen des Tages und die Augen der Kinder", so dürfen wir als Christen wohl sagen, dass uns durch das nie mehr endende österliche Halleluja ein viertes hinzugegeben wurde: der Gesang und die Musik, denn es gilt nicht nur: „Wo man singt, da lass dich nieder, denn böse Menschen haben keine Lieder", sondern in Ostern ist uns die Hoffnung geschenkt, die uns – wie damals Jesaja - einlädt: „Freut euch, jubelt, seid fröhlich, euer Herz freue sich". Gesang und Musik sind für uns das Präludium der ewigen Freude und des Jubels ohne Ende; darin berühren sich Himmel und Erde!

Meine Worte wollen keine Verharmlosung der oft auch sehr prosaischen und leidvollen irdischen Wegstrecken sein. Es ist fürwahr nicht alles lobens- und liebenswert. Es wäre hier zu zeigen, dass gerade auch die Klagelieder ein Heimatrecht in der Bibel und damit in unserem Glauben haben. Was ich allerdings hoffe und uns allen wünsche, dass wir am Ende unseres irdischen Pilgerweges sagen können, was Hape Kerkeling in den letzten Zeilen seines Buches über den Jakobsweg „Dann bin ich mal weg" als Summe seiner Erfahrung schreibt und was mich an das Getragen- und Geschaukeltwerden aus der heutigen Lesung erinnert: „Der Schöpfer wirft uns in die Luft, um uns überraschenderweise wieder aufzufangen. Es ist wie in dem ausgelassenen Spiel, das Eltern mit ihren Kindern spielen. Und die Botschaft lautet: Hab Vertrauen in den, der dich wirft, denn er liebt dich und wird vollkommen unerwartet auch der Fänger sein." Amen.

15. Sonntag

Dtn 30,10-14; Lk 10,25-37 (15.07.2007)

Die Frage nach dem Gelingen des Lebens bewegt wohl jeden Menschen, ob er nun das ausdrücklich bedenkt oder nicht. Mancher denkt dabei vielleicht nur an die Befriedigung der unmittelbaren Bedürfnisse. Eine Zeitlang mag Essen und Trinken, gute Entlohnung und ein gewisser Lebensstandard durchaus das Leben als gelungen erscheinen lassen. Was aber, wenn die Vergänglichkeit all dessen sich bemerkbar macht, wenn Reichtum nicht glücklich macht, bloß äußerer Wohlstand innerlich leer sein lässt oder Krankheit ausbricht?!

Vielleicht kommt dann die tiefere Fragestellung auf: „Was muss ich eigentlich tun, um an meinem Leben nicht vorbeizuleben?“ Dahinter steht die Frage nach meiner Berufung als Mensch, damit mein Leben gelingt. Wenn ich dieser Berufung nicht entspreche, so kann ich, wie Viktor Frankl sagt, krank werden – oder zumindest am Sinn des Lebens vorbeigehen.

Der Gesetzeslehrer aus dem heutigen Evangelium setzt nochmals tiefer an, wenn er fragt: „Was muss ich tun, um das ewige Leben zu gewinnen?“

Auch wenn der Fragende vielleicht Jesus auf die Probe stellen wollte, nimmt Jesus ihn als Experten auf dem Gebiet der Weisungen Gottes und seine Frage ganz ernst. Jesus bestätigt die Antwort des Gesetzeslehrers, Gott mit ganzem Herzen zu lieben und den Nächsten wie sich selbst, als richtig und fügt hinzu: „Handle danach und du wirst leben.“

Gibt also Jesus auch für das Gelingen des Lebens eine Handlungs- oder Gebrauchsanweisung – wie man sie bei den meisten technischen Geräten heutzutage bekommt? Sind das etwa die 248 Gebote und die 365 Verbote, wie man sie damals im Judentum kannte?

Ich kenne solche meist vielsprachige Gebrauchsanweisungen und Handbücher, z.B. bei unserer Telefonanlage, bei meinem Handy oder Crosstrainer. Ich gestehe, dass ich sie oft nur halb oder gar nicht lese und mich gelegentlich auch gar nicht auskenne. Das ist nicht so schlimm, weil ich einen Großteil der Anwendungsmöglichkeiten gar nicht gebrauche und so nichts vermisse. Hätte ich jedoch das nötige Know-how, wie so manche Jugendliche, so wäre ich sozusagen ein Profi und hätte das Ganze im Griff – ein für allemal. Dann bin ich Herr der Lage, weil ich die entsprechende Technik beherrsche und sie mir dienlich ist.

Ist es mit dem Gelingen des Lebens und mit dem Gewinnen des ewigen Lebens ähnlich oder genau so? - Ich fürchte, manche meinen, dass dem so sei. Wenn ich einen orthodoxen Glauben habe und den Katechismus kenne, wenn ich meinen Kirchenbeitrag regelmäßig zahle und vielleicht noch sonntags die Messe besuche, also die richtigen Schalthebeln meines Christ-Seins betätige, und tue, was man als Christ tun muss, so bin ich Herr der Lage: Der Sinn des Lebens und einmal das ewige

Leben folgen auf den Fuß. Mein Tun gibt mir diese Sicherheit, wie es etwa eine Versicherungsprämie der KFZ - Versicherung oder des Brandschutzes tut. Gott selbst ist der Garant dieser Gewährleistung! Ist also das religiöse Know-how sozusagen das Passwort zum Sinn des Lebens, zum ewigen Leben, der Code für den Himmel?
Sind nicht der Priester und der Levit des heutigen Evangeliums , also die frommen beamteten Tempelangestellten, die den unter die Räuber Gefallenen sehen und vorübergehen, weil sie sich nicht durch die Berührung dieses Halbtoten verunreinigen wollen, Beispiele einer solchen Haltung, die am Wesentlichen vorübergeht? Erliegen sie nicht einer gewaltigen Fehleinschätzung dessen, was hier und jetzt wichtig und notwendig ist, um das ewige Leben zu gewinnen?
Die Frage „Was muss ich tun?“ kann zum Irrglauben verführen, etwas machen zu müssen, also ein Macher zu sein. Das, worauf es aber letztlich ankommt und was allein zählt, um ein sinnvolles Leben zu erlangen, lässt sich nicht machen und produzieren.
Es geht nicht um eine Handlungsanweisung, sondern um die Grundhaltung der Liebe – und diese ist nicht einklagbar. Man kann die Liebe nicht befehlen!
Auf die Frage „Was muss ich tun?“ und „Wer ist mein Nächster?“ belehrt Jesus den Fragenden nicht wie einen Schüler, um sein Wissen im Kopf zu vermehren, sondern erzählt eine Geschichte, um seine Herzensbildung zu fördern. Im Mittelpunkt steht dabei der Samariter, also einer, um den die anderen eher einen Bogen machen, weil er von den anderen als Ausländer und Volksfeind, als Irrgläubiger und Ketzer angesehen wird. Gerade ihn stellt Jesus als Vorbild hin. Wir können uns kaum eine größere Provokation Jesu bei seinen Zuhörern vorstellen! Er tut es trotzdem, um das eigentlich Entscheidende hervorzuheben. Von diesem Samariter wird gesagt, dass ihm weh ums Herz wurde, als er den unter die Räuber Gefallenen sah. Und dieses herzliche Mitleid löst eine Kettenreaktion aus: er steigt von seinem Pferd und nimmt eine erste Wundbehandlung vor, hebt ihn auf sein Reittier, bringt ihn zur Herberge und versorgt ihn....
Nun aber stellt Jesus dem Gesetzeslehrer eine Frage, die all unserem Fragen nach dem Gelingen des Lebens eine ganz neue Richtung verleiht. Aus der Frage „Wer ist mein Nächster?“ wird „Wer hat sich als Nächster dessen erwiesen, der von den Räubern überfallen wurde?“
Jesus bestätigt sehr wohl die Bedeutung der Gottes- und Nächstenliebe für das Gelingen des Lebens, aber die Perspektive ändert sich grundlegend. Nicht ich habe zu entscheiden, wer mein Nächster ist. Für die Pharisäer war es etwa nur der, der auch wie er selbst das Gesetz einhält; für die Qumraner war es nur ein Mitglied der eigenen Gemeinschaft.
Wer mein Nächster ist, das ist nicht meinem Ermessen vorbehalten oder der Antwort einer theologischen Schule, nach deren Handbuch man leben sollte. Wer mein Nächster ist, darüber entscheidet kein noch so perfektes theoretisches Know-how; das habe ich nie im Griff!

Das ist eine Frage der Praxis. Hier gilt: „Verwandte hat man, Freunde sucht man sich; den Nachbar schickt der liebe Gott!“ - Hier und jetzt im Gottesdienst und vor allem draußen im Leben – vor allem dort, wo immer sich mein Herz berühren lässt von Menschen, die verletzt an den Rändern meines Lebensweges auf meine Hilfe warten.
Wo immer ich dann zugreife und helfe, gerade auch wenn ich mir dadurch schmutzige Finger hole, bin ich der Nächste geworden, der gerade in dieser Hilfe am anderen auf dem Weg zum Gelingen des eigenen Lebens ist. Ich finde mich also nur auf dem Weg über das Du, über die Liebe. Das Passwort zum Gelingen des Lebens ist der andere, der meiner Hilfe bedarf; der Code zum ewigen Leben ist allein die Liebe! Der Sinn des Lebens, der mir dadurch geschenkt wird, ist sozusagen das positive „Abfallprodukt“ der Liebe.
So hat es wohl auch Leo Tolstoi gemeint, wenn er sagt: Die wichtigste Zeit ist der Augenblick, der wichtigste Ort ist dort, wo ich gerade stehe, und der wichtigste Mensch ist der, mit dem ich gerade zu tun habe!
Das lässt sich nicht programmieren und in ein GPS einspeisen. In der Liebe wird man nämlich nie mit dem anderen fertig, weil man ihn liebt, so lange man ihn liebt. Liebe besteht immer nur in der Schwebe des Lebendigen, d.h. des je neuen aufmerksamen Unterwegsseins für die Menschen, denn ich begegne. Wir kommen nicht an unseren Brüdern und Schwestern vorbei zu Gott, sondern ur mit ihnen und durch sie.
Provokation wird es auch heute sein, wenn z.B. die Caritas gegen das Fremdenrecht in Österreich protestiert. Dadurch kommt es immer wieder zu unmenschlichen Abschiebungen und zu groben Menschenrechtsverletzungen!
Ich weiß, das Gebot der Nächstenliebe ist eine relativ steile Latte und wir hinken darin alle nach. Dieses Gebot wäre freilich völlig falsch verstanden, wenn man sie als moralische Keule benützte. Aller Moral geht die Frohbotschaft voraus, aller Aufgabe die Gabe, allem Anspruch der Zuspruch, den wir auch jetzt in dieser Eucharistie wieder feiern.
Im Wissen um unsere Schwachheit ist Gott in Jesus Christus aus Solidarität mit uns selbst zu dem unter die Räuber Gefallenen geworden, also ganz Mensch, mitleidend von der Krippe bis zum Kreuz. Sterbend ließ er sich in die Hände des Vaters fallen, um als von Toten Auferstandener zum barmherzigen Samariter für uns alle zu werden. Er hat Mitleid mit uns, heilt unsere Wunden und verbindet sie. Er bringt uns schließlich alle in die Herberge des himmlischen Vaters, in dessen Haus viele Wohnungen sind. So hat er allem Unsinn und jeder Sinnlosigkeit, ja selbst dem Tod den Stachel genommen. Schließlich ist es der Glaube an ihn, der uns das ewige Leben gewinnen lässt – freilich ein Glaube, der immer wieder auch in Werken der Liebe, also des Samariterdienstes tätig wird. Amen.

18. Sonntag

Kohelet1,2; 2,21-23; Lk 12,13-21 (5.8.20001)

Es ist eine sehr häufig gemachte Erfahrung, dass ein Erbe zu Streitigkeiten unter Geschwistern gibt. Jesus lehnt das ihn scheinbare ehrende Angebot ab, Schiedsrichter zu spielen. Er will offenbar nicht bloß über Mittel zum Leben, über 'Lebensmittel' entscheiden, sondern ihn bewegt viel Grundsätzlicheres, die Frage nach dem Sinn des Lebens, nach dem Lebenssinn, der nicht selten durch Vordergründiges verdrängt oder gar ersetzt wird. Oder wie Jesus sagt: 'Der Sinn des Lebens besteht nicht darin, dass ein Mensch aufgrund seines großen Vermögens im Überfluss lebt.'

Um alle Lebensmittel zu relativieren und den Blick für den Lebenssinn wieder zu eröffnen, erzählt Jesus die Geschichte von dem habgierigen Mann, der klug berechnend und planend seine Scheunen vergrößert, um seine Vorräte unterzubringen, seinen Reichtum zu vermehren und so auf Dauer vorzusorgen. 'Der kluge Mann baut vor', und er hat es mit großem Erfolg getan. Allerdings eines hat er übersehen: Es gibt auch das Unberechenbare. Die Zukunft lässt sich nicht mit Geld und Erfolg absichern, und die Lebenszeit lässt sich nicht käuflich verlängern.
Das ist eine Erfahrung, die wir gerade auch in unserer so erfolgsorientierten Gesellschaft immer wieder machen. Wer weiß nicht um einen unvorhergesehenen Tod eines lieben Menschen durch Verkehrsunfälle, durch plötzliche Krankheit oder sogar Suizid? Auch wenn wir es oft verdrängen, wird uns immer wieder hautnah bewusst, wie dünn der Faden zwischen Leben und Tod gewoben ist.
Das betrifft nicht nur persönliche Schicksalsschläge, sondern auch Naturkatastrophen. Am fragwürdigsten wird alles angesichts von Katastrophen, die Menschen selbst in äußerster Unmenschlichkeit verursacht haben. Damit war ich vor 10 Tagen konfrontiert, als ich das Konzentrationslager Auschwitz besuchte und mir vor kollektivem Schamgefühl fast kein deutsches Wort über die Lippen kam.
'Kann man nach Auschwitz noch beten? Kann man nach Auschwitz noch Lieder singen?', hat man nach dem Holocaust gefragt. Anbetracht solcher Erfahrungen stellt die Lesung heute gleichsam resignierend fest, dass alles Windhauch, also eitel und umsonst sei. Der Mensch kann offenbar aus eigener Anstrengung nicht glücklich werden. Was er sich durch Wissen, Können und Erfolg erworben hat, kann morgen einem anderen in die Hände fallen und er steht frustriert mit leeren Händen da.
Lesung und Evangelium blasen in dasselbe Horn: Es heißt doch oft: 'Hast du was, bist du was. Hast du mehr, bist du wer!' Wir planen geglücktes, sicheres Leben, doch Schicksalsschläge, Scheitern

von Beziehungen, Stress und Burn-out-Erfahrungen durchkreuzen dies immer wieder. Wir sind Narren, wenn wir unseren Lebenssinn auf Besitz und Erfolg aufbauen, denn das kann über Nacht anders sein! War das dann alles? Ist aller menschliche Erfolg sowieso umsonst?

Erfolg gehört sicherlich zu den 'Machtworten' des Zeitgeistes. Am deutschsprachigen Büchermarkt gibt es zurzeit über 3000 Bücher, die in Titel oder Untertitel den Begriff 'Erfolg' führen. Erfolg - das braucht jeder Mensch von Anfang an als elementares Lebensmittel. Ohne Erfolg kann sich kein Kind gesund entwickeln. Wie wichtig sind doch die Erfolgserlebnisse etwa für die kleinen Kinder, wenn sie die ersten wackligen Schritte tun und sich damit die Welt erobern, oder wenn sie später den Lichtschalter erreichen und so Herr über Hell und Dunkel werden! Erfolg erzeugt bei vielen ein Kribbeln, ein Hochgefühl: da werden etwa gestandene Männer beim Fußball wie zu Kindern, die sich in die Arme oder gleich mannschaftsweise übereinander fallen.

Die Meßlatten des Erfolgs sind verschieden. Zählen im Sport die Siege, Rekorde und Medaillen, in der Popmusik die verkauften CDs und Konzertkarten, so sind es in der Wirtschaft Gewinne, Dividenden und Aktienkurse. Die Marktwirtschaft rechnet den Erfolg durch Spitzengehälter, Erfolgszulagen und Siegerprämien in Geld um. Sehr häufig wird Geld in sichtbare Statussymbole umgesetzt: etwa große Häuser, schnelle Autos, Luxusboote, teure Kunstwerke, exklusive Kleider, weite Reisen, schöne Frauen. Das klingt wohl auch im Evangelium an, wenn der Erfolgreiche sich schließlich sagt: 'Ruh dich aus, iss und trink, und freu dich des Lebens'. Dass hinter so mancher Fassade der Selbstinszenierung oft schon viele Brüche oder gar eine gescheiterte Existenz verbergen, ist leider auch eine traurige Wirklichkeit.

Ich lade sie ein, mit mir einen Blick darauf zu werfen, wie die Bibel den Erfolg sieht.

Die negative Stellung zum Erfolg bei Kohelet, aber auch die Kritik Jesu im heutigen Evangelium spiegeln wieder, dass die Gestalten der Bibel ein gebrochenes Verhältnis zum Erfolg haben. Die Meßlatte der Bibel ist nicht der äußere Erfolg, sondern die Nähe zu Gott. Israel ist das auserwählte Volk nicht, weil es historisch besonders erfolgreich oder für Gott besonders ansprechbar gewesen wäre, sondern für Gottes Auswahl ist eher dessen Schwäche und Kleinheit entscheidend.

Die Bibel will den Erfolg nicht vermiesen oder schlecht machen, sie will ihn allerdings relativieren, ihn nicht an Gottes Stelle treten lassen, als ob Erfolg allein je Lebenssinn verbürgen könnte, und die Bibel will vor allem fragen, wie der Mensch im Misserfolg und im Scheitern leben und überleben kann.

Jesu Lebensgeschichte war zunächst eine große Erfolgsgeschichte. Er hatte großen Ruhm als Prediger, Schriftgelehrter und Prophet mit übernatürlichen Kräften. Sein Hauptinteresse jedoch galt

den Erfolglosen. Als seine Anhängerschaft zu groß zu werden drohte, bricht seine Erfolgsgeschichte ab und schließlich wird er verhaftet, misshandelt und gekreuzigt.
Ein Blick auf die letzten Worte Jesu ist jedoch aufschlussreich. Bei Markus stirbt Jesus in scheinbarer Resignation mit den Worten des Psalms 22: 'Mein Gott, mein Gott, warum hast du mich verlassen?' Bei Lukas gibt Jesus seine Verantwortung zurück, lässt sein Leben los und überlässt Gott zu entscheiden, ob sein Leben ein Erfolg war oder nicht: 'Vater, in deine Hände lege ich meinen Geist.' Bei Johannes, dem jüngsten Evangelisten, stirbt Jesus im Triumph: 'Es ist vollbracht'. Schon sein Tod besiegelt seinen Erfolg.
So glauben wir Christen bis heute, dass Gott selbst in Jesus menschliche Gestalt annimmt und höchstpersönlich das Scheitern in seiner abgründigsten Form erlebt. Er stirbt stellvertretend für alle Gescheiterten am Kreuz und nimmt alle Schuld mit ins Grab. Sein Tod mündet in die Auferstehung. So wird das Kreuz - eigentlich ein grausames Hinrichtungsgerät - zum Siegeszeichen und Hoffnungssymbol.
Das besondere Gespür des Christentums für die Schwachen ist deshalb ein Erbe seines Gründers. Christen stehen deshalb in Caritas und Diakonie in den Fußstapfen ihres Meisters auf der Seite der Erfolglosen, Behinderten, Kinder, Alten und Kranken, also auf der Seite derer, die die Kehrseite des Erfolges, den Misserfolg, erleben und erleiden.

Wir Christinnen und Christen liegen damit nicht im Trend, denn der Erfolg ist heute für viele zum Lebenselixier, zum Lebenssinn schlechthin geworden. Ein moderner Slogan sagt: 'Nichts ist so aufregend wie Erfolg.'
Der Erfolg fällt jedoch selten vom Himmel. Es ist verdammt hart, der Beste zu sein. Die meisten Menschen müssen hart dafür arbeiten und es fällt ihnen schwer, auszuspannen und sich innerlich vom Stress ihrer Arbeit zu befreien. Wer in unserer Gesellschaft Erfolg haben will, zahlt meist einen hohen Preis dafür, nicht selten die Gesundheit und auch die so ersehnte Zufriedenheit. Man kann ja nicht zur Ruhe kommen, wenn der Imperativ heißt: viel, mehr, immer!
Da das Gesunde und Leistungsfähige zur Norm wird, haben Schwäche, Krankheit und vor allem der Tod keinen Platz im Weltbild der Erfolgsmenschen.
Beides jedoch, Erfolg und Misserfolg, Gelingen und Scheitern, Gesundheit und Krankheit, Leben und Tod, gehören zum Menschen. Was bleibt, wenn der Erfolg ausbleibt oder wenn der Mensch scheitert? Was bleibt gar angesichts des Todes? Wo sind dann die Schätze, die bleiben?
Die Frohbotschaft unseres Glaubens sagt: Der Mensch ist mehr als sein Erfolg. Er ist bei Gott angenommen vor aller Leistung, vor allem Verdienst; er braucht und kann sein Leben nicht absichern, es liegt in Gottes Hand. Letztlich ist der eigentliche Lebenserfolg ein Geschenk Gottes. Erfolg ist ein Mittel zum Leben, aber nicht der Lebenssinn. Hinter der unbändigen Suche nach

Erfolg steckt letztlich der Durst nach einem letzten liebenden Du. Nicht 'Besitz durch Wissen, Können und Erfolg', nicht volle Scheunen und große Vorräte verbürgen eine positive Lebensbilanz, sondern ein hörendes und liebendes Herz, das Gottes Ruf hört: 'Ich habe dich bei deinem Namen gerufen. Mein bist. Ich will dich ewig lieben.'

Ich möchte abschließend als Kontrast zum Erfolgsmenschen des heutigen Evangeliums die lehrreiche 'Anekdote zur Senkung der Arbeitsmoral' von Heinrich Böll erzählen:
Da liegt ein Fischer genüsslich auf der Kaimauer eines Mittelmeer-Hafens und döst vor sich hin. Ein Tourist spricht ihn an, ob der Fang heute gut war. Der Fischer bejaht. Wenn der Fang aber gut gewesen sei, so der Tourist, dann könne er doch noch einmal hinausfahren und noch mehr Fische holen. Und so weiter. Später könne er dann von dem Erlös ein zweites Schiff kaufen, dann eine ganze Fangflotte, zuletzt noch eine Fischfabrik dazu.
Der Fischer hört sich das alles gelangweilt an und fragt am Ende: "Und dann?" Der Tourist stutzt. "Dann können Sie sich auf Ihrem Erfolg ausruhen", so sagt er, "dann können Sie sich beruhigt zurücklehnen und das Leben genießen." Die trockene Antwort des Fischers: "Aber das tue ich ja jetzt schon."
Hätten wir nicht alle Grund genug, so zu handeln wie dieser Fischer, da doch der Vater im Himmel weiß, was wir brauchen und da er nicht nach unserem Erfolg fragt, sondern uns auch ohne Erfolg, ja gerade als Erfolglose besonders liebt? Möge es uns nicht nur im Urlaub gelingen, unser Leben bei verminderter Arbeitsmoral, d.h. ohne selbst gemachten Erfolgsstress zu genießen! Amen.

19. Sonntag

Hebr 11,1-2.8-16; Lk 12,32-48 (12.8.2007)

Unser menschliches Leben ist von zwei Sehnsüchten geprägt, nämlich der nach Heimat und Geborgenheit auf der einen Seite und der nach Aufbruch und Freiheit auf der anderen Seite. Diese beiden Pole prägen so sehr unser Leben, dass es einer Gratwanderung gleicht; jede Einseitigkeit wirkt sich negativ auf das gesamte Leben aus.
Da ist also die berechtigte Sehnsucht nach Zugehörigkeit und Beheimatung. „Es ist nicht gut, dass der Mensch allein sei". Er braucht das Du, noch besser, das Wir der Gemeinschaft.
Wer jedoch nur Heimat sucht, der ist in Gefahr, sich nicht zu entwickeln, angefangen davon, dass er sich nicht von Vater und Mutter löst oder wenn er eine Verbindung eingeht, in dieser eine falsche Verschmelzung sucht, eine krankhafte Symbiose. Das ist mangelnde Reife oder gar Regression. Um der Gleiche zu bleiben, muss man sich zeitlebens verändern. Das bringt natürlich auch ständige Trauerarbeit mit sich, weil es auch Abschied von Vertrautem und Liebegewordenem ist.

Sie kennen wahrscheinlich die Stelle bei Bert Brecht, wo einer einen alten Bekannten, den Herrn K, trifft. Er hat ihn sehr lange nicht gesehen. Da sagte er, offenbar um ihm ein Kompliment zu machen: „Sie haben sich überhaupt nicht verändert." Da erbleichte Herr K.!
Wenn jemand sich zeitlebens nicht verändert, müsste man wohl auf seinen Grabstein schreiben: „Er starb, bevor er zu leben begonnen hat." – ein trauriges Ende!

Auch die Religionen versuchen auf die zwei erwähnten Ursehnsüchte des Menschen eine Antwort zu geben. So will auch unser christlicher Glaube das Verlangen nach Heimat und Geborgenheit stillen, indem er uns entängstigt und Friede, Harmonie und Ausgeglichenheit verheißt. Jesus selbst findet diese Ruhe im Gebet zum Vater – in der Nacht, in der Abgeschiedenheit, am Berg – und er lädt auch die Seinen ein, an einen stillen Ort zu kommen, um zu sich selbst zu finden. Uns allen gilt Jesu Einladung: „Kommt alle zu mir, die ihr euch plagt und schwere Lasten zu tragen habt. Ich werde euch Ruhe verschaffen." (Mt 11,28)
Diese Geborgenheit tut uns gut – wir brauchen sie gegen die Zerstreuung und d die Flucht vor uns selbst, vor Gott und vor anderen.
Wäre es freilich nur diese Dimension, so würde der Glaube einseitig und damit falsch, etwa als Hände in den Schoß zu legen. Der Glaube, der im Pilgern immer wieder Beine macht, wird lahm und müde. Die Zugehörigkeit zu einer Gemeinde würde dann aus dieser Einseitigkeit einen Club von Netzhockern und Schlafmützen machen, die nur noch die Nestwärme selbstisch genießen und aus der Kirche eine Kuschelecke machen, die der eignen Nabelbeschau dient. So ein Glaubender sieht eher in der Kirche die feste Burg als in Gott und er verweilt am sicheren Ufer; er folgt dem Herrn nicht mehr hinaus auf die offene See. Der Glaube ist kein Wagnis mehr, sondern er verkommt zu einem „Schmücke-Dein-Heim-Katholizismus".
Wir müssen gestehen, dass diese Gefahr dem traditionellen Katholizismus eher innewohnt und im traditionalistischen Kreisen unverkennbar stark gegeben ist. Bibel-Lesen ist dann kein Abenteuer mehr im Kopf, noch weniger im Herzen. Gottesdienst endet nicht mehr mit der Sendung in die Welt hinaus, sondern mit der Gefahr des Verharrens in der Sakristei und des Abgeschottetseins vom Rest der Welt.
Ich bin überzeugt, dass dahinter nicht selten die Angst vor der eigenen Freiheit und Mündigkeit und auch vor der damit verbundenen Verantwortung liegt. So manche kritische Anmerkungen etwa Sigmund Freuds gelten dieser gelegentlich auch von kirchlicher Obrigkeit geförderten Unreife und falschem kindlichen Glauben. So gesehen wäre Glaube tatsächlich keine Förderung unseres Erwachsenseins!

Man wird sich dabei vielleicht die kindliche Unschuld bewahren und keinen schmutzigen Hände holen, ob das aber unserem christlichem Glauben entspricht und ob man dabei erwachsen, frei und glücklich wird, wage ich zu bezweifeln!

Unsere zweite Sehnsucht ist jene nach Aufbruch und –Freiheit. Es ist eine ebenso unentbehrliche Dimension, die mit der Faszination des Neuen, des Unbekannten und Unerforschten verbunden ist. Leben hat notwendig auch den Pol des Sich-Trauens und Wagens. Wer nur stehen bleibt, der geht automatisch zurück!

Ich hoffe, dass viele von uns diesem wichtigen Verlangen nach Aufbruch und Neuem jetzt in den Ferien und Urlaubswochen nachkommen, indem sie sich erlauben (davon kommt „Urlaub"), zu neuen Horizonten und zu bisher nicht betretenen Pfaden aufzubrechen. Es muss nicht unbedingt eine äußere Reise sein; es kann auch ein Aufbruch sein zu in uns ungelebten Lebensufern, die man bisher verdrängt hat, sein, also eine Reise nach innen! Das Fremde, das zunächst in seiner Andersartigkeit oft Angst erregt, kann für den, der sich offen und unvoreingenommen darauf einlässt, zum Ergänzenden, Bereichernden und Erfüllenden werden.

Ich bin gestern von einer äußeren Reise in mir bisher unbekannte Gegenden, nämlich in den hohen Norden nach Island und Spitzbergen und zum Nordkap zurückgekommen. Ich war 19 Tage Bordgeistlicher auf einem Kreuzfahrtsschiff. Wir hatten ein Luxusschiff und hatten außerdem schönes Wetter. Aber oft kamen wir zu den Denkmälern derer, die unter widrigsten Umständen in das Ewige Eis und bis hin zum Nordpol aufgebrochen sind, etwa die Wikinger, die Forscher Admundson, Scott, Nobile und viele andere, die oft unter Einsatz ihres Lebens aufgebrochen sind. Es stimmt. „Den Mutigen gehört die Welt:"

Es ist wohl ein gewaltiger Unterschied zwischen dem, der auf der Caravelle des Christophorus Columbus war, also auf dem Weg in die neue Welt, und der sich fragte, ob er rechtzeitig zurück sein werde, eher ein anderer den alten Schuster ablöste, und der Amerikanerin, die in diesen Tagen ihren Lebenstraum erfüllt und auf einer Rakete in den Weltraum hinausschießen ließ! Es wäre freilich reiner Übermut und Wahnsinn, sich darauf nicht einzustellen und darauf nicht gut vorzubereiten, also diese Dimension allein auszuleben. Wer freilich jedes Restrisiko ausschließen will, wird freilich auch jedes Leben ausschließen.

Auch die Religionen geben Antwort auf diese zweite menschliche Sehnsucht. Der christliche Glaube sieht hinter diesem Mut zum Aufbruch und zum Wagnis letztlich die heilige Unruhe unseres Herzens, die uns immer wieder vorantreibt. Es ist letztlich eine wesentliche Dimension jedes Glaubenden aufzubrechen und unterwegs zu sein zu stets neuen Ufern.

Heute ist in der Lesung von solchen Zeugen des Glaubens die Rede, von Abraham und Sara und anderen, die aufgrund des Rufes durch Gott im Vertrauen aufgebrochen sind und deshalb neue Ufer erreicht haben, auch wenn die endgültige Erfüllung erst in einer nochmals anderen Heimat geschenkt wird.

Immer wieder loslassen und aufbrechen gehört zum Glauben. Gott ruft und es stimmt, wie Ignatius von Loyola sagt: „Nur jene Menschen ahnen, was Gott mit ihnen vorhat, die sich vorbehaltlos seiner Führung überlassen."

Ist es schon für zwischenmenschliche Liebe unumgänglich, sein kleines Ich zu verlassen und sich auf ein Du einzulassen, ohne zu wissen, wohin der Weg führt, so erst recht in der Nachfolge des Rufes Gottes. Liebe gibt es nur in der „Schwebe des Lebendigen" (Max Frisch).

Das Wort Ekklesia (=Kirche) heißt wörtlich das von Gott herausgerufene Volk. Wer nicht mit der Stillung der niederen Triebe an den Fleischtöpfen Ägyptens zufrieden war, der ist im Exodus aufgebrochen, denn „Gottes Reich besteht nicht in Essen und Trinken" (Röm 14,17). Das Konzil sieht die Kirche vor allem als dieses wandernde Volk Gottes.

Das Wort Pfarre, griechisch Parroichia, meint vom Wortsinn her jene, die am Rande der Stadt wohnen, die gerade keinen festen sicheren Platz haben. Glaubende sind Menschen, die sich in die Unsicherheit begeben, die aber der Verheißung auch dann noch trauen, wenn sie sich in ihrer Lebenszeit nicht erfüllt.

Wenn unsere Kirche St. Konrad von der Architektur her manchmal die Sprungschanze Gottes genannt wird, so soll uns dieser Name an diesen wesentlichen Pol unseres Glaubens verweisen. Wer glaubt, ist gleichsam auf einer Abschussrampe ins Ungewisse: Ich traue Gott zu, dass er mich trägt und hält und er es ist, der mich auf Adlers Fittichen sicher geführet" und dass ich nie tiefer falle als in seine Hände.

Jesus meint ein letztes Unbeheimatetsein auf dieser Welt, die nur ein Provisorium ist, wenn er sagt, dass er keinen Platz hat, wo er hier sein Haupt hinlegen kann. Er wird außerhalb der Stadtmauern geboren und stirbt außerhalb der Stadt, dem Sinnbild menschlicher Beheimatung, um allen Hoffnung zu geben, zumal jenen, die hier auf Erden heimatlos sind und sich nirgends zugehörig fühlen.

Wer sich nur hier auf Erden einnistet, der sammelt Schätze, die verrosten oder von Motten zerfressen werden. Die sehr eindringliche Aufforderung Jesu im Evangelium, den Gürtel nicht abzulegen, die Lampen brennen zu lassen, ist ein Bild für die aufbruchsbereite Haltung des Glaubenden, der weiß, dass unser Herz unruhig ist, bis es ruht bei Gott. Die Christen der ersten Generation haben deshalb mit Freude gebetet „Maranatha!" „Komm, Herr, komm!"

So sollen auch wir hinter allzu kuscheligen Stubenöfen unseres kirchlichen Dasein immer wieder hervorkriechen und wach und bereit für neue Weg sein, auch wenn dies gelegentlich von der überfürsorglichen Mutter Kirche ungern gesehen wird. Vor allem aber sollen wir wach sein für den

Ruf Gottes in den Zeichen der Zeit und für sein Kommen am Ende unserer Tage und der Weltenzeit.
Die Erfahrungen des Urlaubs, seien es Reisen nach außen oder nach innen, mit den dadurch bereichernden Begegnungen haben uns hoffentlich wieder für diese so wesentliche Dimension unsres Glaubens sensibler gemacht. Nehmen wir darin die Einladung an, auch im Alltag das in uns noch ungelebte Leben zu entfalten und offen und wach zu bleiben für Gottes oft überraschenden Ruf. Amen.

Maria Himmelfahrt

1Kor 15,20-27a; Lk 1,39-56 (15.8.2004)

Seit über einem Jahr gibt es auf der Rückseite des Freinbergs eine ganz große Baustelle mit anfänglich massiven Erdbewegungen. Schön langsam nimmt das Haus hinter den Steingittern Gestalt an. Wahrscheinlich werden auch Sie bereits erfahren haben, wer dort baut: es ist „Figurella" – und zahlen werden alle, die „bella figura" machen wollen - durch ihren Körper, durch ihre Figur, durch die sie so lange als möglich jung, fit und schön sein wollen.
Auch wenn es zurzeit vielleicht noch mehr Frauen sind, die solche Einrichtungen besuchen, die Männer sind auf dem Aufholtrip. In diesen heiligen Hallen geht nicht nur ein Körbchen mit der Bitte um eine freiwillige Spende herum, sondern man wird in dieser Wachstumsbranche ordentlich zur Kasse gebeten. Für mich ist der erwähnte Neubau am Freinberg Ausdruck einer Strömung, von der wir alle auch angesteckt sind und die Kenner eine sich mehr und mehr ausbreitende „Gesundheitsreligion" nennen.
Mag sein, dass man früher zu wenig auf die körperliche Gesundheit und einseitig auf die Seele geschaut hat, heute schlägt das Pendel bei vielen in das andere Extrem: sie kümmern sich fast ausschließlich um den Körper und vergessen allzu leicht die Seele.
Oft hören wir uns sagen: Hauptsache ist, dass man gesund ist. Ist das Höchste eine Sache? Und ist es wirklich die Gesundheit? Die Sorge um Gesundheit ist sicherlich etwas ganz Wichtiges. Die 6. Ökumenische Sommerakademie in Kremsmünster im Juli zum Thema „Gott, Glück und Gesundheit" und der heutige Festtag der leiblichen Aufnahme Mariens in den Himmel sind mir Anlass, uns dazu ein paar Gedanken zu machen.
Gesundheit ist ein ganz hohes Gut, aber wer daraus das höchste Gut macht, macht daraus eine Religion, deren Götter die Ärzte und deren Kathedralen die Krankenhäuser oder noch mehr die Fitnessstudios und Schönheitssalons sind. Der Psychiater Manfred Lütz aus Köln sagt zu dem modernen Gesundheitskult: „Ich glaube, dass die Leute heute das Glück, das Heil, den Sinn des Lebens, geradezu Gott in der Gesundheit suchen – und nicht finden. Das ganze Leben ist dann eine

Anleitung zum Unglücklichsein: Man stolpert von Fitnessstudios in Wellnesseinrichtungen und verbringt wahnsinnig viel Zeit damit, endlich etwas für sich zu tun, statt zu überlegen, ob man nicht auf seinem Sterbebett einmal sagen muss: Wie viel Zeit habe ich damit verschwendet, vorbeugend zu leben, um den Tod zu vermeiden – und letztlich habe ich mir dabei das Leben genommen, nämlich ganz viel unüberholbare Lebenszeit.“

Hinter dieser Gesundheitsreligion steht die Ideologie: wenn ich jung, fit und schön bin, so stellen sich Glück und Heil von selbst ein. Also muss ich alles tun, um meinen Körper zu vervollkommnen. Ich setze mich dabei selbst einem ungeheuren Druck aus, denn die Latten der Idealmaße werden immer höher gelegt – und zurück bleibt letztlich großes Unglück, weil die Standards so hoch sind, dass ich sie nicht erreichen kann. Jede/r müsste ein Olympionike sein! Dabei muss man noch gar nicht an die schrecklichen Krankheitsfolgen etwa des Schlankheitswahns vieler Mädchen denken. Im Übrigen ist diese neue Gesundheitsreligion höchst unsolidarisch, weil jeder nur auf seine eigenen Laborwerte und seine Chancen schaut, ganz abgesehen, dass es das Gesundheitssystem finanziell sehr schnell zusammenbrechen lässt.

Man hat bei der Sommerakademie in Kremsmünster festgestellt, dass hinter diesem neuen Fitnesskult, der den Körper ins Zentrum des Glücksstrebens des modernen Menschen stellt, eigentlich eine Körperverachtung steht; der vorgegebene normale Körper wird nämlich bereits als Handicap und als Abweichung von der guten Norm empfunden. Da ich mit mir unzufrieden bin, bedarf mein Körper der ständigen Verbesserung.

Diese Perfektionierung des Menschen beginnt nicht erst bei uns, sondern bereits im Mutterschoß, ja noch früher, bereits im Reagenzglas im Labor der Stammzellforschung: Wenn die Hauptsache die Gesundheit ist, koste es was es wolle, so ist der Weg zur Aussonderung alles Ungesunden (wie etwa am Beginn des Lebens in der Präimplantationsdiagnostik und am Ende des Lebens in der aktiven Sterbehilfe) nicht mehr weit. Für Behinderte und auch Kranke wird in einer solchen Welt der Platz auch immer enger.

Ein realistischer menschlicher Blick besagt: Niemand von uns ist total gesund und fit; jede und jeder hat seine Stärken und Schwächen – oder wie jemand sagte: „Gesund ist ein Mensch, der noch nicht ausrechend untersucht wurde“.

Und der Blick des Glaubens besagt außerdem: Es geht letztlich nicht um den gesunden, athletischen Menschen oder gar den Herrenmenschen, sondern um den liebenden Menschen. Die Option unseres Glaubens gilt dem Armen, dem Kranken und Schwachen, dem verletzlichen Menschen, wie Jesus selbst einer war und wie es jeder von uns ist!

Es nützt nichts, den Körper zu einem perfekten Produkt zu machen. Wir können uns diese leibfeindliche Anstrengung ersparen, denn so wie wir sind – mit unserem mehr oder weniger sportlichen, mehr oder weniger gesunden und schönen Körper, mit unserem verletzlichen Leib sind wir von Gott angenommen.

Der Leib ist alles andere als unwichtig. „Caro cardo salutis“ – der leibliche Mensch ist der Schlüssel zum Heil, haben die Kirchenväter gesagt. Gott hat auf das Fleisch gesetzt, denn das Wort ist Fleisch geworden. Unsere zentrale und erlösende Glaubensbotschaft ist die Menschwerdung Gottes in Jesus. Dieser Jesus sagt uns aber auch: „Sorgt euch nicht um euren Leib. Seht euch die Vögel des Himmels an: sie säen nicht, sie ernten nicht ...; euer himmlischer Vater ernährt sie. Seid ihr nicht viel mehr wert als sie?“ (Mt 6,25ff). Jesus selbst hat diesem Vater vertraut – und er ließ seinen geschundenen und gekreuzigten Leib in die Hände des Vaters fallen. Glück und die Fülle des Lebens wurden ihm so zuteil. - Nicht durch Werke, durch eigene Anstrengung, durch von uns perfektionierten Körper werden wir gerettet, sondern durch seine Wunden, durch seine Solidarität und Liebe.

Hauptsache ist also nicht eine Sache, sondern Beziehung, Vertrauen, Glaube, Sich-Loslassen. Das gilt für das zwischenmenschliche Verhältnis und das gilt erst recht für die Beziehung zwischen Mensch und Gott. Unser Glaube befreit von allen Machbarkeitswahn und -stress zur Freiheit der Kinder Gottes. Unser Leib nimmt durch die Auferstehung Jesu Christi teil an der Herrlichkeit und Fülle des ewigen Lebens.

Was hat das mit dem heutigen Fest der leiblichen Aufnahme Mariens in den Himmel zu tun?

In der Lesung werden zwei Lebenseinstellungen dargestellt: die des Adam entspricht dem Anhänger der Gesundheitsreligion: Alles eigene Bemühen, alles Zugreifen und Im-Griff-Haben, alles Festhalten und Perfektionieren des Irdischen endet im Tod. Im loslassen und im Vertrauen auf Christus geht der Mensch hingegen auf das Leben zu und es werden ihm Glück, Heil, Freiheit und Friede zuteil.

Als erste folgt Christus zu dieser Fülle des Lebens seine Mutter Maria – nicht bloß als Privileg der menschlichen Mutter, sondern, wie die Präfation ausdrücklich sagt, „als Urbild der Kirche und Anfang der in Christus erneuerten Schöpfung“. In der ganzheitlichen Aufnahme Mariens mit ihrem von Schmerzen geprägten und sterblichen Leib in die Fülle des Lebens ist sie uns Verheißung, dass auch uns die Fülle des Lebens einmal geschenkt wird.

Marias Himmelfahrt ist für mich die Bejahung unseres Leibes ohne den Stress, ihn perfektionieren zu müssen, denn so wie er ist, ist er von Gott bejaht und wird er einmal teilhaben an der ewigen Herrlichkeit des Himmels.

Maria Himmelfahrt ist eine ganz große Entlastung für uns Menschen, da uns in Maria verheißen ist, dass nicht ein physikalischer Köper und dessen Fitness das Wichtigste ist, sondern der Mensch, dessen Leib Ausdruck liebender Begegnung geworden ist. Nicht Gesundheit und Fitness verbürgen

Glück und Heil, sondern alle gelungenen Beziehungen, deren Vollendung im Himmel wir die „Auferstehung des Leibes" nennen.
Nicht die Gesundheit ist die Hauptsache, sondern die Pflege von Beziehungen, wie sie uns beispielhaft in der Begegnung zwischen Maria und Elisabeth heute im Evangelium geschildert wird. Geglückte Beziehungen zwischen Menschen und erst recht vertrauensvolle Beziehung zwischen Mensch und Gott sind die Bürgschaft, dass wir das Ziel unseres Lebens, die Vollendung im Himmel erreichen. Dass dies möglich und uns allen verheißen ist, das feiern wir heute dankbar in Maria. Amen.

22. Sonntag

Sir 3,17-18.20.28-29; Lk 14,1.7-14 (29.8.2010)

Nun, um eines vorwegzunehmen: Das Evangelium des heutigen Tages ist keine Platzanweisung Jesu für die Sitzordnung in der Kirche: Jesus meinte nicht, dass man die ersten Bänke aus lauter Demut den anderen überlassen solle. Sie wissen ja, wie angeblich ein Vater vor dem sonntäglichen Kirchgang seiner Familie zuruft: „Bitte, beeilt Euch, sonst sind die hinteren Bänke in der Kirche schon alle besetzt!" Sein Motiv scheint nicht unbedingt reine Demut zu sein. Keine Sorge, es bleibt bei der freien Platzwahl in der Kirche und wir werden keine Tischkärtchen einführen - wobei das mit den Tischkarten auch gar nicht so einfach ist, denn vielleicht haben Sie sich auch schon einmal tagelang den Kopf darüber zerbrochen, wer wo und neben wem Sie setzen sollen. So will man ja manch sonst vorprogrammierte Blamage von vornherein ausschließen.
Es geht in beiden biblischen Lesungen aber um Bescheidenheit und Demut, beides Begriffe, die heute für viele einen etwas muffigen Geruch haben. Sie kennen ja auch das Sprichwort: „Demut ist eine Zier, doch weiter kommt man ohne ihr." Jesus lässt sich auch bei reichen Leuten einladen, auch wenn er selbst auffordert, Arme, Krüppel, Lahme und Blinde einzuladen. Er ist kein religiöser Fanatiker, der irgendeine Menschengruppe von seinem Angebot ausschließt, weder Arme noch Reiche; er lässt sich auch von Begüterten helfen.
Wir dürfen uns durchaus freuen, vielleicht einmal mit dem Landeshauptmann oder einem anderen berühmten Menschen zu speisen. Falsch wäre es freilich, wenn wir uns mangels eigenen Selbstbewusstseins nur im Glanz der Großen sonnen und diese brauchen, damit ein wenig Glanz auch auf uns herabfallt. Das ist weder bescheiden noch demütig.
Was ist dann recht verstandene Demut? Demut ist nicht irgendeine kriecherische Haltung, die die eigene Würde sozusagen durch dienerische Unterwürfigkeit erkauft. Demut ist etwas ganz anderes als Schwäche. Demut ist es auch nicht, wenn ich mich aus Berechnung klein mache, damit mich der

andere lobt und indem er mich von der letzten in die erste Reihe holt groß hervorhebt. „Man merkt die Absicht und ist verstimmt."

Demut ist es auch nicht, wenn ich aus mangelnder Selbstliebe immer nur Ja sage und nicht wage, auch „Nein" zu sagen. Es ist gut, sich gelegentlich zu fragen, warum ich so oft Ja sage? Ist es wirklich meine innere Überzeugung oder nur fehlendes Selbstwertgefühl und das Schielen nach dem Lob anderer, dass ich mit nicht „Nein" zu sagen traue, wo es angebracht wäre? Ein Mensch, der nicht innerlich stark und gefestigt ist, kann nicht demütig sein.

Der alttestamentliche Weise in der Lesung sagt, dass der wahrhaft Demütige und Bescheidene bei Gott Gnade findet und bei den Menschen beliebt ist – aber nicht weil er es insgeheim durch seine Demut berechnend zuwege bringt, sondern weil Beliebtheit die absichtlose Folge von wahrer Demut ist. Richtig demütig kann eigentlich nur der Mensch sein, der zu sich selbstbewusst ganz Ja gesagt hat, also sich selbst liebt, und deshalb weil er ganz bei sich ist, auch sich selbst ganz loslassen kann. Jesus selbst ist darin das unerreichte Vorbild. Von ihm schreibt der Evangelist Johannes: „Jesus, der wusste, dass ihm der Vater alles in die Hand gegeben hatte und dass er von Gott gekommen war und zu Gott zurückkehrte, stand vom Mahl auf, legte sein Gewand ab und umgürtete sich mit einem Leinentuch." (Joh 13,3f) Das heißt: Im vollen Bei-Sich-Sein lässt Jesus sich los und tut den Sklavendienst der Fußwaschung.

Menschen, die ihm darin wie selten andere gefolgt sind und heute über die Zeit hinweg bei den Menschen beliebt sind, sind sicherlich z.B. der hl. Franz von Assisi oder Mutter Teresa von Kalkutta, deren 100. Geburtstages wir am vergangenen Donnerstag gedachten. Hier beginnen wir den ursprünglichen Sinn von Demut zu ahnen: es ist der Mut zu dienen, nicht aus Unterwürfigkeit oder Berechnung, sondern aus Liebe zum anderen.

In der Bibel ist Demut in Verbindung der menschlichen Weisheit mit der jüdischen Tradition hinaus die Nachahmung der Gerechtigkeit und Barmherzigkeit Gottes im Alltag. Nicht Opfer, sondern Barmherzigkeit will Gott; das verlangen auch die Propheten in seinem Namen. Auf dem Weg zum Tempel heißt es deshalb, sich zu dem unter die Räuber Gefallenen hinabzubeugen, sich klein zu machen, solidarisch zu werden und dem anderen auf Augenhöhe zu begegnen und wieder auf die Füße zu helfen.

Mehr noch als auf die Füße zu helfen und ihm leibliche Nahrung zu geben, so wichtig dies ist, geht es vor allem darum, dem Menschen Aufmerksamkeit und Zuwendung zu schenken. Das Mahl ist in der Bibel und auch für Jesus ein ganz familiäres Ereignis: zum Mahl einladen heißt in der Bibel, dass der Einladende zum „Cumpanis", zum Tischfreund auf Augenhöhe d.h. zum „Kumpel" wird.

In Jesus geht Gott selbst als der voran, der uns einlädt, sich jedem absichtslos zuwendet und jeden zum Tischgefährten wird. Er, der Gottes Gestalt hatte, hat daran nicht festgehalten, sondern hat sich entäußert und ist gehorsam geworden bis zum Tode am Kreuze, heißt es in einem der ältesten Christushymnen des NT (Phil 2). Gott ist um unser willen arm geworden, damit wir reich werden; er ist Mensch geworden, damit wir Gottes Kinder werden. Das ist die Logik der wahren Demut – des Mutes zu dienen. Dafür hat er sein Blut gegeben.

Das genaue Gegenteil von Demut ist der Slogan des FPÖ-Chefs HC Strache im jetzigen Wiener Wahlkampf „Mehr Mut für unser Wiener Blut!“ Hier wird das eigene Blut dem der Fremden, dem der Menschen mit Migrationshintergrund, den vielfach Armen und Zukurzgekommenen entgegengesetzt. Mit Anspielung auf das Rassendenken geht man dabei populistisch auf Stimmenfang. Christen müssen hier ein eindeutiges „So nicht!“ sagen, denn mit unserem Gott überspringen wir Mauern! Statt Anerkennung erfahren so viele Mensche, dass sie nicht erwünscht sind, dass man sie loswerden will, weil sie nicht ins Bild passen. Solche Haltung ist nicht selten ein Symptom eines Minderwertigkeitsgefühls, das dadurch kompensiert werden soll. Genau so ist es paradoxerweise mit dem offenbar gegenteiligen Verhalten, wenn wir besonders Prominente, also Stars und Weltmeister, uns einverleiben und einbürgern: Beispiel dieser Tage: Der gebürtige Wiener Waltz, ein in London und Berlin lebender deutscher Staatsbürger mit Aufenthalts- und Arbeitsgenehmigung für die USA, bekommt – ob er will oder nicht – unsere Staatsbürgerschaft verliehen - in der Hoffnung, dass von dessen Glanz etwas an uns selbst auch hängen bleibt. Viele Kleine hingegen warten jahrelang darauf oder werden schließlich gar abgeschoben. - Es geht nicht nur darum, ein „Esspaket“, eine Lunchbox dem Hungernden zukommen zu lassen, so überlebensnotwendig das z.B. im Pakistan auch jetzt ist, sondern es geht noch mehr darum, dem Armen Anerkennung und Wertschätzung, also Personwürde zu geben.

Bei der Begegnung mit dem christlichen Gott kommt es nicht, wie die Salzburger Festspiele undifferenziert in ihrem heurigen Motto behaupten, zu Tragödie, denn der christliche Gott stellt sich ganz auf die Seite der Menschen. Er ist ein parteiischer Gott. Ich gestehe, ich bekomme bei der Aufforderung Jesu, nicht nur Verwandte und Freunde einzuladen, sondern vor allem die Armen und Kleinen, ein schlechtes Gewissen und bin irgendwie beschämt. Zumindest aber sage ich mir immer wieder das geflügelte Wort: „Verwandte hat man, Freunde sucht man sich, den Nachbar schickt der liebe Gott.“ Und ich versuche, den mir von Gott wo immer geschickten Nachbar ernst zu nehmen. Das ist zumindest ein guter Anfang!

Je mehr wir in Gott verankert sind (das heißt glauben), können wir uns hinabbeugen zu den Kleinen, ohne Gesicht und Würde zu verlieren. Wenn sich Jesus uns jetzt im unscheinbaren Brot der Eucharistie schenkt, will er in unserer Mitte sein – im Brot, das für alle gleich ist und das deshalb auch unter uns Zusammengehörigkeit, gegenseitige Annahme und Verantwortung stiften will. Lassen wir uns anstecken von diesem Mute Jesu zu dienen und selber immer mehr Brot füreinander zu werden! Amen.

23. Sonntag

Weish 9,13-19; Lk 14, 25-33 (9.9.2001)

Nach diesem Evangelium fragen wir uns vielleicht: Was ist daran eine 'Frohbotschaft'? Allerdings ist auch die umgekehrte Frage erlaubt: Was haben wir aus Gott, aus Jesus gemacht? Ist es nur der uns bequeme, genehme und private Gott? Suchen wir uns die Bibelstellen nach unserem Gutdünken aus? Begegnen wir in dieser Selektion nur dem uns willfährigen Jesus?

Ich bringe einen Vergleich. Wir haben zwar heute keinen allzu hohen Berg bestiegen, aber wir wissen und erfahren, dass jede Bergbesteigung mühsam ist, Kräfte fordert und Vorbereitungstrainings bedarf. Jeder, der in die Berge geht, muss ähnlich wie der Turmbauer und der Kriegsherr im heutigen Evangelium gut überlegen, ob seine Kräfte reichen. Er muss Kondition aufbauen, gesundheitlich vorsorgen und trainieren. Ich habe heuer diese Erfahrungen des Wanderns in den Bergen im Toten Gebirge, im Watzmann-Gebiet und erst letzten Montag auf dem Traunstein wiederum gemacht. Ich habe die Mühen des Anweges erlebt, aber auch das Glück und die Bereicherung des Gipfels erfahren!

Ist es in der Gottesbegegnung und Jesus- Nachfolge nicht ähnlich? Auch da gibt es nicht nur die genehmen und leichten Wegstrecken. Es geht ja nicht bloß um einen lieblichen Gott, sondern um den Gott der Liebe (nicht der Angst) - und Liebe weiß um Konsequenzen und Verbindlichkeiten.

Das heutige Evangelium stammt bei Lukas aus seiner Schilderung des Weges Jesu nach Jerusalem: Jesus geht diesen Weg mit aller Konsequenz. Irgendwie verspüren wir darin den Anspruch Gottes, des Absoluten. Gott - und auch Jesus - ist mehr als Antwort auf alle unsere Fragen, er ist der Grund allen Seins; er ist nicht irgendetwas, sondern Anfang und Ende, Mitte und Vollendung aller Wirklichkeit, also eine ungeheure Herausforderung.

Das Evangelium zeigt die Konsequenz daraus auf, wenn es besagt, dass wir Vater und Mutter gering achten müssen, um Jesu Jünger zu sein, und dass wir unser Kreuz tragen müssen, um ihm nachzufolgen.

Ich bin überzeugt, selbst dies ist eine Frohbotschaft. Der Weg des Menschwerdens ist ja nicht nur Lustwandel und Spaziergang, sondern oft eher einer mühsamen und steilen Bergwanderung vergleichbar. A. de Saint-Exu8pery sagt: 'Es braucht ein Leben lang, Mensch zu werden.'

Mit dem Kreuz-Tragen ist keine falsche Leidensmystik gemeint, sondern der Mensch ist in seiner Grundgestalt ein Kreuz, das es ein Leben lang anzunehmen gilt. Es geht letztlich darum, dass ich ich selbst werde, so wie ich von Gott gewollt bin, dass ich mich annehme (= Selbstliebe) und meine Eigentlichkeit suche und finde. In der bekannten chassidischen Geschichte von Sussja wird uns gesagt, dass Sussja am Ende seines Lebens nicht gefragt wird, ob er Abraham war, sondern ob er

Sussja war. Dasselbe meint wohl Viktor Frankl, wenn er den Menschen auffordert, seiner Berufung zu folgen. Vielleicht ist es auf einem Berg leichter möglich, seine eigenen Berufung zu erkennen, denn 'Berg, ich brauche dich wie einen Freund, in dessen Höhe ich frei atmen kann.' (Saint-Exupery)

Ich möchte drei Abnabelungen, drei Relativierungen benennen, die vom heutigen Evangelium gemeint sind: Erstens die Abnabelung von Eltern und Herkunftsfamilie, um ein Original zu sein; zweitens die Abnabelung von Rolle, Funktion, Beruf, um seiner Berufung folgen zu können und drittens die Abnabelung von (Ab-) Wertungen des Zeitgeistes, um eine unantastbare Würde zu bewahren.

Zum Ersten: Bei der Abnabelung von den Eltern denke ich etwa an die Zebedäus-Söhne. Jesus ruft sie aus dem Boot des Vaters in seine Nachfolge (Mt 4); er lässt die Sorge der Mutter der Zebedäus-Söhne , dass sie die beiden Plätze zu seiner Rechten und zu seiner Linken im Reich Gottes bekämen (Mt 20), nicht gelten, denn wir sind mehr als das Produkt unserer Eltern, biologisch, psychologisch und soziologisch. Wir sind keine Klone unserer Eltern. Durch alle Geburtsschmerzen des Erwachsenwerdens sollen wir Originale werden und sein, kein Abklatsch. Die Firmung will das von Gott her aussagen und besiegeln.

Der Apfel fällt zwar nicht weit vom Baum, aber so wenig Menschen das Produkt dessen ist, was sie produzieren, so wenig sind Menschen einfach das Ergebnis ihrer Eltern. Wir sind zwar durch sie stark geformt, doch wir bleiben nicht Sklaven unserer Kindertage. Gott hat uns berufen, jenseits unserer Menschenwelt Gott selbst als unseren wahren Vater und unsere wahre Mutter zu erkennen. In der Geborgenheit des Absoluten entstehen Bindungen, die nicht versklaven. 'Ihr sollt euch nicht Vater und Mutter nennen lassen, denn nur eine/r ist euer Vater / eure Mutter (Mt 23,9). Verankert im Absoluten, in Gott, können wir kindliche Abhängigkeit, Autoritätsgehorsam, Unterwerfung und Anpassung, alle irdischen Bindungen relativieren. Menschliche Liebe soll sein wie unter Geschwistern, die denselben Vater haben.

Diese Abnabelung ist nicht bloß eine Frage der Pubertät und Adoleszenz, sondern des ganzen Lebens, ja selbst über das Grab unserer Eltern hinaus. Paulus nennt sich gelegentlich Sklave Jesu Christi: er weiß wohl, dass es unter Menschen keine größere Freiheit gibt als die, Gefangener Gottes zu sein. Übrigens, eine tiefenpsychologische Erklärung des Bergkletterns besagt, dass es darin auch um die Ablösung von den Eltern gehe.

Zur zweiten Abnabelung zur Relativierung von Rollen, Funktionen und Berufen:

Jede/r hat notwendigerweise auch Rollen, auch einen Beruf. Der Beruf kann aber auch nicht nur Freundschaften und Partnerschaften schädigen oder gar zerstören, sondern auch eine Barriere und Trennung von Gott bewirken - überall dort, wo aus dem Beruf die Berufung wird, wo ich z.B. nur mehr Pfarrer, Lehrer, Bäcker, Landwirt bin, d.h. wo ich also nur das bin, worin ich jederzeit ersetzbar, austauschbar und ablösbar bin. Da habe ich eigentlich meinen einmaligen Namen, meine Seele verkauft, mein Ich verloren. Beim Pensionsschock kommen manche Leute darauf, wie sehr sie mit ihrem Beruf 'verheiratet' waren. Einkommen, Auskommen, Absicherungen und Sicherheiten, das alles braucht es zur Abdeckung der Lebensnotdurft. Jesus jedoch ruft in die grenzenlose Weite, denn der Mensch ist unendlich mehr als all die Maßnahmen zur Existenzabsicherung. Kleider, Berufe, Rollen, Titel und Funktionen machen keine Leute!

Uns ist seit der Taufe ein ewiger Name zugesagt, unabhängig von unserem Verdienst und unserem Beruf. 'Sorgt euch nicht...', sagt Jesus in der Bergpredigt. Es gibt letzte Gewissheiten nur durch Vertrauen, nicht durch Riegel der Absicherungen.

Jede/r von uns ist nicht bloß Fischer, sondern er soll auch zutiefst Menschenfischer sein (wie Petrus und Andreas, vgl. Mt 4), Menschen mit Herz, die den Weg zum Herz des anderen suchen sollen. Der Mensch ist mehr als er isst, verdient, konsumiert, als die Summe seiner Gene.

Schließlich ist heute auch höchst aktuell eine dritte Abnabelung: die Relativierung von zeitgeistigen Wertungen.

Was ist der Mensch wert? Ist nur der geborene, der gesunde, der leistungsfähige Mensch wert-voll? Ist der noch nicht geborene, der behinderte, der sterbenskranke Mensch 'unwertes Leben'? Stehen die Ränder des Lebens zur Disposition meiner oder eines anderen Entscheidung? Wir wissen um die vielen Probleme und Fragen im Zusammenhang mit der Präimplantationsdiagnostik, mit der Forschung an den embryonalen Stammzellen und mit der Euthanasie, der Tötung auf Verlangen. Ist die Würde des Menschen wirklich unantastbar?

Das heutige Evangelium relativiert alle biologischen, beruflichen und ökonomischen Bindungen und Wertungen. Es garantiert die absolute Würde des Menschen in seiner Verankerung in Gott, in der Gotteskindschaft. Die absolute Würde des Menschen kann nicht von irgendwelchen Bedingungen abhängig gemacht werden. Gott hat jeden Menschen in seiner Würde als Gotteskind über alle irdischen Bindungen und Wertungen erhoben.

Es ist die Liebe, die bedingungslos den anderen annimmt. Wahre Liebe liebt den anderen um seiner selbst willen, nicht weil er Sohn oder Tochter dieser Eltern, aus dieser Verwandtschaft, aus dieser 'Rasse, Blut und Boden' ist, nicht weil er diesen Beruf ausübt oder jene Talente und Fähigkeiten besitzt und nicht weil er diese Gene hat, gesund oder sterbenskrank, geboren oder ungeboren ist. Jeder Mensch ist liebenswert um seiner selbst willen.

Wenn wir hinter dem heutigen zunächst anstößigen Evangelium diese Botschaft erahnen, also eine Botschaft äußerster Liebe, die uns in unsere Eigentlichkeit und damit ins wahre Glück ruft, dann ist es trotz der schweren Zugänglichkeit eine höchst aktuelle Frohbotschaft. Amen.

24. Sonntag

Ex 32,7-14; Lk 15,1-10 (12.9.2004) Bergmesse

Die biblischen Lesungen sollen uns Anlass zum Nachdenken sein.

Das Buch Exodus schildert, wie das Volk Israel aus der Knechtschaft in Ägypten von Gott durch Mose befreit wird und nach der Wanderung durch die Wüste am Berg Sinai Gott einen Bund mit seinem Volke schließt. Gott, der seinem Volke die Erfahrung von Befreiung und Leben geschenkt hat, will ihm auch weiterhin Heil, Schutz und Geleit gewähren; er gibt ihm dazu Weisungen zum Leben, die 10 Gebote. Das Volk wiederum verspricht Gott die Einhaltung dieser Wege zum Leben. Danach steigt Mose für 40 Tage auf den Berg.

Die heutige Lesung schildert, wie Mose vom Berg herabkommt und was er im Tale bei seinem Volke sieht: es tanzt um das Goldene Kalb. Der Stier, das Kalb wurden bei den heidnischen Nachbarvölkern als Sinnbild der Fruchtbarkeitsgötter verehrt.

Ich muss dabei an die berühmte Mose-Statue von Michelangelo in der römischen Kirche San Pietro in Vincoli denken: Mose strahlt von der Begegnung mit Gott auf dem Berg, Michelangelo drückt das durch die Hörner auf seinem Haupte aus (‚quasi cornutus', also ‚gleichsam gehörnt', wie die Vulgata sagt); andererseits schwellen ihm vor lauter Zorn die Adern an, weil er klar sieht, wie das abtrünnige Volk seinem Verderben entgegenläuft. Man hat sein Einkommen, sein Auskommen, seinen guten Lebensstandard; es geht den Menschen gut – und da vergisst man leicht den Geber alles Guten, Gott, und läuft Götzen nach. Das Volk ist geblendet vom Gold des Kalbes, vom Blendwerk der Welt, von irdischen Versprechen dauernden Glücks.

Mose hat, von der Gottesbegegnung auf dem Sinai kommend, selbst den Glanz Gottes auf sich und er hat eine klare Sicht, was den Menschen adelt und was ihn verführt; er erkennt, wie der Mensch im Tanz um das Goldene Kalb Trug und Wahn verfällt und sich das eigene Grab schaufelt.

Zwei Seelen wohnen nun in seiner Brust: Zum einen ist er der Anwalt Gottes vor dem Volk und spricht unmissverständlich eine Warnung aus; er nimmt die oft undankbare Rolle des Propheten und jedes Gottesmannes (oder auch Gottesfrau) ein; zum anderen macht er sich vor Gott auch zum Anwalt des Volkes. Der sündige Mensch bringt sich in einen gottfernen Zustand, so dass er Gott als zornig erfährt. Auf sehr menschliche Weise wird gesagt, dass Gott den Menschen doch retten möchte und er „lässt sich das Böse reuen"; Gott ist nicht der unbewegte Beweger der Philosophen und kein unveränderliches Prinzip, sondern ein leidenschaftlich liebender und uns suchender Gott, dessen Herz sich fürwahr bewegt, weil er uns bekehren möchte von einer Unkultur des Todes zu einer Kultur des Lebens. Gott will das Beste des Volkes, eine zahlreiche Nachkommenschaft, und er segnet es wieder.

Was kann das uns sagen? Wir sind auch auf einem Berg, bei einer Bergmesse. Der Berg (und hoffentlich auch die Freizeit der Ferien und des Urlaubs) gibt uns eine klarere Sicht; der Abstand von unten lässt uns das Wesentliche leichter sehen, so wie Saint-Exupery einmal sagt: „Man muss manchmal auf einen Berg steigen, um von oben zu sehen und zu verstehen, wie die Wege verlaufen." Diese „Erhöhung" soll uns eine bessere Diagnose unserer Gesellschaft ermöglichen, eine leichtere Erkenntnis auf unser alltägliches Verhaftetsein in so genannte Sachzwänge, in die Hektik, Betriebsamkeit und Betriebsblindheit der Niederungen des Alltags. Saint-Exupery fasst es in die Worte: „In der Welt gibt es nur ein Problem, ein einziges Problem: den Menschen einen geistigen Sinn, eine geistige Unruhe zurückzugeben. Überlegt, von Kühlschränken, von der Politik, von Bilanzen und Kreuzworträtseln kann man nicht leben. Es ist unmöglich. Ohne Poesie, ohne Farbe, ohne Liebe kann man nicht leben. Arbeiten wir nur für materielle Güter, so bauen wir unser eignes Gefängnis."

Jede/r von uns hat auch so seine kleinen Hausaltärchen von Politik, Kreuzworträtseln und Bilanzen, seine kleinen Goldenen Kälber, um die er/sie tanzt. Jede/r ist Kind seiner/ihrer Zeit und ist verwoben in die Erlebnis-, Risiko- oder Multioptionsgesellschaft oder wie immer gewisse Einseitigkeiten heißen mögen.

Das Goldene Kalb schlechthin freilich, um den die ganze globale Welt tanzt, ist der von sozialen Kriterien ungebremste Markt. Wer nicht mehr mittanzen kann, wird leicht niedergetrampelt, denn „Geld regiert die Welt". Profitmaximierung, Leben aufkosten anderer und als „letzte Gelegenheit" (Marianne Gronemeyer) geben vielfach den Ton an.

Der Berg, d.h. die Begegnung mit Gott lädt uns ein, all diese Götzen zu entthronen und all das zu relativieren, was sich allzu mächtig gebärdet und dabei letztlich den Menschen knechtet. Die Bergmesse als Auftakt zum neuen Schul- und Arbeitsjahr möchte uns wieder die rechte Optik schenken und uns offen halten für die Suche Gottes nach dem Menschen.

Die Spiritualität des Alten Testaments lässt sich in dem Wort zusammenfassen „Gott sucht den Menschen" (wie ein Buch dazu heißt). So wie sich die Propheten leidenschaftlich für den Menschen gegen dessen Ausbeutung einsetzen, so tut es Gott. Er sucht in jedem Menschen den göttlichen Glanz, sein Abbild, also die absolute Würde. Der Mensche ist nämlich mehr als eine Zahl oder Nummer, als eine Rolle oder Funktion, als Arbeitgeber oder Arbeitnehmer, als Konsument oder Produzent, als Kostenfaktor oder irgendein anderes Zahnrädchen der Wirtschaft. Er ist und bleibt Ebenbild und Kind Gottes.

„Adam, wo bist Du?" ist Gottes Frage und Suche nach unserem paradiesischen Glanz. „Kain, wo ist dein Bruder Abel?" ist Gottes Suche nach der absoluten Würde jedes Mitmenschen. Gott bläst den Staub des Alltags und den Schmutz der Sünde von uns, damit wir wieder echt und dauerhaft

glänzen. Während das Sündenbockdenken einander anschwärzt, sagt die göttliche Logik der Liebe: Ich sehe etwas, was du nicht siehst.
Von dieser leidenschaftlichen Suche Gottes nach dem unendlichen Wert jedes Menschen erzählen auch die beiden Gleichnisse des Evangeliums; das eine vom Hirten, der die 99 zurücklässt, um das eine verlorene wiederzufinden, entstammt der Welt des Mannes, das andere mit der verlorenen Drachme der Welt der Frau. Der Hirt setzt viel aufs Spiel, letztlich, so wissen wir, sein eigenes Leben, denn die Suche Gottes nach uns hat Fleisch und Blut, Hand und Fuß angenommen in Jesus Christus, Gottes Sohn als unser Bruder.
Beide Male wird vor allem die Freude des Wiederfindens geschildert. Jesus erklärt so, weshalb er vor allem mit Zöllnern und Sündern umgeht und dass Gottes Herz viel größer ist als unser engstirniges frommes Denken. Gott lässt die Freiheit, eigene Wege zu gehen, aber ich darf mich, wenn ich mich verirre, finden lassen. Ich darf immer wieder zurückkommen; er gibt mich nicht verloren.
Ich soll mich fragen: Wem laufe ich nach, welchem coolen Trend? Wer sind meine „Goldenen Kälber“ in der Arbeit, in der Freizeit? Adam, wo bist Du? Wo bin ich? Lasse ich meine absolute Würde und den göttlichen Glanz meiner Gotteskindschaft immer wieder freilegen und mir zusagen? Kain, wo ist dein Bruder Abel? Sehe ich auch in meinem Mitmenschen den Glanz von dessen absoluter Würde und göttlicher Kindschaft und helfe ich, ihn, falls verschüttet, auch freizulegen, weil und insofern ich versuche, ihm in Liebe zu begegnen?
Ich bin überzeugt, unter diesem Vorzeichen wird auch das neue Arbeitsjahr ein gutes und von Gott gesegnetes Jahr werden. Amen.

25. Sonntag

Am 8,4-7; Lk 16,10-13 (19.9.2010)

Von wem könnte das folgende Zitat stammen? „Die Jugend lebt heutzutage den Luxus. Sie hat schlechte Manieren, verachtet die Autorität, hat keinen Respekt vor den älteren Menschen und schwatzt, wo sie arbeiten sollte. Die jungen Leute stehen nicht mehr auf, wenn Ältere das Zimmer betreten. Sie widersprechen ihren Eltern, schwadronieren in der Gesellschaft, verschlingen bei Tisch die Süßspeise, legen die Beine übereinander und tyrannisieren die Lehrer?“
Sagten dies frustrierte Pädagogen oder Eltern? Das mag für viele sehr aktuell klingen, und doch: dieser Text ist fast 2.500 Jahre alt, denn er stammt von dem Philosophen Sokrates. Ich sage ausdrücklich dazu, dass ich nicht dieser Meinung bin, aber so etwas hört man auch heute immer wieder.

Nun ein anderes Zitat, bei dem Sie sich auch fragen mögen, von wem es sein könnte: „Wir wollen den Kornspeicher öffnen, das Maß kleiner und den Preis größer machen und die Gewichte fälschen. Wir wollen mit Geld die Hilflosen kaufen, für ein paar Sandalen die Armen. Sogar den Abfall des Getreides machen wir zu Geld."

Richtig! Wir haben es eben in der Lesung gehört – und diese Worte sind sogar mehr als 2.700 Jahre alt. Bei diesem Text bin ich überzeugt, dass er noch immer richtig und zugleich aktuell ist, als sei er gestern geschrieben worden, brandaktuell seit der Wirtschafts- und Finanzkrise! Die Sucht mancher Spekulanten nach immer mehr Geld und das Verlangen, aus allem Geld zu machen, hat diese weltweite Krise mit den vielfältigen Erschütterungen ausgelöst. Dahinter steht die Gier von Managern. Skrupellose Machenschaften weltweit agierender Konzerne und Banken haben all das ausgelöst. Namen wie Lehmann Brothers, Meinl - Bank, Hypo Alpe Adria, Bawag und Buwog tauchen fast jeden Tag in den Zeitungen auf, auch Personennamen, bei denen immer dabei steht: Es gilt die Unschuldsvermutung.

Nun, diese Welt der von der realen Wirtschaft abgehobenen Spekulationen hat ihre Unschuld schon lange verloren und es ist fürwahr nicht so, dass wir die Suppe auslöffeln müssen, die uns Adam und Ava eingebrockt haben. Menschen von heute versauern diese Suppe bis zur Unverdaulichkeit, bis zum Erbrechen!

Zunächst noch einmal zurück zur Lesung. Der Prophet Amos lebte offenbar zur Zeit einer Hochkonjunktur in Israel. Doch wie so oft: Der politische und wirtschaftliche Aufschwung kommt nur der Oberschicht, also den ohnedies Reichen zugute. Die Kleinen im Land, die Arbeitslosenempfänger und Mindestverdiener werden kurz gehalten, um ihr Recht betrogen und ausgebeutet. Die Propheten sind sozusagen die Vertreter Gottes in dessen Parteilichkeit für die Armen, in dessen „Option für die Armen". Diese unbestechliche Sicht auf die Machthaber, selbst auf die Priester, gehört zum biblischen Vermächtnis bis heute.

Kommt uns das bekannt vor? Kennen wir nicht auch jene, die nie genug bekommen können? Jene, die durch Missachtung sämtlicher sozialer und ökologischer Werte nur auf ihren Reinerlös und den ihrer Shareholders schauen – angefangen von Kinderarbeit und Ressourcenausbeutung in vielen Ländern bis hin zur Armut, die vielen nicht einmal das Lebensnotwendige ermöglicht. Sie tragen wesentlich zur immer größer werdenden Kluft zwischen Arm und Reich bei. Es ist die reine Profitgier, bei der nur die Gewinne zählen – ohne Rücksicht auf Verluste, also darauf, dass andere zu niedrig bezahlt werden, den Job verlieren oder sonst unter die Räder kommen.

Ich weiß, dies gilt in viel geringerem Maße für uns in Österreich, wofür wir dankbar sind. Aber wir dürfen auch in unserer Heimat die Augen nicht vor der Armut verschließen, wie sie die Armutskonferenz immer wieder aufzeigt. Und wir müssen wohl auch gestehen, dass kaum einer von uns von dieser Gier nach mehr ganz ungeschoren ist.

Die heurige ökumenische Sommerakademie im Juli in Kremsmünster stand aufgrund dieser besonderen Aktualität unter dem Prophetenwort: „Gerechtigkeit will ich!“ Um mehr von den Zusammenhängen zwischen Wirtschaft, Banken und Politik zu verstehen, habe ich an allen drei Tagen teilgenommen. Ich habe auch das einstündige engagierte Referat des inzwischen verstorbenen Bischof Richard Weberberger aus Brasilien gehört; es war rein lebendiges Zeugnis seines Einsatzes für die Armen. Mir wurde einiges klarer, etwa über den Druck, den die Wirtschaft und vor allem die spekulative Welt der Börsen auf die Politik ausübt. Häufig kommt es zum Kniefall der Politik vor der Übermacht der Ökonomie – bis die spekulative Bankenwelt, wie eben gehabt, wie ein Kartenhaus in sich zusammenbricht!

Amos hat in seiner Zeit nicht unbedingt Erfolg gehabt. Leider hat man offenbar auch in den letzten 2 Jahren bisher die Chance versäumt, durch globale Reglungen etwas Wichtiges zu verändern. Denn das Spiel mit den Hedgefonds, den ungebremsten Spekulationen und den hochdotierten Boni scheint ungehindert weiterzugehen und mangels ethischer Wertet feiert die Korruption vielfach fröhliche Urständ. Der Vergleich mit der untergehenden Titanic, auf der man munter weitertanzte und sich zu Tode amüsierte, liegt einem nahe!

Amos, von Beruf Maulbeerfeigenbaumzüchter, hat als einfacher Mensch aus dem Volk seine Stimme erhoben und die soziale Gerechtigkeit zum Maßstab für den echten Glauben gemacht. Gerechtigkeit ist seither ein zentraler biblischer Begriff, der sich durch alle Text durchzieht.

Dasselbe ist gemeint, wenn Jesus 800 Jahre nach Amos sagt: „Lernt was es heißt: Barmherzigkeit will ich, nicht Opfer“ (Mt 9,13). Die prägnanteste Formulierung steht wohl in der Gerichtsrede Jesu bei Matthäus (Kap. 25): „Was ihr dem Geringsten der Mitmenschen getan habt, das habt ihr mir getan.“ Das heißt, der Umgang miteinander entscheidet letztlich über das Heil des einzelnen.

In dieser Gerichtsrede kommt das Wort „Gott“ nicht einmal vor. Freilich brauchen wir alle den Gottesdienst, um uns gemeinschaftlich vom Wort Gottes Orientierung und Zuversicht zu holen und im eucharistischen Brot für unsere Aufgaben, die Werke der Liebe, gestärkt zu werden. Jesus hat aber selbst unmissverständlich deutlich gemacht, dass man auf dem Weg zum Tempel sich zuerst versöhnen, also geschwisterlich verhalten muss und dass man dem unter die Räuber Gefallenen helfen muss (statt wie der Priester und Levit in den Tempel zu eilen). Am Ende der Messe steht übrigens die Missio, die Sendung in die Welt („Ite, missa est"). Früher hieß diese Entlassung wörtlich: „Eilt, um Gutes zu tun!“

Die Kirche hat sich im 2. Vatikanischen Konzil eindeutig der „Option für die Armen“ verpflichtet. Die Antwort auf die Frage „Können wir Gottesdienst feiern, wenn vor den Kirchentüren Menschen nicht wissen, wie sie die nächsten Tage überleben?“, kann nur heißen, dass wir uns in der Wandlung der Messe auch wandeln lassen müssen zu Menschen, die immer mehr Brot für die anderen werden. Der wahre Gottesdienst ist der, der auch dem Mitmenschen dient. Oder wie

Bischof Jacques Gaillot, der in diesen Tagen 75 Jahre alt wurde, sagt: „Eine Kirche, die nicht dient, dient zu nichts!“ Oder anders gesagt: Gott hat heute keine anderen Hände als die unseren, keine anderen Füße als die unseren.
Ich habe deshalb auch Bedenken gegen einen falschen Rückzug in die Sakristei und eine einseitige Betonung der Liturgie, wo das Wort des Kirchenvaters Irenäus nicht mehr zum Tragen kommt. „Gloria Dei vivens homo – Die Ehre Gottes ist der lebendige Mensch!“ Deshalb hat auch unsere Pfarrcaritas mit ihren verschiedenen Hilfestellungen einen wichtigen Platz und tragen wir auch als Pfarrgemeinde die verschiedenen kirchlichen Sammlungen für Menschen in Not selbstverständlich mit – um der Menschen willen!
Wie wir der Pfarrgemeinderatsleitung vorbesprochen haben, soll auch der finanzielle Erlös des Flohmarktes wie beim letzten Male fast zur Gänze für soziale Anliegen gewidmet werden, sei es im Pfarrgebiet (unser Caritaskindergarten mit eingeschlossen), in OÖ, aber auch weltweit in verschiedenen von uns unterstützen Projekten. Der immaterielle Erlös ist übrigens genau so hoch zu werten: das Erlebnis der Zusammengehörigkeit in unserer Pfarrgemeinde und der Einsatz für das Gute. Deshalb auch mein herzlicher Dank allen Mithelfern bisher und noch in dieser nächsten Woche.
Wir können uns weder als Einzelpersonen noch als Pfarre heraushalten. Die Frage der sozialen Gerechtigkeit, die so alt ist wie die Menschheit, kann uns nicht kalt lassen. In Fragen des Umgangs miteinander kann man nicht zwei Herren dienen, Gott und dem Mammon, der Gerechtigkeit oder der Ungerechtigkeit. Der Mammon sind nicht nur Euros und Aktien, sondern alles, was mich so stark bestimmt und gefangen nimmt, dass ich innerlich unfrei werde und für andere nicht mehr offen bin.
Jede/r ist an seiner/ihrer Stelle mit seinen Möglichkeiten gefragt, sich um Gerechtigkeit zu bemühen. Glauben heißt sich einzusetzen für denjenigen, der zu kurz kommt – wie auch immer. Am Ende unseres Lebens zählt letztlich nicht, was wir haben, sondern was wir gegeben haben. Amen.

26. Sonntag

Am 6,1a.4-7; Lk 16,19-31 (30.9.2007)

Das Thema der heutigen biblischen Lesungen ist eindeutig: es geht um Reichtum und Armut oder besser gesagt um die Beziehung zwischen beiden.
In der Lesung spricht der Prophet Amos, der vor 2.800 Jahren lebte. Er selbst stammt aus der Oberschicht, zieht jedoch bald deren Groll auf sich. Gott beruft ihn nämlich, die Ungerechtigkeiten seiner Zeit aufzuzeigen, also das anzusprechen, wo die anderen wegschauen. In den prophetisch radikalen Worten kommt ein parteiischer Gott zur Sprache, denn Gott muss mit ansehen, was aus

seiner Schöpfung gemacht wird, in der es jedem gut gehen könnte und sollte. Aus den zornigen Wortendes Propheten spricht der verwundete Gott, der leidet, weil Menschen leiden. Gott setzt sich ganz für Gerechtigkeit unter den Menschen ein; bei so viel Ungerechtigkeit gegen seine Geschöpfe soll er nicht aufbegehren?!

Wenn ein Teil der Menschen sich die Reichtümer des Landes unter die Nägel reißt, während die anderen in immer tiefere Armut und Abhängigkeit geraten, da gerät die Welt aus dem Lot und nähert sich immer mehr einem Abgrund. Die Reichen nutzen nämlich ihre Monopolstellung rücksichtslos gegen die Armen aus. Wenn sich alles um Profit und Geschäft dreht, wenn der ungezügelte Markt an die Stelle Gottes tritt und der Mensch den Marktgesetzen untergeordnet wird, da kommt die Menschlichkeit unter die Räder.

Ohne Menschenfurcht verweist Amos im Namen Gottes auf diese Wunde seiner Zeit. Dabei kann leicht passieren, was Kurt Tucholsky einmal sagt: „Es gilt nicht der als schlimm, der den Dreck macht, sondern der, der auf den Dreck hinweist." Der Prophet schildert den ausschweifenden und luxuriösen Lebensstil der Oberschicht, sozusagen der „crème de la crème": „Ihr trinkt den Wein aus großen Humpen, ihr salbt euch mit dem feinsten Öl und sorgt euch nicht über den Untergang Josefs."

Die Menschen der Bibel sind keine Kost- oder Weinverächter (und wir müssen es auch nicht sein!); oft werden in der Bibel der Wein und gute Speisen gelobt, weil sie das Herz des Menschen erfreuen. Es geht vielmehr darum, wo der Luxus der Reichen nur auf Kosten der Armen möglich ist. Angesichts der Blindheit vor der kommenden Katastrophe fühlt man sich an den Untergang der Titanic oder auch an Neil Postmanns Buch „Wir amüsieren uns zu Tode" (1985) erinnert. Bereits einige Jahre später tritt die vorausgesagte Katastrophe in der Verbannung Israels ein. Lakonisch stellt Amos fest: „Das Fest der Faulenzer ist vorbei!"

Es ist dies nicht ein Lob Tüchtigen und Anständigen im Vergleich zu so genannten Sozialschmarotzern und ‚Minderleistern' es ist vielmehr ein Urteil über all jene, die nur an sich selbst denken, sorglos dahin leben und die soziale Verpflichtung ihres Vermögens und Reichtums vergessen haben. So viel zur Lesung!

In der uns allen seit Kindheitstagen vertrauten Geschichte vom reichen Prasser und armen Lazarus im heutigen Evangelium geht es um das gleiche Problem. Ein paar Vorbemerkungen:

Zunächst - Jesus macht in seinen Bildern vom Gericht oder auch in diesem Gleichnis nicht eine vorausschauende Reportage, wie es einmal sein wird, sondern er will seine Zuhörer darin aufrütteln und an den Ernst des Hier und Jetzt erinnern. Wir sollen das Richtige und Wichtige nicht auf den Nimmerleinstag hinausschieben, denn dann könnte es zu spät sein!

Sodann - der Kontrast zwischen Lazarus und dem reichen Prasser ist so überzeichnet, dass wir uns gefühlsmäßig schnell auf die Seite des Lazarus stellen und ihm unsere Sympathie schenken und dem Reichen eher mit Abscheu oder gar Schadenfreude begegnen, also auch die Welt in die Achse des Guten und Bösen einteilen und dabei leicht übersehen, dass die Trennlinie mitten durch einen jeden von uns selbst geht, dass also Anteile des Prassers auch in uns selbst sind, zumal auch wir im reichen Westen und in einem der reichsten Länder der Erde leben.

Ein drittes - Jesus ist nicht ein Puritaner, der Vermögen und Reichtum an sich verdammt, aber eines tut er: Da Gottes- und Nächstenliebe untrennbar sind, stellt er in aller Klarheit die soziale Verpflichtung des Reichtums heraus und betont die sozialen Konsequenzen, die aus dem Glauben folgen. Es stimmt, was Bert Brecht sagt:

„Reicher Mann und armer Mann
standen da und sah´n sich an.
Und der Arme sagte bleich:
Wär ich nicht arm, wärst du nicht reich.

Dass die Fragen rund um die Beziehung zwischen Reichtum und Armut, bzw. die soziale Verpflichtung des Eigentums kein „Schnee von gestern“ sind, sondern höchst aktuelle Wirklichkeit mit allen damit bedrängenden Fragen rund um Politik und Wirtschaft, ist uns wohl allen klar.

Es bringt jetzt nichts, über Turbokapitalismus und ungezügelte steuerfreie virtuelle Geldtransfers zu schimpfen und die durch die Medien sattsam bekannten Beispiele aufzuzählen, wo Reiche aufkosten der Armen leben, um selbst mit weißer Weste dazustehen. Wir sind alle ein Teil dieser Welt, in der die Schere zwischen Arm und Reich nach wie vor auseinander geht. Wir gehören bei aller Armut auch hierzulande zu den Reichen und leben aufkosten der Armen.

Ein Beispiel aus einer Meldung vor vier Tagen: „Die Industrieländer versprechen seit 25 Jahren läppische 0,7 Prozent ihres Wohlstandes der Entwicklungshilfe zukommen zu lassen. 0,3 Prozent sind es tatsächlich. Dem gegenüber steht zudem eine gigantische Zinslast, die die Entwicklungsländer für den reichen Norden tragen.“ (OÖN 26/9/07)

In dieser Woche fand der oö. Umweltkongress in Bad Schallerbach statt. Das Thema hieß „Eine andere Welt ist möglich“. Es wurde um Maßstäbe einer menschenverträglichen Globalisierung gerungen. Allmählich setzt sich die Erkenntnis durch, dass die weitere Klimaerwärmung „dem Fest der Faulenzer“ ein Ende bereiten könnte Eine der Hauptursachen ist der sozial und ökologisch unverträgliche und unersättliche Ressourcenkonsum der Industrieländer. Wenn man alles haben will und das sofort und weiter sorglos dahin lebt, ohne die Warnsignale zu beachten, wird der Graben zwischen dem reichen Prasser und Lazarus, sprich zwischen Reich und Arm letztlich zur unüberbrückbaren Zerreißprobe unserer Welt.

Als einzelner kommt man sich machtlos vor. Doch zu sagen „Da kann man nichts machen!“ wäre eine resignative Besiegelung der Gegebenheiten. Wir alle sind gefragt nach unseren Möglichkeiten, etwas zu tun – und seien sie noch so klein.
Wir haben als Pfarre durch unsere Solaranlage ein Zeichen nachhaltiger Energie gesetzt. Wir versuchen im Einen-Welt-Kreis den Fair-Trade zu unterstützen. Sehr viele haben sich bei der Vorbereitung und Durchführung des Flohmarktes engagiert. Allen nochmals herzlichen Dank! Wenn wir den finanziellen Ertrag von knapp 25.000 Euro für unseren Kindergarten, für Kinder und Jugend, aber auch für Pfarr-Caritas, Eine-Welt-Kreis und für die von uns unterstützten brasilianischen Glaubenszeugen Günther Zgubic, Josef Hehenberger und Christian Mayr (die ersten zwei sind Oscar-Romero-Preisträger) hergeben, so mag es ein Tropfen auf einen heißen Stein sein, aber es ist besser , ein Licht anzuzünden als über die Finsternis zu jammern. Und was kann der/die einzelne tun? Keine/r von uns, die wir zumeist ein gutes Auskommen haben, darf sich an dieser Frage vorbeimogeln!
Ich glaube, dass die biblischen Texte heute für jede und jeden von uns ein Aufruf zu größerer Einfachheit in seinem Lebensstil sein könnte. Es geht dabei in erster Linie noch nicht um Geld, Gut und Besitz. In uns allen steckt das dringende Bedürfnis, etwas zu sein, etwas zu bedeuten, etwas zu haben. Wenn es dort oder da gelingt etwas loszulassen, gewinnen wir einen Freiraum, in dem Gedanken Platz haben wie „Das brauche ich nicht“; „Ich muss mir und anderen nichts beweisen“.
Ich denke dabei an den Ausspruch des im Sommer verstorbenen Mitbruders Johannes Singer: „Wenn ich durch die Landstrasse gehe, freue ich mich an den vielen schönen Dingen, die ich nicht kaufen muss.“
Wo wir loslassen, gewinnen wir einen Freiraum, in dem Menschen Platz haben, die mich brauchen. Dann erkennen wir wohl leichter, wie der Lazarus heißt; der vor meiner Tür sitzt? Wo und wenn ich etwas losgelassen habe und leer bin, kann jemand eintreten. Und schließlich gewinne ich einen Freiraum, in dem auch Gott mehr Platz hat, weil ich ihm nichts anderes vorziehe.
Ich wünsche uns allen die damit verbundene Erfahrung von Glück und innerer Freiheit. Die zugleich darin enthaltene einzig mögliche Therapie für unsere kranke Welt heißt: Weniger ist mehr! Amen.

27. Sonntag

2 Tim 1,6-8.13-14; Lk 17,5-10 (3.10.2004) Erntedankfest

Wir feiern heute wie alljährlich unser Erntedankfest. Die Frage ist freilich erlaubt, ob wir es nicht mit einer allzu großen Selbstverständlichkeit tun in Anbetracht dessen, was sich in der Welt ereignet. Ich nenne nur einige uns allen bekannte Fakten: die allgemeine Verunsicherung nach dem

11. Sept. 2001, die Selbstmordattentate in Israel und im Irak, der Terrorakt in der Schule von Beslan, die katastrophale Lage in Afghanistan, die Flutwelle in Haiti, die verheerenden Verwüstungen durch die letzten Hurrikans in den USA, die Abholzung der Regenwälder, der Beutezug nach Walen in den Weltmeeren,... Diese Liste ließe sich lange fortsetzen.
Unmittelbar denkt man dabei an Bert Brechts Zeilen an die Nachgeborenen: „Was sind das für Zeiten, wo ein Gespräch über Bäume fast ein Verbrechen ist, weil es ein Schweigen über so viele Untaten einschließt.“ Ist nicht unser Feiern einem solchen Gespräch über Bäume vergleichbar, also ein verharmlosendes Augen-Zumachen vor den Tatsachen?
Nein, das soll und darf es nicht sein, denn wir wollen nichts schönfärben!
Aber wenn wir nur mehr den Blick auf die roten Zahlen richten, gehen wir tatsächlich Bankrott. Wenn wir nur mehr sehen, was im Glas fehlt und nicht was drinnen ist, sind wir blind für alles andere, was es auch gibt. Ich bin überzeugt, das Glas ist mehr als bis zur Hälfte gefüllt und jedes Jahr wird uns selbstverständlich neu geschenkt, was wir zum Leben brauchen.

Was sind das für Zeiten, wo wir nicht mehr sehen, dass uns immer wieder ein Frühling mit den Knospen und Blüten in den Pflanzen der Natur, im Keimen von Freundschaft und Liebe zwischen den Menschen und im schöpferischen Geist der Kunstschaffenden und auch der Naturwissenschaftler geschenkt ist? Wir machen heute bewusst die Augen auf und wollen dafür danken!
Was wären das für Zeiten, wo wir nicht mehr gewahr würden, dass es den Sommer gibt, die Reife des Getreides als Frucht der Erde und der menschlichen Arbeit, aber auch geglückte reife Beziehungen zwischen Eheleuten, Partnerschaften, Freunden, in Familien und anderen Gemeinschaften bis hin auch zu einem Fortschritt im Miteinander der Völker, etwa in der EU-Erweiterung des letzten Jahres? Wir machen heute bewusst die Augen auf und wollen dafür danken!
Ich wünschte mir auch keine Zeiten, in denen wir nicht mehr die Früchte des Herbstes, den Wein und das Obst und vieles mehr, aber auch die Früchte menschlichen Geistes in Kultur und Technik, im Bemühen um Nachhaltigkeit und Bewahrung der Schöpfung dankbar in den Blick bekämen, weil uns der einseitige Blick auf Misslungenes und Gescheitertes den Blick darauf verstellte. Wir machen heute bewusst die Augen auf und wollen für alles, was im Herbst des Jahres und des Lebens gelingt und uns geschenkt ist, danken!
Schließlich möchte ich auch den Winter nicht vermissen, den Winterschlaf der Natur, in dem viel Korn gedeiht, aber auch die Geduld des langen Beratens, bevor man schnell tut, was man kann, ohne zu fragen, ob es Segen oder Fluch für uns ist. Wichtig erachte ich auch die Zeit der langen Nächte und der Mußestunden, in denen wir im Spiel, in Muse und im Schlaf das Leben immer

wieder als Geschenk erfahren. Dazu gehört auch die Zeit versöhnender und aufbauender Gespräche, die Kraft schöpfen lassen und ohne die aus dem Winter eine menschliche Eiszeit würde!

Die Medien berichten meist nur über die Katastrophen, denn „good news no news". Die ganz alltägliche Wirklichkeit und das gewöhnliche richtige Leben kommen mitten in einer Welt des menschenverachtenden Terrors nicht in die Schlagzeilen.
Mit dem heutigen Erntedankfest sagen wir: Dieses gesunde Leben gibt es in vielfacher Weise – in der Natur und in der Welt der Menschen, in der Kultur und auch in der Arbeit, in der Völkergemeinschaft und in den Zellen unserer Gemeinden und Familien. Das nicht zu sehen, darüber nicht mehr zu reden und es nicht mehr als ein Jahr für Jahr geschenktes Leben zu feiern, würde den Terroristen, Unheilpredigern und Unkraut-Säern das Feld erst recht überlassen. Das wollen wir nicht!
Wir Christinnen und Christen danken nicht nur einander, sondern wir danken letztlich Gott als Freund und Liebhaber des Lebens, als des Lebens Ursprung, tragende Mitte und einmal ewige Vollendung.
Wenn heute im Evangelium die Apostel Jesu bitten „Herr, stärke unsren Glauben!", so ist es auch unsere Bitte um das Vertrauen und die Überzeugung, dass Gott uns jährlich neu wie ein liebender Vater und eine gute Mutter mit vielem Guten und Schönen beschenkt, dass er auch auf krummen Zeilen gerade schreibt und dass er uns in Jesus doch alles geschenkt hat. Nichts mehr auf dieser Welt, weder Leben noch Tod, weder Gegenwart noch Zukunft, weder Terror noch Kriege, weder Hurrikans noch Überschwemmungen vermögen uns von seiner Liebe zu trennen.
Ich wünsche uns vor allem ein hörendes und sehendes Herz, denn „Man sieht nur mit dem Herzen gut; das Wesentlicher ist nämlich für die Augen unsichtbar".
Vielleicht sagt das Evangelium in dem aus der damaligen Arbeitswelt genommenen für uns schwer verständlichen Vergleich mit den unnützen Knechten: Auch wenn wir all das uns Mögliche tun, wir können und brauchen das Wesentliche nicht verdienen, weder hier auf Erden noch einmal den Himmel, denn Gottes Geschenke beruhen nicht auf einer Tauschgesellschaft nach den Gesetzen des Marktes. Was er schenkt, gibt er umsonst – heute und immer!

Wir feiern Erntedank als Gemeinschaft der Kirche. Hier verschärft sich vielleicht für manche Zeitgenossen noch einmal die Frage nach dem Sinn unseres Feierns. Hat man nach dem zweiten Weltkrieg gefragt „Kann man nach Auschwitz noch Gedichte machen und noch beten?", so heißt die Frage angesichts vieler negativer Vorkommnisse heute vielleicht: „Kann man nach den Pädophilie-Skandalen in Amerika und anderswo, nach den Ereignissen in St. Pölten noch in und mit der Kirche feiern?" Ohne etwas verharmlosen zu wollen, lautet meine Antwort auch hier: Wer nur auf das Negative in der Kirche den Blick richtet, übersieht all das Gute und Positive in der Gemeinschaft der Glaubenden; er bleibt in einem Beobachterstatus und trägt auch selbst nichts zur Strahlkraft der Kirche bei.

Ich bin überzeugt, dass es ungeheure Schätze in dieser Kirche gab und gibt und dass die meisten dieser guten Früchte an der Basis, also in den Pfarren zu finden sind. Es gab kaum je eine Zeit, in der so viele Laien auch theologisch sehr gut ausgebildet sind und sich haupt- und ehrenamtlich in der Kirche mit ihrem Begabungen einbringen, - eine Zeit, in der so viele Frauen und Männer sich um Gottes Lohn in den Pfarrgemeinden engagieren, auch in unserer Pfarre St. Konrad, obwohl Brauchtum und Tradition abbröckeln und uns der Wind nicht in die Segel bläst.

Ich bin zwar besorgt über den Rückgang des Gottesdienstbesuches auch bei uns und jeder Kirchenaustritt ist einer zu viel, ich darf jedoch seit nunmehr genau 20 Jahren auch erleben, dass sehr, sehr viele zur Pfarre St. Konrad stehen und sich auf diese oder jene Weise einsetzen und mitarbeiten. Ich will bewusst keine Aufzählung beginnen, denn es sind deren zu viele. Es geschieht sehr viel Gutes und an einem Fest wie heute soll auch davon ausdrücklich gesprochen werden.

Von Herzen möchte ich den vielen, die mit ihrem Charisma zum Leben der Gemeinde beitragen, aber auch allen, die mit ihrem Kirchenbeitrag ihre Solidarität mit uns bezeugen, danken. Ich danke allen, die mir geholfen haben, diese 20 Jahre als Pfarrer meine Aufgabe zu bewältigen; ich danke für das Vertrauen und das Gebet, für die Kritik und die Ermutigung. Ich danke besonders auch jenen, die hinter dem Pfarrer auch immer den Menschen gesehen haben und die dazu beigetragen haben, dass ich hier in St. Konrad über die Arbeit hinaus bei allem bleibenden Pilger-Dasein Beheimatung gefunden habe. Um Vergebung bitte ich, wo ich - vielleicht auch ohne es zu wissen - jemanden gekränkt habe.

Danken möchte ich aber auch Gott, denn schließlich ist er es, der das, was wir säen, wachsen, gedeihen und reifen lässt. Wir feiern Eucharistie, d.h. wir danken Gott und dürfen bei diesem Danken auch wieder „auftanken“ für unseren Weg in das nächste Jahr (und Jahrzehnt).

Was Paulus heute in der Lesung an Timotheus schreibt, möchte ich für mich von Gott erbitten: Er möge die Gnade Gottes, die mir durch die Handauflegung des Bischofs zuteil wurde, zum Segen der mir Anvertrauten immer wieder neu entfachen. Gott schenke mir und uns allen nicht einen Geist der Verzagtheit, sondern den Geist der Kraft, der Liebe und der Besonnenheit.

Was können wir uns alle einander Besseres wünschen, als dass wir – mit den Worten der heutigen Lesung – beim Glauben und in der Liebe bleiben, die uns in Christus Jesus geschenkt ist und so das uns anvertraute Gut durch die Kraft des Heiligen Geistes, der in uns wohnt, bewahren. Amen.

28. Sonntag

2 Kön 5,14-17; Lk 17,11-19 (10.10.2010) Erntedankfest

Beide für den heutigen 28. Sonntag im Jahreskreis vorgesehenen Lesungen passen sehr gut zu unserem Erntedankfest.

Die Lesung schildert, wie der Syrer Naaman, also ein Ausländer, geheilt wird. Er möchte sich, wie es sich gehört, bei dem bedanken, dem er seiner Meinung nach die Heilung verdankt, also beim Gottesmann Elischa. Dieser aber nimmt ein Dankgeschenk nicht an und verweist ihn auf den Geber alles Guten, auf Gott selbst, auf Jahwe, auch wenn es von Menschen vermittelt wird.

Wie oft hat schon jemand zu Ihnen gesagt: Ich werde mich noch mit einem Dankgeschenk melden – und hat es dann nicht getan?! - Damit Naaman das nicht passiert, setzt er für sich ein Zeichen: er nimmt sozusagen aus dem Heiligen Land, in dem er Heil und Heilung erfahren hat, Erde mit heim in seine heidnische Umwelt. Diese Erde soll ihn ein Leben lang an Jahwe, den Geber alles Guten, erinnern!

Auch das Evangelium berichtet, dass neun von zehn, die von Jesus geheilt wurden, zu danken vergessen. Nur „einer von ihnen kehrte um, als er sah, dass er geheilt worden war; und er lobte Gott mit lauter Stimme." - Es war übrigens wiederum einer der oft verachteten Ausländer, ein Samariter, also einer – wir würden sagen - mit Migrationshintergrund, um den im Alltag viele einen Bogen machen.

Dieser eine allein merkte, dass es mit der körperlichen Heilung eigentlich nicht getan war, denn zum geglückten menschlichen Leben gehört ganz wesentlich Beziehung, Austausch und Begegnung, zumal mit dem, der dieses Leben schenkt und es auch durch schwierige Wegstrecken trägt. Wer sich egoistisch abkapselt – in dem Sinne: „Hauptsache mir geht's wieder gut! Jeder ist seines Glückes Schmid!" -, in dessen Leben verkümmert das Menschsein von neuem auf noch gefährlichere Weise; solche Menschen werden leicht unmenschlich.

Beide, der Syrer Naaman und der Samariter, sind dankbare Menschen und uns darin Vorbild und Beispiel. So wie für Naaman die nach Hause mitgebrachte Erde und für den Samariter der ausdrückliche Lobpreis Gottes sinnenhafte Zeichen ihres Dankes sind, so hat sicherlich auch jede und jeder von uns in einer Zimmerecke solche Zeichen der Dankbarkeit an für uns wertvolle Personen und auch einen Herrgottswinkel mit Zeichen des Dankes an Gott, etwa ein Glas Lourdes-Wasser, eine Kerze oder ein Kreuz.

Für uns als pfarrliche Gemeinschaft soll unser jährliches Erntedankfest ein Zeichen unseres gemeinsamen Dankes sein – nicht als Alibi, um den Rest des Jahres darauf zu vergessen, sondern im Gegenteil: Erntedank will uns daran erinnern, dass wir tagtäglich das Brot, um das wir bitten, auch erhalten und dafür wollen wir danken.

In Zeiten wie diesen, in denen Populisten mit Schlagwörtern die Vielfalt der Wirklichkeit vereinfachen und reduzieren, wo Feindbilder gesucht werden und Fremdenhass geschürt werden, in Zeiten, in denen durch die Ausbeutung der Erde viele Arten der Ressourcen ausgebeutet werden und verschiedenste Arten des Lebens in der Pflanzen- und Tierwelt auszusterben drohen, möchte ich ganz bewusst an diesem Erntedankfest auf die Vielfalt der Schöpfung als einzigartigen Schatz, als große Bereicherung und als positive gegenseitige Ergänzung hinweisen. Diktaturen verweigern den Dialog und die Vielfalt der Menschen und Meinungen. Sie schreiten mit Stechschritt und Uniform über Menschen und Meinungen hinweg; sie fahren wie mit einem Rasenmäher über alles hinweg, um es gleichzuschalten und Andersdenkende womöglich zum Schweigen zu bringen. In einer Demokratie müssten gerade die Vielfalt und der Austausch blühen und gedeihen. Für die Demokratie sind wir dankbar, das heißt aber auch, uns als Staatsbürger etwa bei Wahlen verantwortlich zu beteiligen, denn Demokratie ist keineswegs schon eine „gmahte Wiesn", eine selbstverständliche Erbpacht ist; sie muss auch ständig neu eingeübt und gelebt werden.
Ich bin ein Mensch, der die Vielfalt der Sprachen, der Kulturen, der Rassen und der Landschaften liebt. Es zieht mich deshalb auch immer wieder in neue Regionen unserer Erde. Erntedank lädt uns ein, auch in unserem Alltag die Vielfalt als Geschenk Gottes zu entdecken und dafür zu danken.
Es sind sicher keine 100 Jahre her, dass bei den meisten Tischen der Bauern, aber auch der Bürger außer bei den großen Festen nur Brot und irgendein Brei auf den Tischen standen. Nie in der Geschichte der Menschheit war selbst der Tisch der einfachen Menschen so reichlich gedeckt wie heute. Nie vorher gab es eine solche Vielfalt und Abwechslung der Speisen, der Fleisch- und Milchprodukte, der Zutaten, der Öle und Soßen usw. Wir haben bei den Speisekarten und an den Buffets nicht selten die Qual der Wahl.
Allein schon die paar Erntefrüchte hier vorne im Altarraum sind ein sprechendes Bild für die Vielfalt der Gaben, die die Schöpfung uns zu einer gesunden und ausgewogenen Ernährung bereitstellt. Dabei ist nicht nur der praktische Nutzen gemeint, sondern auch der Zugewinn an Lebensfreude und Lebensqualität. Die Vielfalt der Früchte und der Nahrung ist ein Wunder, das uns ins Staunen bringen kann und soll.
Am dritten Schöpfungstag heißt es, dass Gott Pflanzen, Bäume und samenhaltige Früchte „aller Art" hervorbringt. Diese überschäumende Vielfalt des Lebens ist auch ein Zeichen für die unerschöpfliche Phantasie und auch für die übergroße Liebe des Schöpfergottes. Für diese Gaben danken wir heute, wollen aber zugleich unsere Aufgabe darin sehen, uns für diese Vielfalt des Lebens auch einzusetzen. Die Bedrohung vieler Pflanzen- und Tierarten (selbst in Mitteleuropa sind

50% vom Aussterben bedroht) hat die Vereinten Nationen bewogen, das Jahr 2010 zum „Internationalen Jahr der Biodiversität" auszurufen, denn nicht Mega-Monokulturen werden diesen Schatz retten, sondern nur die Pflege einer vielgestaltigen, ökologisch wertvollen Landschaft.

Gott lädt uns nicht an einen Tisch der Einfalt von Konserven, die in der ganzen Welt gleich sind, sondern an den Tisch reichhaltiger phantasievoller Vielfalt. Dafür wollen wir heute ganz bewusst danken. Eine Vielfalt möchte ich ganz bewusst noch nennen: da ist zum einen der wohl von allen geschätzte „kleine Unterschied von Mann und Frau"; da ist aber auch die Vielfalt der verschiedenen Lebensalter, wie sie heute vor allem in den Fürbitten angesprochen werden. Besonders freuen uns natürlich heute die Kinder in ihrer unbekümmerten Herzlichkeit. Da ist aber auch die Vielfalt dessen, was ich die Glaubensgestalt jedes Menschen nenne. Es ist nämlich ein bereichernder Unterschied zwischen der Art, wie etwa ein Sanguiniker oder ein Choleriker, wie ein temperamentvoller Südländer oder en nüchterner Nordländer glauben, denn der Glaube eines jeden hat nochmals eine ganz persönliche Färbung durch die jeweils andere Persönlichkeitsstruktur des einzelnen und dessen Geschichte – und das ist gut so und es ist bereichernd, solange nicht einer seine Glaubensgestalt mit dem Glauben selbst verwechselt und meint, nur er habe recht. Dann wird es sektiererisch und die berechtigte Vielfalt muss einem gefährlichen Monopolanspruch weichen!

Es gibt nicht nur die Verschiedenheit von Mann und Frau, es gibt auch die Vielfalt der Völker, Kulturen und Nationen, der Rassen und Sprachen, ja selbst der Weltreligionen. Auch für diese Vielfalt wollen wir heute danken. Erst wo wir dies auch als Bereicherung, Ergänzung und gegenseitige Entfaltung anerkennen und erfahren, ist die Menschheit auf dem Weg in eine bessere Zukunft.

Die christliche Bibel ist sich wohl bewusst, dass sie mit dem Lob von zwei Ausländern in den heutigen Lesungen provoziert – und das umso mehr, als von Politikern immer wieder viel von notwendiger Integration von Ausländern geredet wird, aber zugleich zwei unmündige Kinder samt Vater trotz bester Integration in diesen Tagen unmenschlich und gewaltsam abgeschoben werden. Es hätte genügend Gründe für ein humanitäres Bleiberecht von Gnaden der Innenministerin gegeben! Die adventliche Herbergssuche wird so total konterkariert!

Ein allgemeines „Seid umschlungen Millionen" hilft niemandem .Helfen in Richtung eines guten humanen Zusammenlebens tut ein freundlicher Gruß an den türkischen Nachbarn, ein freundliches Wort an den muslimischen Arbeitskollegen, eine helfende Hand für die Familie mit Migrationshintergrund, eine politische Entscheidung, die Menschlichkeit verspüren lässt. Die Bibel zeigt immer wieder, dass im Fremden uns auch Gott begegnet.

Erntedank ist deshalb auch die Einladung, nicht nur für die Vielfalt der Tiere und Früchte zu danken, sondern vor allem auch für die Verschiedenheit der Menschen und die Vielfalt der Völker, singen wir doch immer wieder: „Lobet und preiset, ihr Völker den Herrn!". Amen.

29. Sonntag

Ex 17,8-13; Lk 18,1-8 (17.10.2010)

Zu den mir sehr wertvollen Andenken aus dem Heiligen Land gehört seit vielen Jahren diese kleine Skulptur, die das zeigt, was die heutige Lesung aus dem Buch Exodus schildert: Mose betet am Gipfel des Hügels mit erhobenen Armen zu Gott, während das Volk Israel unter der Führung Josuas gegen den Feind Amelek kämpft. Als es Mose zu stark wird, brachten Aaron und Hur ihm nicht nur einen Stein zum Sitzen, sondern stützten auch seine Arme rechts und links, denn so lange er die Arme erhob, war Israel stärker und siegte.

Mose hat in der Wüste gelernt, das Volk so zu nehmen, wie es war: oft murrend, hadernd und unzufrieden. Es lastet die Verantwortung wie ein Schwergewicht auf ihm; er stöhnt: „Wie soll ich euch tragen: eure Bürde, eure Last, Eure Rechtshändel?" (Deut 1,9) Auf Anraten seines Schwiegervaters Jitro teilte Mose die schwere Last der Führung, indem er Richter für Gruppen zu je 10, 50, 100 und 1000 Mann einsetzte; wir würden sagen, er führte das Delegationsprinzip ein.

Einen besonders anstrengenden und zugleich unerlässlichen Dienst hatte Mose jedoch als Beter und Fürbitter, einen Dienst, den er nicht einfach delegieren konnte, denn wehe, wenn die Dimension des Gebetes, also der Beziehung zu Gott fehlt!

Meist ist der Feind Amelek nicht eine andere Person, die es zu bekriegen gilt, sondern viel eher eine Wüstenstrecke in unserem Leben, ein schwerer Schicksalsschlag, eine Kreuzwegstation, die Erfahrung von Anfeindung und Ausgrenzung, Krankheit, der Tod eines lieben Menschen, Schwäche oder Schuld oder was immer. Zum leidenschaftlichen Kampf dagegen gehört die stille Kontemplation, zum Tun das Innehalten, zur oft schweißtriefenden Arbeit das untätige Gebet, modern gesagt: zur Politik die Mystik, zum Management die Spiritualität.

Beispielhaft bringt Mose zum Ausdruck, wozu er vor dem Schilfmeer das ganze Volk aufgefordert hatte: „Fürchtet euch nicht! Bleibt stehen und schaut zu, wie der Herr euch heute rettet." (Ex 14,13) Mose wird zum lebenden Symbol dafür, dass letztlich nicht die Kraft des Menschen, sondern der Arm des Herrn rettet und siegt. Mose zeigt, dass es ein Irrglaube des Menschen ist, sich den Sieg auf das eigene Konto buchen zu können, also letztlich selbst seines Glückes Schmid zu sein. Er tritt ganz zurück, um Gottes große Tat umso stärker hervorzuheben. So ist dieser Mose das Bild des großen Beters und des mächtigen Fürbitters.

Für andere zu beten ist ein ganz wichtiger stellvertretender Dienst. Der Priester tut es im Breviergebet, das ein Gebet nicht für sich selbst, sondern vor allem für das Volk Gottes ist. Die kontemplativen Orden tun es als Dienst für die Welt. Silja Walter, selbst Mitglied eines solchen Ordens, sagt in ihrem Gedicht „Das Gebet des Klosters am Rande der Stadt":

„Jemand muss zuhause sein, Herr, wenn du kommst. Jemand muss dich erwarten, unten am Fluss vor der Stadt. ... Wachen ist unser Dienst, wachen. Auch für die Welt. Sie ist oft so leichtsinnig, läuft draußen herum und nachts ist sie auch nicht zuhause. ... Wir glauben, weil wir glauben. Zu glauben und zu bleiben sind wir da, - draußen am Rand der Stadt. ... Das muss immer jemand tun mit allen andern. Und für sie."

Am Freitag, dem Fest der hl. Teresa von Avila, haben die Karmelitinnen nicht am Rande der Stadt, sondern in der Mitte der Stadt Linz nahe dem Fluss Donau gefeiert, dass sie diesen Dienst für uns alle nun seit genau 150 Jahre tun. Ich bin überzeugt, dass hintern den Mauern auch dieses Kloster in der Langgasse nahe am Fluss Donau die Stadt Linz auf den Herrn wartet. Das Kloster der Karmelitinnen ist sicherlich eine Quelle großer Gnaden für viele Menschen. Echt kontemplative Berufungen sind keineswegs Weltflüchtlinge; sie leisten einen unersetzbaren Dienst im Kampf, der sich über alle Zeiten hinweg abspielt zwischen Israel und Amelek, zwischen dem Weg in die Freiheit und dem Rückfall in (ägyptische) Gefangenschaften, die den Menschen entfremden.

Dieser Dienst ist umso wichtiger heute in einer Zeit, in der der Gotteskomplex, wie es der Psychotherapeut Horst Eberhard Richter nennt, fröhliche Urständ feiert, also der Irrglaube; der Mensch könne alles selbst bewältigen. Es ist eine Zeit, in der in einem aggressiven Atheismus etwa eines Richard Dawkins der Tod Gottes propagiert wird und der Mensch meint wie Prometheus in der Antike, alles selbst im Griff zu haben.

Aber auch wir Gläubige wären ohne diese Dimension des Gebets bestenfalls religiöse Marxisten. Karl Rahner hat ein Buch geschrieben: „Von der Not und dem Segen des Gebetes". Ja, auch Beten ist mühsam und es bedarf der Unterstützung wie sich auch Mose unterstützen lässt. Auch hier gilt: Einer trage des anderen Last: Wir sollen also mit- und füreinander beten, in unseren Familien, in der Pfarrgemeinde und darüber hinaus. Es darf fürwahr nicht auf den Priester abgeschoben werden, auch wenn es ein wichtiger Dienst des Priesters bleibt. Ich danke an dieser Stelle ganz bewusst allen Betern, zumal den alten und kranken Menschen, die nicht mehr arbeiten und kämpfen, aber mit ihrem Gebet für uns alle einen ganz wichtigen Dienst tun. Dieses Gebet darf leidenschaftlich und kühn sein, geradezu verwegen, so wie wir es heute von der Witwe im Evangelium hören. Sie klopft so lange an die Tür des Richters, bis er hilft, damit „die arme Seele endlich Ruhe gibt".

Gebet soll nicht nur aus der Not kommen. Allzu oft wird Gott dort wo ich anstehe zum Lückenbüßer gemacht, sonst wird er allzu leicht vergessen. Das Gebet ist nämlich mehr als ein Hilferuf in der Not. Beim Gebet des Mose und wohl auch beim Vergleich, den Jesus mit der Witwe im Evangelium anstellt, ist das, was für einen Außenseiter vielleicht wie eine Erpressung ausschaut, die kühne Verwegenheit des Vertrauens, das sich selbst ganz in die Waagschale wirft und Gott alles zutraut. Mose möchte lieber sterben, als dass dem Volk etwas geschieht. Er ist vor Gott Anwalt des Volkes, vor dem Volk Anwalt Gottes. Im Übrigen führt Gebet für die in der Welt Tätigen nicht zur

Untätigkeit, sondern es gilt vielmehr wie Ignatius von Loyola sagt: „Bete so, als ob alles von Gott abhängt, aber handle so, als ob alles von dir abhängt."
Wie Mose in der Liebe zu Gott und zum Volke der Brückenbauer (Pontifex) zwischen beiden wird, so glauben wir, dass Jesus Christus unser Mittler ist; durch seine Offenheit zu Gott geschieht da Wesentliche, das wir jetzt dankbar feiern: der Sieg des Lebens und der Liebe.

Einen wichtigen Gesichtspunkt des Gebets will ich noch erwähnen. Beten muss sich nicht nur auf Worte beziehen. Beten kann auch heißen schweigen und stille sein. Die Stille ist oft Voraussetzung, damit wir mehr bei uns selbst sind und die Nähe Gottes verspüren und genießen. Beten ist ja vor allem eine Sache des Herzens und nicht nur des Mundes. Auch wenn die Stille im persönlichen Gebet ganz wichtig ist, so hat sie doch auch in der Eucharistiefeier eine Bedeutung. Wir haben deshalb im Fachausschuss Liturgie darüber nachgedacht und wollen wieder das Gespür für die kurzen stillen Zeiten in der Messe wecken. Es sind vor allem drei Zeiten, an denen Stille sehr angebracht ist: Da ist die Stille zu Beginn nach der Einleitung durch den Priester oder durch die Person, die predigt, um die Seele nachkommen zu lassen, also selbst da zu sein, sich zu besinnen und vor Gott gegenwärtig zu werden, also vor dem Kyrie. Da ist sodann die kurze Stille des Verweilens nach der Predigt, um das Gehörte auch besser aufnehmen zu können.
Und da ist schließlich meditative Musik oder die kostbare Stille nach dem Kommunionempfang, bis der Priester wieder beim Vorstehersitz ist. Wir haben außerdem die Organisten gebeten, dass die Lieder meist erst unmittelbar vor dem Gesang angezeigt werden; eine Pause oder das Einspielen der Lieder sollte dann allen ermöglichen, ohne Stress die Nummern aufzuschlagen. Es wäre schade, wenn z.B. das Aufschlagen der Nummern während der Lesung das Hören des Wortes Gottes behindert oder gar verhindert.
Ich danke für Ihr Verständnis. Es geht nicht um irgendeine liturgische Kasuistik, sondern vielmehr um die tiefere Gegenwart bei der Feier des Geheimnisses unseres Glaubens. Ich möchte mit einer kurzen Geschichte über den Sinn der Stille schließen:
Zu einem einsamen Mönch kamen eines Tages Menschen. Sie fragten ihn: „Was für einen Sinn siehst du in deinem Leben der Stille?" Der Mönch war eben beschäftigt mit dem Schöpfen von Wasser aus einer tiefen Zisterne. Er sagte zu seinen Besuchern: „Schaut in die Zisterne. Was seht ihr?" Die Leute blickten hinein und sagten: „Wir sehen nichts." Nach einer kurzen Weile forderte der Einsiedler die Leute wieder auf: „Schaut in die Zisterne. Was seht ihr?" die Leute blickten wieder hinunter. „Ja, jetzt sehen wir uns selber!" Der Mönch sprach: „Schaut, als ich vorhin Wasser schöpfte, war das Wasser unruhig. Jetzt ist das Wasser ruhig. Das ist die Erfahrung der Stille: Man sieht sich selber!" Amen.

30. Sonntag

Sir 35,15b-17.20-22a; Lk 18,9-14 (24.10.2004) (Sonntag der Weltkirche)

Es mag ein kaum bemerkbarer Unterschied sein, der jedoch viel besagt: Man spricht heute eigentlich nicht mehr vom Sonntag der Weltmission, sondern vom Sonntag der Weltkirche. Steckt mehr dahinter als eine sprachliche Änderung?

Ich bin überzeugt, es ist eine bessere Einsicht in das, was mit der missionarischen Sendung der Kirche gemeint ist. Das letzte Konzil sagt zurecht, dass es Aufgabe der Kirche ist und bleibt, den Gott Jesu zur Sprache zu bringen, also die Frohbotschaft in alle Bereiche der Menschheit zu tragen und die Gesellschaft durch deren Einfluss von innen her umzuwandeln. Recht verstandene Mission gehört zum Wesen der Kirche. Die Kirche muss deshalb ihre eigenen Modelle der Evangelisierung von Jesus her immer wieder selbstkritisch anschauen und notfalls auch korrigieren. Der Begriff der Mission ist vielfach belastet. Ohne über vergangene Zeiten urteilen zu wollen und zu meinen, erst wir hätten den Stein der Weisen gefunden, kann man drei Modelle der Evangelisierung unterscheiden und kritisch betrachten. Ich lade Sie heute zu dieser Betrachtung herzlich ein.

Wenn wir von Mission hören, denken wir wahrscheinlich zunächst immer noch an das klassische Modell der Mission, dauerte es doch von der Zeit der Entdeckungen um 1500 bis herauf zum Zweiten Weltkrieg. Europäische Missionare sind in die Übersee gegangen und haben ihre Arbeit gemacht im Zusammenhang mit der kolonialen Ausdehnung Europas. Es war eine römische Kirche und eine westliche Zivilisation, die vielfach unter dem Schutz des kolonialen Systems verbreitet wurden, nicht selten auch von der politischen und wirtschaftlichen Macht der Kolonialherren getragen. Es gab sicherlich Ausnahmen, aber selbstkritisch müssen wir zugeben: die Theologie war römisch, das kanonische Recht westlich, die Liturgie lateinisch; es war vielfach eine importierte und großteils klerikale Kirche.

In Missachtung der eigenen kulturellen und religiösen Traditionen verstanden sich die Missionare als Gesandte, die Licht in das Dunkel der Welt brachten und Wahrheit, wo man die Menschen in Unwissenheit und Irrtum wähnte. Man hatte klare Fragen und genaue Antworten und war darauf aus, Seelen zu retten, denn der Satz „Außerhalb der Kirche kein Heil“ wurde ganz wörtlich verstanden. Die Folge war letztlich vom Trend her eine eher doktrinäre Evangelisierung. Mission glich großteils der Arbeit einer Exportfirma, die eine europäische Religion in alle Welt exportiert, ohne die Welt verändern zu wollen.

Es scheint mir, dass in dieser Haltung des Bescheidwissens und Über-Gott-Verfügens etwas vom gesetzesfrommen Pharisäer des heutigen Evangeliums steckt: Dieser Pharisäer ist sicher ein religiöser Mensch, der den Ein-Gott-Glauben hütet, und er tut mehr als er tun müsste. Wenn in dem kurzen Gebet 5mal „ich“ vorkommt, merkt man jedoch seine überhebliche Haltung, im Besitz der Wahrheit zu sein, denn Gott war ja auf seiner Seite. Deshalb schaut er von oben herab auf die anderen und dünkt er sich besser als sie, nicht nur als die Räuber, Betrüger und Ehebrecher, sondern auch als die Asiaten und Afrikaner, die Indianer und die Aborigenes von Australien, die Hindus und Moslems. Er hat es nicht Not und findet es nicht wert, mit all den anderen in Dialog zu treten oder gar auch von ihnen zu lernen. Wenn Gott ausschließlich auf seiner Seite ist, dann ist er eben nicht auf der anderen Seite, bei den anderen. Ihnen gegenüber gibt es deshalb wenig Respekt und keine Toleranz.

Wir alle wissen, dass wir bei solchem Verständnis der Mission trotz der vielen guten Arbeit und des persönlichen Einsatzes vieler Engagierter und auch mancher Ausnahmen an den Folgen dieser mit westlicher Kolonialpolitik verwobener Mission leiden und die dadurch entstandenen Wunden noch immer weh tun.

Es folgte ein zweites Modell der Evangelisierung. In den anderen Kontinenten wurden immer mehr Länder unabhängig; Religion wurde in Europa vielfach zur Privatsache. Man merkte, dass auch in unseren Breitengraden Missionierung notwendig wurde. Verschiedene apostolische Gruppen bemühten sich darum, vor allem durch das Lebenszeugnis in einer oft entchristlichten Gesellschaft. Missionar sein heißt jetzt, nicht von oben herab, sondern von unten demütig die Schicksalsgemeinschaft und das Milieu mit den Menschen teilen und mit ihnen durch dick und dünn gehen, zugleich aber die Botschaft des Glaubens zum Zuge zu bringen. Beispielhaft steht dafür etwa das Experiment der Arbeiterpriester.

Ich habe großen Respekt vor diesen Zeugen des Glaubens, die das Wort Gottes verkündigten – in der festen Überzeugung, dass es den Menschen in seiner Glaubensnot auf alle Fälle ansprechen wird und von selbst wirkt! Wer allerdings mit dem Christentum überhaupt nichts mehr anfangen konnte oder es hinter sich gelassen hat, für den blieb es trotzdem ein meist unverstandener Monolog.

Wir sind jetzt in einem neuen dritten Modell der Evangelisierung angelangt. Mission war ideologisch belastet, weil sie oft Hand in Hand mit der Ausbeutung der Dritten Welt durch die Erste Welt ging. Kein Wunder, dass die anderen Völker immer lauter die Fragen nach dem Wert ihrer ursprünglichen Religionen, nach der Bedeutung der traditionellen Kulturen und nach der Unabhängigkeit der eigenen Wirtschaft gestellt haben. In dieser neuen Sicht der Mission wird die Mündigkeit des anderen vorausgesetzt und respektiert; der andere darf nicht zum Mittel eines noch so frommen und gut gemeinten Zweckes werden. Die veränderte Einstellung zu anderen Kulturen und Religionen und das gewandelte Welt- und Kirchenverständnis führten zu der so genannten befreienden Evangelisierung, d.h.: Die anderen sind nicht einfach „Missionsobjekte“, die das

Evangelium nur passiv aufzunehmen haben, sondern sie haben ihre eigene Würde, die voll zu respektieren ist, ohne deshalb auf die Bezeugung des Evangeliums zu verzichten.
Daraus folgt für uns Christen, dass wir nicht wie der Pharisäer glauben, alles schon zu wissen, sondern auch wir Christinnen und Christen müssen auf der Suche nach der Wahrheit bleiben und auch offen für Andere sein, denn auch die Anderen folgen ihrem Wahrheitsgewissen.
Zu Recht formuliert es einer (J.R.Moreno) deshalb so: „Evangelisieren bedeutet also nicht, stereotype Formeln wiederholen oder auswendig lernen lassen, so treffend sie auch sein mögen. Evangelisieren heißt jenes Wort aussprechen, das der Mensch nötig hat und in seiner Lage eine gute Nachricht darstellt und ihm zu einem Leben in Fülle weiterhilft. Evangelisieren heißt die Wirklichkeit derart verändern, dass der andere ein Leben führen kann, das ihm als Mensch und Kind Gottes zusteht."
In dieser Art von Evangelisierung erkenne ich eher den Zöllner des heutigen Evangeliums wieder, der mit leeren Händen vor Gott steht und sich in seiner Bedürftigkeit auch selbst auf Gottes Barmherzigkeit verwiesen weiß. In seinem Bekenntnis gibt er ein berührendes Zeugnis von Gottes schenkender Liebe. Er vertraut, dass der Gott der anständigen Leute auch sein Gott ist, ja, dass er der Gott aller Menschen ist. Ihm ist nichts geblieben als dieses Vertrauen. Er steht vor Gott fürwahr mit leeren Händen - darauf aber kommt es letztlich allein an – und er wird reichlich beschenkt.
Die Frage liegt vielleicht manchem auf der Zunge: Ist von Jesu Missionsauftrag noch etwas geblieben, wenn man die Sache so sieht? Ich bin überzeugt, dass er jetzt richtiger verstanden wird und dass er so gesehen aktueller denn je ist. Außerdem ist er auch im Sinne Jesu nicht nur ein Monopol des Klerus, sondern ein Auftrag aller. „Wir alle können unmöglich schweigen über das was wir gesehen und gehört haben" (Apg 4,20). Die heutige Lesung gibt Zeugnis vom rastlosen Zeugnis des Apostels Paulus für das Evangelium, von seinem guten Kampf und von seiner Treue bis zuletzt.
Ich möchte zusammenfassen, was von der christlichen Mission wohl immer bleiben muss. Der kirchliche Wahrheitsanspruch rührt allein daher, dass kein Mensch von der universalen Reichweite der Liebe Gottes ausgeschlossen ist. Die Kirche hat die bleibende Aufgabe, alle Menschen zur einzigartigen Freundschaft mit Gott einzuladen, denn erst darin kommt das unruhige, nach „Leben in Fülle" suchende Herz zur Ruhe. Die Menschen aller Kulturen haben ein Recht, diese existentielle Wahrheit des Evangeliums zu vernehmen. Im Übrigen kann ihnen die Kirche keinen besseren Dienst erweisen als die Bezeugung dieser Frohbotschaft, auch nicht durch noch so großzügige soziale Hilfeleistungen. Dazu gehört aber unabdingbar zugleich immer auch der Dialog mit den anderen Religionen. Dieser ist für ein friedliches und versöhntes Miteinander der Religionen unersetzbar, damit es statt des Kampfes der Zivilisationen und Religionen zu einer gegenseitigen Bereicherung und Entfaltung um Gottes und der Menschen willen kommt. Amen.

Allerheiligen

Offb 7,2-4.9-14, Mt 5,1-12a (1.11.2001)

Wenn sich unser Blick heute am Fest Allerheiligen allzu schnell zum Himmel wendet, bleibt uns der Vorwurf der Vertröstung nicht erspart. Die biblischen Texte wenden unseren Blick vielmehr auf unsere Erde und deren Bedrängnisse.

Wer sind also die Heiligen? Sind es die Super- und Übermenschen? Menschen, die im Buch der Rekorde stehen oder die uns ob ihrer weltfremden Tugendhaftigkeit nur resigniert feststellen lassen: 'Heiliger will ich nicht werden, denn entweder überfordert mich das oder das Leben wird dadurch nur fad und langweilig.' Zumindest in eine Spaßgesellschaft scheinen Heilige nicht zu passen!

Gerade das heutige Fest Allerheiligen will das Klischee verstaubter Sonderlinge abschaffen und von der unzähligen Schar der ungenannten Heiligen reden, die aus allen Nationen und Völkern kommen, ohne feierlich zur Ehre der Altäre erhoben worden zu sein. Allerheiligen spricht also von Menschen wie du und ich.

Von Menschen wie du und ich berichtet auch die Bibel in all ihren Büchern. Sie ist keine Hofberichterstattung, die nur von Heroen erzählt und deren Leben nochmals schönfärbt und deren Schattenseiten verschweigt. Da ist die Rede von Menschen in Mühsal und Leid, von Menschen in Versagen und Angst, von Menschen in Freude und Lebensgenuss. Vor allem aber spricht die Heilige Schrift von Heiligen als Menschen, die nicht selbst die großen Macher sind und das Rad der Geschichte an sich reißen wollen, sondern es sind Menschen des Vertrauens, die davon überzeugt sind, dass sie alle mit Namen von Gott gerufen sind und deshalb in den Bedrängnissen nicht allein sind und, wie die Lesung sagt, die Rettung von ihrem Gott erwarten. Es sind Menschen, die nicht selbst zum Schwert greifen, und sei es in einem Heiligen Krieg, sondern die Gott das Recht und das Gericht überlassen, um die Blutspur der Weltgeschichte nicht noch zu vergrößern: 'sie haben ihre Gewänder gewaschen und im Blut des Lammes weiß gemacht'(Offb 7,14)

Was Heilige zutiefst prägt, ist nicht ihre Anständigkeit und ihre Tüchtigkeit, sondern ihr Vertrauen. Nicht die Leistung ist es, die für die Heiligkeit zählt, sondern das Wissen um die eigene Ungenügsamkeit und die Offenheit für das Geschenk der Gnade durch Gott. Das ist wohl auch zutiefst mit den Seligpreisungen gemeint: Selig sind die, die sich in ihrer Armut, in ihrer Trauer, in ihrem Leid und in ihrer Sehnsucht nach Frieden auf Gott verwiesen wissen. Heilige erwarten ihr Glück nicht von sich selbst und ihrer Leistung, sondern einzig und allein von Gott, der uns in Jesus Christus Heil schenkt.

Sind also Heilige Schmarotzer der Tüchtigkeit anderer, Parasiten am Erfolg der Fleißigen? Weltuntüchtige weil Weltflüchtige?

Ich bin vom Gegenteil überzeugt. Ich glaube, dass gerade die Heiligen am meisten Heilvolles und Gutes für die Welt wirken. Sie lassen sich nämlich nicht vertrösten auf die endgültige, vollkommene Heilung im Jenseits. Das Vertrauen, von Gott das Heil zu empfangen, spornt sie vielmehr an, dieses Leben im Geist und in der Liebe Christi zu bewältigen. Wir alle sind Heilige, so weit wir uns von der Liebe Gottes prägen lassen und dadurch auch den Mitmenschen Gottes Liebe sichtbar und spürbar wird.

Ich bin überzeugt, dass jede und jeder von uns Menschen kennt, von denen viel Licht, Wärme und Geborgenheit ausstrahlt. Vielleicht sind es die Eltern, bei denen ich das Gefühl habe, angenommen zu sein, wie ich bin, oder die Nachbarin, die mich nicht nur floskelartig fragt, wie es mir geht, sondern sich wirklich interessiert und sich Zeit nimmt, mir zuzuhören, oder der Arbeitskollege, der sich für einen Lehrling einsetzt, als dieser ausgegrenzt wird. Auch wenn solche Menschen nicht Schlagzeilen, sind sie alles andere als untätig, und statt Schmarotzer und Parasiten der Gesellschaft zu sein, sind sie deren Stützen und tragende Säulen. Von ihnen gilt, was Solschenizyn am Ende seiner Erzählung 'Matrjonas Hof' von einer stillen einfachen, aber hilfreichen Frau nach deren Tod sagte, nachdem sie zeitlebens unentgeltlich für andere arbeitete und deshalb auch kein Vermögen zusammengespart hatte:

'Wir alle haben neben ihr gelebt und nicht begriffen, dass gerade sie jene Gerechte war, ohne die, wie das Sprichwort sagt, kein Dorf bestehen kann. Und keine Stadt. Und auch nicht unser ganzes Land.'

Der heutige Tag ist ein Tag des Dankes für solche Heilige der Vergangenheit und der Gegenwart, ohne die kein Dorf und keine Stadt und kein Land bestehen können. Er ist zugleich eine Einladung, die Augen aufzumachen und solche Menschen in unserer Umgebung zu entdecken und ihnen vielleicht auch einmal zu sagen, wie dankbar wir für ihr Dasein und ihr Sosein sind. Allerheiligen ist schließlich eine Einladung, selbst in diesem Sinne ein Stück heiliger zu werden, damit unsere Welt menschlicher, wärmer und bergender werde und Heilige Kriege keine Chance haben, weil wir im Antlitz des Mitmenschen den Bruder und die Schwester erkennen.

Nicht der Himmel, sondern die Welt braucht solche gute Menschen, damit sie nicht den seelischen Kältetod stirbt. Es ist ein bedenkliches Signal, dass das Wort 'Gutmensch' in unseren Tagen in rechtspolitischen Kreisen ein Schimpfwort geworden ist. Wenn 'Gutmenschen' in gewissen Medien als langweilige, moralinsaure und ganz und gar unmoderne Spaßverderber hingestellt werden, wenn die 'Gutmenschen', die sich für Asylanten, Fremde, Flüchtlinge und Minderheiten einsetzen, als naive, uneinsichtige Idealisten beschimpft werden, so ist es auch ein Symptom einer Gesellschaft, der das Mindestmaß an Solidarität und Mitgefühl abhanden zu kommen droht. Gehören diese 'Gutmenschen', die ob ihres solidarischen Handelns verspottet werden, nicht zu jenen, die selig gepriesen werden, wenn sie um Jesu willen, dessen Liebe sie weiterzugeben versuchen, beschimpft

und verleumdet werden? Solidarität, Nächstenliebe und ein Gefühl für wechselseitige Verantwortung erfreuen sich in einer Welt, die immer mehr als Selbstbedienungsladen gilt, nicht gerade öffentlicher Wertschätzung.
Braucht nicht jedes Dorf, jedes Land und die ganze Erde diese 'Gutmenschen', diese Heiligen, diese Toren der Nächstenliebe, die sich für Solidarität, Erbarmen und Mitgefühl privat und im politischen Geschehen einsetzen und den Mut haben zu dienen? Wohin geht die Reise dieser Welt ohne sie?! Wohin sie geht, wenn das Starke, ob durch Terror oder militärische Schläge, zum Guten erklärt wird, erleben wir sorgenvoll in diesen Wochen. Sicherlich nicht in eine bessere Welt, ob es nun ein heiliger oder unheiliger Krieg ist!
Wenn ich von den Heiligen oder von den heute oft belächelten, aber so notwendigen 'Gutmenschen' spreche, muss ich mir die Frage gefallen lassen ob ich nicht selbst auch wiederum die Welt in Heilige und Unheilige, in Gute und Böse einteile.
Ja, ich tue es, wenn ich meine, die Heiligen hätten sozusagen ein Anrecht auf den Himmel, hätten also durch ihr Gutsein sich eine himmlische Versicherungsprämie erworben, während die anderen verloren gingen.
Nein, ich tue es nicht, wenn ich überzeugt bin, dass auch die Heiligen sich selbst den Himmel schenken lassen und sie zugleich hoffen und vertrauen, dass auch die anderen, ja alle Menschen als Gottes geliebte Kinder einmal an der ewigen Gemeinschaft mit Gott und in der Gemeinschaft der Heiligen teilhaben und allen diesen Himmel von Herzen gönnen und wünschen. Ich habe darüber kein göttliches Wissen, aber ich darf mit allen Kräften vertrauen und hoffen, dass nicht nur ich, sondern alle Menschen einmal mit der Fülle des Lebens beschenkt werden und so die Sehnsucht aller erfüllt wird und Gott alles in allem sein wird. Alle Menschen sehnen sich nach der Fülle des Lebens; alle sind auf das Erbarmen Gottes verwiesen. Amen.

Allerseelen

1 Kor 15,12-20; Lk 23, 44-46; 24,1-8 (2.11.2007)

67 Pfarrangehörige sind es, die wir seit einem Jahr auf ihrem letzten Wege begleiten mussten. Es ist Ihr Vater oder Ihre Mutter, ein Gatte, eines ihrer Kinder , ein Verwandter oder eine Freundin, alles Menschen, mit denen Sie eng verbunden waren und es nach wie vor sind, denn die Wunden des Abschieds sind noch frisch und der Schmerz der Trennung noch groß. Es sind keine Sterbe-„Fälle“ wie eine Nachricht in der entsprechenden Zeitungsspalte, sondern ganz konkrete Menschen mit einem liebevollem Antlitz, das sich Ihnen zugewandt hat, Ihnen Liebe und Aufmerksamkeit geschenkt hat und sicherlich auch umgekehrt. Es sind ganz konkrete Erfahrungen, die Sie mit Ihren lieben Verstorbenen verbinden.

Wir als christliche Pfarrgemeinde wollen und dürfen an Ihrem Leid mittragen und uns in solidarischem Gebet mit Ihnen verbinden. Ich möchte auch meine Gedanken an ein paar konkrete Erfahrungen aus den vergangenen Wochen anschließen.

Vergangene Woche, als ich mit einer pfarrlichen Gruppe in Rom war, haben wir sehr viele und schöne Stätten der Kunst und Kultur gesehen. Manches an deren Entstehung mag nicht nur mit den Lichtseiten der Kirche zusammenhängen; man kann über Kunst und vor allem den Prunk vergangener Jahrhunderte verschiedene Meinung sein, aber ist es nicht ein eigenartiges Phänomen, dass wir immer wieder den Glanz über dem Boden hinter uns gelassen haben und unter die Erde hinabgestiegen sind zu Gräbern, etwa zum Grab des Apostels Petrus in der Nekropole entlang des Zirkus Nero, wo jetzt der Petersdom steht, oder zum Grab des Apostels Paulus an der Via Ostiense, über dem sich die Basilika St. Paul erhebt, oder in den Katakomben in der Nähe der Via Appia Antica, wo Heiden und Christen in ihren Grundstücken außerhalb der Stadtmauern begraben wurden.

In der römischen Kultur so wie in allen Weltkulturen haben die Friedhöfe eine besondere Verehrung genossen und waren auch vor Plünderei und Zerstörung geschützte Bezirke, sozusagen ein Asyl für Lebende und Tote.

Das Totengedenken und die Wertschätzung der Friedhöfe gehörten immer schon - bis heute - zum Kulturgut jedes Volkes. Dahinter stehen die Dankbarkeit für die lieben Verstorbenen, aber auch die Überzeugung, dass es zwischen Toten und Lebenden keinen endgültigen Bruch gibt. Dazu kommt die Erfahrung, wie sehr Gesundheit und Krankheit, Leben und Tod sehr nahe beisammen liegen und sich jeder Tabuisierung widersetzen. Es steht sicherlich auch die Sehnsucht nach „mehr als alles“ (Ingeborg Bachmann) dahinter oder eben das Geschenk des Glaubens an ein Weiterleben nach dem Tode. - Auch unser Gang über den Friedhof, die Pflege des Grabes, das Denken an die Toten, die stete Erinnerung durch Totenbildchen und Totenandenken, die Feier der Jahrestage des Todes verstorbener Familien- und Gemeindemitglieder – das alles lässt die Toten nicht vergessen und ist Teil unserer Kultur.

Eine andere Erfahrung: Vor zwei Wochen war ich gebeten, am Linzer Bahnhof mit dem evangelischen Superintendenten einige ganz moderne Nahverkehrsbetriebswägen zu segnen. Jeder von ihnen kostete 4,1 Millionen Euro. Tags darauf war ich Teil einer Delegation der Linzer Pfarrcaritaskindergärten, die mit Magistratsbeamten über deren notwendige finanzielle Unterstützung verhandelte. Es geht im Vergleich zu denn neuen Zügen oder auch in diesen Tagen in Betrieb genommenen Bussen in Linz um relativ kleine Beträge. Ich sagte damals auch in Hinblick auf die Kulturhauptstadt Linz 2009, dass sich die Kultur eines Volkes immer noch daran gezeigt habe, wie es mit den Randgruppen, also mit den Kleinen und Schwachen, zumal den Kindern und den Toten umgehe.

Dass wir hier jetzt versammelt sind, ist zutiefst auch Ausdruck der Weltkultur und der Kultur unseres christlichen Abendlandes im Umgang mit den Toten. Unsere Trauerkultur und Todesgedenken ist Zeugnis einer allen Menschen von Gott geschenkten Würde in einer Welt, in der dieses irdische Leben oft als „letzte Gelegenheit" (Marianne Gronemeyer) gesehen wird und in der die Toten folglich oft als störend empfunden werden und in Gefahr sind, „entsorgt" zu werden.

Haben wir keine Angst, sondern Mut, wenn auch mit Tränen in den Augen und manchmal auch mit brüchiger Hoffnung, unsere Toten nicht zu vergessen und ihre Namen auszusprechen. Die Kultur des Sterbens und die Kultur des Todes müssen uns anbetracht der Verdrängung des Todes ein großes Anliegen sein.

Noch eine andere Erfahrung kommt mir in den Sinn. Ich habe vor kurzem lange mit einer todkranken Frau gesprochen, die mir sagte, sie wolle nicht, dass auf ihrem Grab ihr Name stünde. Sie wolle niemanden der Nachwelt verpflichten, um ihr Grab umschauen zu müssen. Es bedrängte mich die Frage, wann wohl im Stadium davor auf schwerkranke Menschen der gesellschaftliche oder familiäre Druck so groß werde, lieber aus dem Leben zu scheiden als jemandem zur Last zu fallen. Es gibt auch aus anderen Gründen in Großstädten einen Trend zu so genannten „no name" Begräbnissen, also einem anonymen Abschied.

Wir hatten ein gutes Gespräch, in dem ich die Bedeutung des Namens aufzuzeigen versuchte. Ganz bewusst werden wir heute in dieser Feier die Namen der im letzten Jahr Verstorbenen im Totengedenken des Hochgebetes nennen, denn der Name ist der konkrete Mensch, also Ausdruck dessen, was ihn zu diesem Menschen macht, in seiner Individualität und Einmaligkeit, jenseits von Rolle und Funktion, in denen letztlich jede und jeder auch ablösbar und ersetzbar ist. Zugleich bedeutet der konkrete Name den Menschen in seiner Beziehungswelt mit seiner je einmaligen Geschichte. Der Name besagt also auch die im Leben zu unseren Verstorbenen gewachsene unverwechselbare Beziehung, denn den Namen gibt man sich nicht selbst, wie es die Turmbauer zu Babel tun wollten, sondern mit dem Namen wird man vom Du gerufen, das einen in dieser Einmaligkeit und Personwürde annimmt, von einem Du, das mich liebt.

Anbetracht des Todes bliebe freilich der Wunsch der Vater des Gedanken, denn der Tod ist der von uns her unüberbrückbare Graben. Tod ist nämlich die letzte Beziehungslosigkeit oder Namenlosigkeit, also Anonymität. Im Tode bin ich ein Nobody.

Unser Zusammensein ist sicherlich einerseits menschlich angemessener Ausdruck von Respekt für die Verstorbenen und von Kultur eines Volkes. Es wäre aber letztlich doch ein Warten auf Godot und damit Trauer ohne Hoffnung und Sackgasse ohne Ausweg, wäre nicht einer abgestiegen in das Reich des Todes, in diese letzte Namenlosigkeit, um von äußersten Nullpunkt menschlicher

Existenz allen Hoffnung zu geben und uns heimzuholen, indem er uns bei unserem Namen ruft, unserem Taufnamen, der Ausdruck für die Gotteskindschaft ist. Darum bitten wir Gott in der Totenliturgie: „Vollende an ihm/ihr im Tode, was du in der Taufe begonnen hast“.

Von diesem Brückenbau zwischen hier und dort spricht das Evangelium, wenn es vom Tode und von der Auferstehung Jesu Christi spricht. In dieses Geheimnis unseres Glaubens, das wir ja jetzt feiern, betten wir unsere lieben Verstorbenen und im Bewusstsein der eigenen Sterblichkeit üben wir uns ein in das Vertrauen, selber einmal nie tiefer zu fallen als in die Hände eines mütterlich-väterlichen Gottes.

Die Auferstehung Jesu Christi ist nicht irgendein Glaubenssatz, sondern der Glaube, mit dem alles steht und fällt. Paulus drückt es in der Lesung in dieser Radikalität aus: „Ist Christus nicht auferweckt worden, dann ist unsere Verkündigung leer und euer Glaube sinnlos.“ Gleichsam beschwörend wiederholt es Paulus: „Wenn aber Christus nicht auferweckt worden ist, dann ist euer Glaube nutzlos. ... Wenn wir unsere Hoffnung nur in diesem Leben auf Christus gesetzt haben, sind wir erbärmlicher daran als alle anderen Menschen“ (1Kor 15, 14.17.19)

Das ist unser Glaube, der uns in dieser Stunde Trost gibt und die Hoffnung auf ein Wiedersehen mit unseren lieben Verstorbenen: Christus ist von den Toten auferstanden – darum brauchen wir nicht zu trauern wie die Heiden, die keine Hoffnung haben. „Gott sei Dank, der uns den Sieg geschenkt hat durch Jesus Christus, unseren Herrn.“ (1 Kor 15, 57) Amen.

33. Sonntag

2 Thess 3,7-12; Lk 21,5-19 (14.11.2004)

Vergangenen Sonntag haben 21 Paare anlässlich ihrer Silbernen, Rubin, Goldenen oder Eisernen Hochzeit dankbares Zeugnis gegeben, dass mit der Hilfe Gottes und der Mitmenschen Leben und Beziehung trotz aller Krisen gelingen können. Der heutige vorletzte Sonntag im Jahreskreis lenkt unseren Blick sehr nüchtern, ja beunruhigend und schockierend auf die Tatsache, dass es auf dieser Welt viel Misslingen und Scheitern, schließlich sogar Ausweglosigkeit und Zerstörung gibt. Trotz allem Guten und Schönem auf der Welt gibt es einmal sogar für alle, auch für die, deren Beziehung gelungen ist, ein Ende und eine Zerstörung, sei es der individuelle Tod, sei es das Ende der irdischen Welt und die Zerstörung aller selbstgemachten Sicherheiten.

Jesus baut also keine Illusion einer heilen und friedlichen Welt auf. Die täglichen Unheilsnachrichten in den Medien sind ein ständiges Zeichen für diese traurige Seite unserer Welt.

Jesus verweigert jedoch der menschlichen Neugier eine Antwort auf die Frage des Wie und vor allem des Wann des endgültigen innerweltlichen Endes. Es gilt auch bei Jesus das Wort im Psalm 90: „Unsere Tage zu zählen lehre uns Herr; dann gewinnen wir ein weises Herz."

Was ist angesichts des bevorstehenden Endes Weisheit des Herzens? Was ist das Gegenteil, nämlich Dummheit?

Dumm und falsch wäre es, und hätte es hundertmal den Anschein einer besonders großen Frömmigkeit, den Tag des Endes vorauszusagen oder durch religiösen oder politischen Fanatismus herbeiführen zu wollen. Ob nicht auch darin eine Warnung vor falschem Sendungsbewusstsein gegeben ist, wenn man zu schnell von sich glaubt, ein Werkzeug in Gottes Geschichtsplan zu sein, und Gott für eigene politische Pläne gebraucht und missbraucht?

Dumm und falsch wäre es, und hätte es auch den Anschein von besonderer gläubiger Gelassenheit, die Hände in den Schoß zu legen, nichts zu tun und auf das Jenseits zu vertrösten oder andersherum so zu leben als gäbe es dieses Ende nicht, also auf den Nimmerleinstag zu vertrösten.

Dumm und falsch wäre es schließlich, auf Gott zu vergessen, weil es uns so gut geht und das einen glauben lassen könnte, man könnte doch die Erde zum Himmel machen.

Dumm und falsch wäre es, auf Gott zu verzichten, weil es einem schlecht geht und man auf Gottes Hilfe scheinbar vergeblich wartet und dieses Warten wie ein Warten auf Godot, also wie ein sinnloses Warten erfahren wird.

Was ist angesichts des bevorstehenden Endes Weisheit des Herzens? Schauen wir auf die biblischen Lesungen des heutigen Sonntags.

Paulus warnt in der Lesung die Christinnen und Christen in Thessalonich, die glaubten die Wiederkunft des Herrn stünde ganz nahe bevor und sie könnten deshalb die Belange des alltäglichen Lebens vernachlässigen. Er schärft ihnen ein, dass die Sorge um die Mitmenschen zu einem erfüllten Warten gehört und die Qualität des Wartens sich daran zeigt, wie sehr ich mich in dieser Zeit um die andern kümmere. Er kann dabei guten Gewissens auf sein eigenes Beispiel verweisen. Es ist also weise, durch Taten der Liebe die Zeit zu einer erfüllten Zeit zu machen.

Jesus ruft im Evangelium mitten in den Bedrängnissen dieser letzten Zeit zum Zeugnis und zur Standhaftigkeit auf und er verspricht den Treuen Kraft durch die Worte und Weisheit, die er ihnen dann gibt. Das Leben wird dann trotz allen anderen Anscheins keine sinnlose Sackgasse, keine frustrierende Sisyphusarbeit und keine vergebliche Odyssee sein, also kein Leben ohne Ausweg, kein Ende schlechthin, denn – wie Paulus an die Römer schreibt – „Bedrängnis oder Verfolgung, Hunger oder Kälte, Gefahr oder Schwert ... all das überwinden wir durch den, der uns geliebt hat" (Röm 8,35.37)

Wir hören daraus, was allein alle Ausweglosigkeit überwindet: es ist die Liebe. Mit dem Aufruf zur Treue und zur Standhaftigkeit ist bei Jesus der Aufruf zur Liebe gemeint. Sie ist und bleibt das einzige und entscheidende Kriterium auf die Frage: Was ist der Sinn des Lebens? Was zählt und bleibt letztlich?
Das ist keine künstliche Kurve zum heutigen Elisabethsonntag, dem Sonntag der Patronin der Nächstenliebe, sondern das ist und bleibt der eigentliche Kern christlicher Weisheit! Weisheit des Herzens ist die Liebe, die um Gerechtigkeit in der Welt hier und jetzt bemüht ist!

Der heurige Caritas-Sonntag mit der dazugehörigen Elisabeth-Sammlung lenkt unseren Blick auf Menschen, deren Leben schon vor dem Tod ohne Ausweg ist; es sind in diesem Jahr besonders die Frauen, deren Lebensperspektive oft aussichtslos ist.
Es wäre dumm und falsch, für sie nur zu beten und Gott zu beschwören, dass er dreinschlage, oder sie auf das Jenseits zu vertrösten.
Es ist christliche Weisheit und Gebot der Stunde, das uns Mögliche persönlich und vor allem über die kirchliche Caritas zu tun, dass sie am Ende ihres dunklen Tunnels Licht erblicken.
200.000 Frauen in Österreich leben unter der Armutsgrenze; 536.000 sind armutsgefährdet. Besonders von Armut Betroffene sind Alleinerzieherinnen, Frauen in kinderreichen Familien und Pensionistinnen.
Viele von ihnen haben Kinder zu versorgen, sind nicht selten völlig auf sich allein gestellt, müssen vor häuslicher Gewalt fliehen oder bleiben - aus Angst sonst auf der Straße zu stehen – in gewaltvollen Beziehungen. Frauen brauchen in Krisensituationen eine unbürokratische Unterstützung, damit sie auch bei Scheidung oder Krankheit nicht den Boden unter den Füßen verlieren. Leben ohne Ausweg wird rasch Wirklichkeit, wenn z.B. der Vater des Kindes keine Alimente zahlt und die Frau keiner geregelten Arbeit nachgehen kann oder wenn eine Delogierung bevorsteht.
Mit den Spenden aus der heurigen Elisabeth-Sammlung werden in den kirchlichen Beratungsstellen in Not geratene Frauen und Kinder beraten und unterstützt, damit sie ein Stück Heimat erleben. Leider kann nur einigen wenigen im diözesanen Mutter-Kind-Haus Zuflucht gewährt werden, denn es stehen zurzeit nur neun Plätze zur Verfügung; rund 100 Frauen mit ihren Kindern würden im Jahr um einen Platz anfragen, um ihr Leben neu zu ordnen und dann wieder besser Fuß fassen zu können. Es gibt in ganz Oberösterreich nur in Linz drei solche Einrichtungen. Spezielle Betrauungseinrichtungen für Frauen in Not mit psychischer Erkrankung gibt es überhaupt nicht. Solche Frauen landen oft bei einem Partner, der ihre Probleme nicht löst, sondern eher vervielfältigt.

Die fehlende familiäre Unterstützung ist meist dafür ausschlaggebend, dass das Leben ohne Ausweg bleibt. Die meist jungen Frauen haben in der Regel keine abgeschlossene Berufsausbildung und finden auch keine passende existenzsichernde Arbeit, da sie sich um ihre Kinder kümmern müssen. Durch diesen, wie die Experten sagen, „ganz normalen Wahnsinn einer Alleinerzieherin" kommen oft rasch gesundheitliche Probleme und nicht selten psychische Erkrankungen dazu. Ich erlebe nicht selten, wie ich überfordert bin, wenn solche psychisch kranke Frauen an der Pfarrhoftür anläuten, denn mit einem Fünf-Euro-Gutschein habe ich wohl kaum etwas zur Problemlösung beigetragen. Ich bin froh, dass es die überpfarrlichen Einrichtungen der Diözese gibt, die hier oft unbürokratisch und zielführend helfen können. Alle Spenden der Elisabethsammlung verbleiben in unserer Diözese als Hilfe für solche Frauen in einem Leben ohne Ausweg.
„Unsere Tage zu zählen lehre uns Herr; dann gewinnen wir ein weises Herz." (Ps 90)
Ich lade Sie herzlich ein, die Weisheit Ihres Herzens wachsen zu lassen, indem Sie den Aufruf zur tätigen Liebe in der heutigen Elisabethsammlung großzügig beantworten und ich danke Ihnen im Namen derer, denen dadurch aus Ausweglosigkeit heraus geholfen wird. Amen.

Christkönigssonntag

2 Sam 5,1-3;Mk 11,9-10 (21.11.2010)

Es ist eine berechtigte Frage, was das Christkönigsfest in unserer Zeit der Demokratie zu suchen hat. Soll es etwa gar einer demokratiemüden Gesellschaft eine Alternative bieten? Ich möchte zunächst einmal sagen, was damit sicherlich nicht gemeint ist. Wir reden nicht von Christus als König, um der Boulevard- und Klatschpresse noch ein paar Neuigkeiten über Königshäuser, über deren Wohltaten oder auch Skandale hinzuzufügen. Anbetracht des Medienwirbels um die geplante Hochzeit von Prinz Williams mit der Bürgerlichen Kate Middleton ist ja die Frage berechtigt, ob wir uns nicht wieder ein Königshaus zulegen sollen. Dann bräuchten wir nicht nach England, also ins Ausland, blicken, um endlich wieder eine echte Märchenhochzeit zu erleben und am Leben der Reichen und Schönen teilzuhaben! „Königshäuser sind, was man so hört, nicht gerade billig, leisten aber Großes im Gefühlsbereich." (Ali Grasböck, OÖN 17.11.10)

Kurzum, auf diesen Ausgleich für meinen emotionalen Haushalt kann ich gerne verzichten; den lehne ich ab! Wir brauchen auch das Christkönigsfest nicht, um den verschiedenen anderen Königen Konkurrenz zu machen, etwa dem King of Rock´n Roll oder den Faschings- und Narrenprinzenpaaren. Schon gar nicht wollen wir einen König als mächtigen Herrscher, um dem leider wieder lauter werdenden Ruf nach einer starken Hand entgegenzukommen. Mir läuft es dabei kalt über den Rücken und es tauchen Bilder der Massen auf, die einem, der sich Führer nannte und zum größten Verführer unseres Volkes wurde. Christ-Sein heißt alles andere, als bei der Garderobe sein eigenes Gewissen, seinen Verstand und Willen und damit auch seine Verantwortung abzugeben. Angeblich sind wir – nach Paulus – zur Freiheit in Christus befreit!

Das „Hochfest unseres Herrn Jesus Christus, des Königs des Weltalls, wie das heutige Fest offiziell heißt, wurde 1925 von Pius XI eingeführt, vielleicht um dem damals schon aufstrebenden Nationalsozialismus etwas entgegenzusetzen – so wie die Heiligsprechung unseres Pfarrpatrons, des bescheidenen Kapuzinerbruders in Sandalen und brauner Kutte ein Gegenprogramm war gegen die braunen Uniformen der Herrenmenschen in Soldatenstiefeln und im Stechschritt der Vernichtung.
Selbst die politische Intention der Einführung des Christkönigsfestes ist allerdings zu hinterfragen, denn irgendwie war es zugleich der Anspruch, dass sich die weltliche Herrschaft der geistlichen Macht Christi, vertreten durch den Papst, unterwerfe. Es war ein zum Mittelalter rückwärtsgewandter Schritt, ein Ansage gegen die moderne Welt, die von der Französischen Revolution und dem Liberalismus geprägt war. Auch wenn einige konservative Kräfte in der Kirche diesem sowieso längst verlorenen Anspruch nachtrauern, muss klar festgehalten werden, dass das Zweite Vatikanische Konzil sich zu Recht jeden religionspolitischen Anspruch zurückgenommen und sich in einem offenen Dialog der modernen Welt geöffnet hat!
Bleibt dann vom Christkönigsfest mehr als ein Relikt vergangener Tage? Psychologen sagen uns zu Recht, dass es ein archetypisches Königsbild gibt, d.h. die Sehnsucht nach jemand, der von Gott berufen und gesalbt ist, um für die ihm Anvertrauten da zu sein. Die Lesung berichtet uns heute von der Salbung des Königs David, der als König für die Seinen sorgt und deren Bestes will; allerdings ist es auch noch vermischt mit realer politischer Macht. Die Salbung besagt nicht nur die Würde des Königs, sondern auch dessen Macht, die Wunden der Seinen zu heilen und sie schön und stark zu machen. Es geht also um die Wirkung, die heute noch in unseren mit Salbung verbundenen Sakramenten geglaubt wird: in der Salbung der Taufe, der Priesterweihe und der Krankensalbung.
Die Bibel sagt uns eindeutig, dass es um einen König geht, der von allen innenpolitischen Bezügen gelöst ist und dessen Reich nicht von dieser Welt ist und der gerade deshalb mächtig ist. Ich erinnere an einige Stellen der Bibel, in denen die Königswürde Jesu anklingt: Im Fest der Erscheinung des Herrn huldigen die drei Weisen dem Kind Jesus als König. Am Palmsonntag jubelt die Menschenmenge Jesus als Sohn Davids und König zu. Am Karfreitag wird Jesus als „König der Juden" hingerichtet. Am Ende der Zeiten kommt Jesus als Weltenherrscher, der auf dem Thron sitzt und das Gericht über Welt und Mensch halten wird. Dass das Christkönigsfest am letzten Sonntag im Jahreskreis ist, besagt, dass vor allem dieser letztgenannte Gesichtspunkt des Weltendes im Mittelpunkt steht: Was in der Geburt Jesu begann kommt in der Herrschaft Jesu als Herrscher des Weltalls zur Vollendung.

Deshalb wird dieser Weltenkönig in der Kunst der Jahrhunderte nicht mit Soldaten, Kriegstrophäen und Untertanen dargestellt, sondern so, dass er mit der einen Hand segnet oder lehrt und mit der anderen ein Buch, die Bibel, hält. Hier herrscht keiner mit Armeen und Waffen, sondern durch das Wort, das er gelehrt und selbst in äußerster Konsequenz der Liebe gelebt hat. Das heutige Evangelium des auslaufenden Lukas-Jahres zeigt uns den hilflos ans Kreuz angenagelten Jesus zwischen den beiden Mitgekreuzigten. Die Soldaten provozieren ihn, nachdem er anderen geholfen hat, nun sich selbst zu helfen, wenn er der König der Juden sei. Denselben Anspruch stellt der linke Schächer an ihn. Er und die Soldaten sehen Jesus als König im irdischen Sinn, dem weltliche Macht zur Verfügung stehen müsse. Der andere Schächer ist sich nicht nur der gerechten Strafe bewusst, sondern er geht zugleich eine große Bekehrung durch: Er erkennt die wahre Königswürde Jesu darin, dass er selbst sein leben, sein Herzblut für die ihm Anvertrauten gibt. Wer so liebt und so glaubwürdig handelt, dem kann man auch seine Sorge um das Leben nach dem irdischen Leben anvertrauen. Er hört die trostvollen Worte „Heute noch wirst du mit mir im Paradiese sein.“ – nicht als Vertröstung ins Paradies, sondern als Anerkennung der ewigen Würde des Menschen, die keine weltliche Macht zu zerstören vermag. Es war wohl auch für ihn den rechten Schächer ein momentaner Trauerprozess, ein gewaltiger Umkehrprozess!

Wir machen in unserer Zeit die Erfahrung, wie die Kirche heute nicht nur aufgrund eigener Fehler, sondern auch durch den weltlichen Gegenwind an gesellschaftlicher und politischer Macht und Einfluss verliert. Ich wünsche uns allen, dass wir die damit verbundene Trauerarbeit gut bewältigen und dadurch dem Eigentlichen unseres Glaubens, dem Gottvertrauen, näher kommen als in Zeiten der weltlichen Macht der Kirche.

Jesu Trostworte sind auch für uns keine Vertröstung auf das Jenseits; sie sollen vielmehr Kraft der Liebe für das Diesseits sein. Daran werden wir heute durch das Vorbild der heiligen Elisabeth erinnert. Sie war selbst eine Königstochter aus Ungarn und die Landgräfin von Thüringen. Als Witwe hat sie alle weltliche Macht abgegeben und sich ganz der Liebe zu den Armen gewidmet, damit auch ihnen die Liebe Gottes hier und jetzt spürbar wird, etwa in der Beschaffung von Wohnraum und Wärme.

So lade ich auch Sie ein, heute im Sinne der Elisabethsammlung am Ende des Gottesdienstes Ihre großzügige Spende für Arme in unserem eigenen Lande zu geben. Ihre Spende kann auch heute Wunder wirken, denn „Was ihr dem geringsten der Mitmenschen getan habt, das habt ihr Gott getan“. Gott wird es ihnen vergelten. Amen.

MIX
Papier aus verantwortungsvollen Quellen
Paper from responsible sources
FSC® C105338

Printed by Books on Demand GmbH, Norderstedt / Germany